网络营销与推广

策略、方法与实战

江礼坤 / 著

人民邮电出版社

北 京

图书在版编目（CIP）数据

网络营销与推广：策略、方法与实战 / 江礼坤著
. -- 北京：人民邮电出版社，2017.3
ISBN 978-7-115-44039-6

Ⅰ. ①网… Ⅱ. ①江… Ⅲ. ①网络营销 Ⅳ.
①F713.365.2

中国版本图书馆CIP数据核字(2016)第290678号

内 容 提 要

本书系统地介绍了网络营销与推广的方法，书中将作者10多年的实战经验做了全面的总结，并结合实战案例将网络营销中的策略与方法做了详细的阐述。全书共15章，主要内容包括网络营销概述、网络营销的流程、网络广告、QQ营销（IM营销）、论坛推广、新闻营销、软文营销、活动推广、论坛炒作、博客营销、微博营销、微信营销、数据库营销、事件营销、口碑营销。

本书可作为网络创业人士、个人站长、网络店主、网络营销从业者的参考用书，也可作为普通高校网络营销相关课程的教材，以及相关培训课程的培训教材。

◆ 著　　　　江礼坤
　　责任编辑　许金霞
　　责任印制　杨林杰

◆ 人民邮电出版社出版发行　　北京市丰台区成寿寺路11号
　　邮编　100164　电子邮件　315@ptpress.com.cn
　　网址　http://www.ptpress.com.cn
　　廊坊市印艺阁数字科技有限公司印刷

◆ 开本：700×1000　1/16
　　印张：17.75　　　　　　　2017年3月第1版
　　字数：342千字　　　　　　2025年3月河北第17次印刷

定价：49.80元

读者服务热线：(010)81055256　印装质量热线：(010)81055316
反盗版热线：(010)81055315

Preface 前言

　　本书的内容源于笔者的另一本书《网络营销推广实战宝典》，以下简称《宝典》。此书自 2012 年 1 月出版发行至 2015 年 12 月，共重印了 20 余次，累计发行 14 余万册。在此期间，时常有高校及相关培训机构的老师联系我，说想采用本书作为教材，希望能够提供相关的教学课件等资料。但是实际上《宝典》一书定位为工具书，目的是便于读者在工作中速查使用。

　　在 2016 年年初时，人民邮电出版社的编辑许金霞找到我，希望我能编写一本结合实战案例，系统介绍网络营销推广策略与技巧的书，以满足初入行业的新人以及即将从事网络营销相关工作的学生、培训学员对于实战技能的需要。由于平常工作非常忙，加之深知编书不易，起初我有些犹豫，担心时间不能有保证，答应的事情不能做好。但是能够帮助到更多的行业新人，让更多的人了解网络营销，使他们学习到更多的实战方法与技巧，并在他们即将从事的职业道路上有所助益，这是我所迫切期望的。于是，在 2016 年 4 月我启动了本书的编写工作。

　　本书的主要内容是在《宝典》的基础上，将网络营销与推广的方法按照推广的逻辑顺序编排，详细地说明了实战中常用的策略与技巧，并精选相关案例，便于读者理解与掌握；精简了一些不太适用于实践教学的内容，例如 SEO、竞价等；在本书每章后增加了实战训练和思考练习，便于读者实践操作，巩固学习效果。

　　在本书写作的过程中，要感谢许多朋友的支持。在奋斗的路上，我们始终心怀感恩！同时也欢迎广大读者朋友对本书提出宝贵意见。

　　最后打个小小的广告，笔者还出版了包括网络营销、移动互联网营销等方面的其他图书，欲了解详情请可在当当网搜索作者的名字："江礼坤"即可。

江礼坤

2016 年 10 月

Contents 目录

1

第1章
网络营销概述

1.1 网络营销前景分析

时至今日，笔者认为"为什么要学习网络营销"这样的问题，已经不需要探讨了。因为互联网的发展，逼得企业和相关人员不得不去重视网络营销。为什么要用"逼"这个字眼呢？

首先，中国互联网的网民数量已经突破 7 个亿。这是一个什么概念呢？假如把这 7 个亿的网民单独拿出来成立一个国家的话，大家想一下，从人口数量上来说，这个国家在世界上排第几？没错，是第三。第一是中国，第二是印度，第三就是这个由网民成立的国家。而紧随其后排名第四的美国，人口仅仅 3 亿多，中国网民的数量是美国人口数量的 2 倍多。

为什么说这个数据呢？主要是让大家对中国互联网人群有一个形象的认知，可以说错过了互联网，就错过了一个国家那么大的市场，而且这个国家的人口总数在世界上排第三。

其次，中国的网民已经养成上网消费和购物的习惯。从数据上看，中国电子商务市场的交易规模，已经占到了中国 GDP 比重的 20%之多。

而以上两组数据最直接的影响，就是传统企业的经营越来越难。这些年关于全国各地工厂、商超、专卖店倒闭和关店的报道不绝于耳，为什么？很简单，因为消费者越来越习惯网上购物。

所以在这种情况下，企业做网络营销已经不是想不想做的问题，而是想生存就必须要做的问题。实际上现在的企业已经越来越重视互联网、越来越重视网络营销，可以说，在当下，网络营销已经成为企业不可或缺的一部分。

实际上目前网络营销的从业人员数量远远满足不了企业的需求，缺口特别大。所以对于正在择业的年轻朋友来说，网络营销是非常好的职业选择。一是人才缺口大，容易就业；二是整个互联网行业正处于发展和上升期，行业前景好；三是由于缺少人才，所以只要努力，就很容易升职加薪。

1.2　网络营销现状分析

已经开展网络营销的企业最终的效果如何呢？笔者经常在全国各地授课和参加活动，接触过很多企业。在这些企业中，凡是尝试过网络营销的，至少有 90%的企业反馈的结果是不理想。

当然，个例代表不了整体，那再来看一组宏观数据。电子商务发展至今，已经有 10 余年的历史；而据有关调查数据显示，在这 10 多年中，尝试转型电子商务的传统企业，成功率不足 5%。

通过以上数据我们会发现，虽然互联网是趋势，看起来也很美好，但是大部分人却失败了。在现实中，经常有人对笔者说，互联网让他是又爱又恨，因为他知道，现在的企业不转型互联网，是等死；但是尝试转型后，却发现是找死。

为什么会这样呢？不少人和笔者反馈说，之所以失败，是因为竞争太激烈了。其实不然，现在的网络营销，竞争远没有到激烈的程度。为什么这么讲呢？从数据上来看，目前全国中小企业将近 2 000 万户，而中国总网站数量却仅 400 万左右，其中企业举办的网站不足 300 万个。

通过这组数据我们会发现，中国的企业大部分都还没有开通官方网站。当然，这组数据不一定百分之百准确，比如有的企业可能将阿里巴巴等第三方平台的主页当成企业的官方网站来使用。但是这组数据却从侧面反映出一个问题，那就是还有很多企业没有真正地去开展网络营销，从数据比例上来说，网络营销的竞争还没有达到非常激烈的程度。

既然还有那么多企业没有开展网络营销，网络营销的竞争程度也不算激烈，那为什么还有许多企业做得效果不好呢？

1.3　网络营销失败的原因

网络营销失败和不理想的原因有许多，有宏观的，有微观的，但是从具体操作层面来说，原因主要有以下几点。

1.3.1　营销方法太单一

现在的企业做网络营销，大部分只用了三招：第一招叫百度竞价，是在搜索引擎上购买排名；第二招叫 SEO（搜索引擎优化），是通过技术手段在搜索引擎上获取排名；第三招叫"牛皮癣"广告，现在我们的生活几乎被广告包围了，走到哪儿都能看到广告，尤其是那些小广告，它们无处不在。而很多企业在网络上做推广，依然延续了这种思路，如在论坛、贴吧、百度知道、分类信息网站、供求信息网站、QQ 群、邮箱、微博、微信等发广告。

只用这三招的结果就是，大家都在同一渠道竞价，当然感觉竞争激烈，效果不好。假如全国只有 100 家生产面包的企业，那它们之间的竞争激烈不激烈？

假如说这 100 家面包企业，只有 20 家做网络营销，大家都用百度竞价，大家都竞价同一个词，都想竞价到第一位，试想一下，这个词竞争激烈不激烈？答案同样是肯定的。虽然只有 20 家企业做网络营销，但是第一只有一个呀，20 家企业争一个位置，竞争当然激烈了。

再比如说，其中一家面包企业中，有一位 SEO 高手，这位 SEO 高手在河北省排第一，想想这人的水平牛不牛？但是这位牛人帮助这家企业做 SEO，比如优化"面包批发"这个词，可能连百度前 30 名都排不进去。

很多企业都知道，产品有差异化，才有竞争力。其实何止是产品要有差异化，营销方法和渠道也要讲究差异化。比如大家都去做 SEO，那当然不好做，因为百度结果页一页只显示 10 个结果。如果有 20 家企业去优化同一个关键词，就会显得竞争很激烈；如果有 100 家企业优化同一个关键词，那竞争就会相当激烈；如果有 200 家企业优化同一个关键词，那叫惨烈；如果有 500 家企业优化同一个关键词，那就是惨不忍睹了。

其实网络营销的方法有许多种，本书主要就是以讲各种方法为主，请大家细细品读。

1.3.2　营销方法没用对

即使这三种方法用好了，也有效果，但问题是很多企业并没有掌握这些方法的正确用法。就拿这三种方法中难度最低的发广告来说，大家都知道，"牛皮癣"广告，效果很有限。但笔者要严肃地告诉大家，如果这些小广告操作得当，也非常有效果。不管何种方法只要操作得当，都会有成效，前提是要找到该方法的关键点。

那"牛皮癣"广告的关键点是什么呢？答案是量要大。不管是什么形式的推广，无非就是一个转化率的问题。"牛皮癣"广告转化率很差，但是如果量足够大，就会弥补质的不足。

　　比如在十几年前，笔者刚从事互联网行业时，便是通过群发邮件的方式销售产品的。其实当时笔者并不懂得太多的营销技巧，邮件地址也不精准，在操作上，用的群发软件也没有任何技巧可言。但是当时的效果非常好，这是为什么呢？

　　因为当时笔者统计了一下，通过邮件销售的转化率是万分之一，平均发一万封邮件，会成交一单，一单的纯利润是 300 元。有了这个数据后，就简单了，如果一天想赚 3 000元，就发 10 万封邮件；如果想一天赚 30 000 元，就发 100 万封邮件。而用群发软件操作，成本又极低，除了采购几台二手计算机的成本，剩下的成本就是电费了。

　　再说一个案例：笔者的一位学员老 D，其公司生产保健品。众所周知，在互联网上，保健品是竞争非常激烈的领域之一。而老 D 的企业还是多品牌发展，拥有多个不同的品牌和系列产品，而且这些品牌均没有知名度。

　　老 D 的企业只做网络营销，而且很"抠门儿"，他们以品牌为单位，每个品牌只配三个人员（包括运营和推广等），在推广上也没预算，只用免费的方法，而且只用了一招：在各种网站上发广告。应该说这个方法很简单，没有什么技巧可言，而且从理论上来说，这种纯广告效果也很差。但是他们的效果却非常好，整个公司一年的销售额达几个亿，利润率特别高。

　　为什么别的保健品拿钱砸广告、做竞价，都不一定盈利，而他们用了这么一个"不靠谱"的方法，效果却非常好呢？答案就是量大。他们的推广人员，最多的时候每人每天可以发 10 万条广告，想一想，10 万条呀，有的企业做了几年网络营销，发的所有广告加在一起都没有 10 万条，人家一天就有 10 万条广告，就算转化率再差，但是最终的效果也是相当可以的！

　　本书后面的章节，会为大家讲解各种网络营销方法及操作要点，请大家慢慢阅读。

1.3.3　盲目跟风被忽悠

　　为什么现在的企业使用的方法这么单一，而且使用还不得当呢？因为大部分企业都很迷茫，不知道网络营销应该如何入手，应该选择什么样的方法，结果就是盲目跟风随大流，人云亦云。

　　比如几年前微博营销火的时候，笔者的公司经常接到咨询电话，问我们做不做微博营销，而当反问对方为什么要做微博营销时，大部分人的回答都是现在微博营销热呀，都说有效果呀，等等。微信营销火了时，同样如此，许多企业都开通了微信公众号，都去尝试做微信营销。但是仔细看一看、想一想，那些做了微博营销、微信营销的企业，真正赚到钱的有多少？

　　当然，并不是说微博营销、微信营销不好，相反，笔者认为它们很好。但是再好的方法，也不是每个企业都适合，就好像世界上没有哪种药，可以包治百病一样。而且就算适合，还要看具体怎么用，操作得当不得当，与自身企业结合得好不好。

而且在这个过程中，还有一些人浑水摸鱼，为了赚钱去忽悠企业。比如个别做 App 开发的公司，不管那些传统企业适合不适合，都一味地忽悠他们开发 App，而且夸大其词，让这些企业以为做移动互联网就要开发 App，而且开发了 App 就能赚大钱。让企业损失了钱不说，还让企业浪费了宝贵的时间和精力，甚至让企业在决策上走入误区。

1.3.4 过于急功和近利

也有的企业在节奏上把握得不错，但是却对互联网认识不清，以为互联网是灵丹妙药，有起死回生的神效，继而产生急功近利的心理，定下一个不靠谱的指标。

比如有一次，一位企业主咨询笔者公司的同事，他的企业想通过互联网开展业务，目标定得挺高，要求也挺高，结果最后一说预算，每月 200 元，而且还是人民币。当同事告诉他这个预算不靠谱时，对方很诧异地说："不是说网络营销比传统营销成本低吗？可以实现免费的营销吗？"

还有一次，一位读者小 T 找我咨询，他在一个新成立的饮料企业工作，负责网络营销。老板给他定的任务指标是：用一年的时间，将其新品牌饮料通过网络营销做到几千万元。由于网络营销部门只有小 T 一个人，所以老板很大方，给出的营销预算高达十几万元。小 T 问我应该怎么办，有什么建议，我当时给了他两个字的建议——"跳槽"。

这个世界上总有些异想天开的人，以为注册个新品牌（也可能是已有的不知名产品），随便招聘一名网络营销高手，就能通过互联网卖爆。如果生意这么好做，对方凭什么给你打工？你的价值在哪里？难道对方就是缺个领导自己、指挥自己，然后和自己分利润的老板？

1.3.5 没有系统和体系

最后一个原因是没有系统和体系。许多人对网络营销的理解很片面，比如有的人以为 SEO 是网络营销的全部，有的人以为建个网站就叫网络营销，有的人以为网络营销就是发帖子，还有很多人把网络营销归到了技术工种，这都是错误的理解。

虽然大家戏称搞互联网的人是 IT 民工，但是他们做的事绝不像搬砖头那样简单。如果谁真的把网络营销人员当成了网络民工，将网络营销当成了一个没有什么技术含量的工作，那就等于输在了起跑线上。其在网络上与竞争对手的角逐中，已经失去了先机。

网络营销其实是一个系统工程，下面就让我们一起来了解网络营销的一些基本概念和流程。

1.4　网络营销的基本概念

1.4.1　什么是网络营销

网络营销是以现代营销理论为基础，借助网络、通信和数字媒体技术等实现营销目标的商务活动；网络营销是企业整体营销战略的一个组成部分，是建立在互联网基础之上，借助于互联网特性来实现一定营销目标的营销手段。

通俗一点说，网络营销就是借助互联网来做营销，"网络"只是载体，"营销"才是核心。

1.4.2　网络营销的三个层面

网络营销分为三个层面：战略层、策略层、战术层，战术层又分为战术策略和战术执行。具体操作时，自上而下，循序渐进。

1.　战略层

网络营销战略是指企业以用户需求为导向，对企业网络营销任务、目标及实现目标的方案、措施做出总体的、长远的谋划，并付诸实施与控制的过程。

比如经典的案例小米，"粉丝经济"就是其网络营销的核心战略。

2.　策略层

网络营销策略是指企业根据自身在市场中所处地位的不同而采取的一些网络营销组合，它包括品牌策略、网页策略、产品策略、价格策略、促销策略、渠道策略、服务策略。策略应与战略保持一致，应围绕战略来制订企业整体的网络营销策略。

比如对小米来说，小米论坛就是其具体的网络营销策略之一，这个策略是围绕"粉丝经济"战略来制订的——通过小米论坛聚集用户，在论坛上与用户互动加深感情，继而让用户越来越认可小米，最终成为小米的粉丝。

3.　战术层

策略有了以后，接下来是战术执行。战术层是指围绕策略，选择适合的战术方法，制订具体的执行方案，并加以执行。比如前面提到的 SEO、竞价、群发邮件等，都属于战术方法。

就小米的案例而言，建立小米论坛是策略，但论坛建好后，如何向论坛引流增加注册用户数、如何活跃论坛的氛围、如何增加用户的黏性等，这些都属于战术。

1.4.3 网络推广与网络营销的区别

网络营销和网络推广，是这个行业中的两个名词。许多人认为网络推广与网络营销是一回事，其实不然。它们是包含与被包含的关系，网络推广包含于网络营销当中。如果引用刚刚的定义来加以区分的话，那么网络营销属于策略层，网络推广属于战术层。

从字面含义来说，网络推广重在"推广"二字，强调的是方法和执行。只需要用各种方法，将产品信息发布出去，让更多的人看到这些信息，把任务量完成即可。其成功的关键是执行力，针对网络推广人员的考核，往往也是以量来考核的。比如说做论坛推广时，推广人员只需要将帖子发到指定论坛，保证发帖量即完成任务。帖子发出后能不能带来销量等，和发帖人员无关。

而网络营销则重在"营销"二字，强调的是策略和创意。比如说事件营销，操作流程并不难，难的是事件本身能不能引发大众的关注和共鸣，而这个，则完全靠创意。并不是说执行力很强、很努力，就能成功。针对网络营销人员，考核往往都是跟最终的业绩挂钩的，比如销量、用户数等。

1.4.4 网站建设、网络营销、网络推广、SEO 之间的关系

除了网络营销与网络推广的区别外，还有许多人容易将网站建设、网络推广、网络营销、SEO 这四者之间的关系搞混。有人认为网站建设就是网络营销，或是想做网络营销，必须先学会建站；还有人认为 SEO 就是网络营销，这些都是错误的认知。下面说说它们之间的关系。

网站建设，不是一个专门的职位名称，它是一个统称，是指一个网站从无到有的建设过程。一般在互联网公司里，建设网站的流程是这样的：

第一步是网站策划。通常是所有相关人员先开会，进行头脑风暴，大家充分释放自己的创意与想法，然后将网站的方向与主题大概定下来。

第二步是由产品人员开始设计产品。这里说的产品，就是指网站，包括网站整体的构架与功能等。

第三步是由技术开发人员进行开发。当设计人员将网站设计完毕后，就需要交给开发人员，由他们实现功能等。一般技术人员主要是进行网站后台的开发。

第四步是设计页面。这个页面主要指前台页面，就是普通用户可以浏览到的页面，比如网站首页、内容页等。通常页面由相关的频道编辑负责设计。

第五步是制作页面。当编辑人员设计好页面后，需要交给美编进行制作。

第六步是技术实现。当美编制作好页面后，还需要由技术人员进行一定的技术设置，实现页面里的功能、内容调用等。

经过这六步，一个完整的网站才能够热气腾腾地出锅。之后就是对网站进行运营维护、推广等。

由此可以看出，在正规的互联网公司中，网站建设不是由某一个人或某一个部门来完成的，而是需要多部门精诚合作才能够最终完成。而且网站建设和网络营销、网络推广也没有太多的直接联系，网络营销推广都是在网站上线以后要进行的后期工作。

说完了网站建设，再说说网络营销、网络推广、SEO 三者之间的关系。SEO 的中文名叫搜索引擎优化。由于搜索引擎的普及和发展，SEO 越来越受欢迎，因为它的效果立竿见影，性价比颇高，而且这种方法适用性非常强，大部分行业和网站都适用。于是 SEO 大行其道。但是随着 SEO 的火爆，很多人对其产生了一些错误的认识，很多对网络营销不太了解的人，只知有 SEO，不知有网络营销，甚至以为 SEO 就是网络营销，网络营销就是 SEO。

其实 SEO 再好用，也只不过是网络推广方法中的一种。而网络推广方法有千万种，比 SEO 更有效的方法也不在少数。而且前面也提到过，网络推广和网络营销相比，网络推广也是包含于网络营销中的。所以千万不要以点带面，掌握了一点 SEO 知识，就以为学到了网络营销的全部。

实战训练：体验网络购物

【实训目的】

1. 体验和了解网络购物的流程。

2. 分析和总结商家推广产品的要点。

3. 初步掌握通过互联网进行分析的能力。

【实训内容】

确定一款你要购买的产品，然后登录淘宝网，通过淘宝网购买该产品。

【实训提醒】

注意交易的安全，避免买到假冒伪劣产品，具体交易时请注意以下几点：

1. 不要只关注价格因素。

2. 一定要货比三家，多咨询几家不是坏事。

3. 远离要求先付款或是非支付宝方式付款的卖家。

【实训思考】

1. 你在淘宝网是通过什么方式搜寻到目标产品的？

2. 你认为商家是通过什么推广方式让你找到了它？

3. 淘宝网中的产品页面有许多，而你只是点击其中一部分产品页面进行浏览的原因是什么？

4. 当你浏览了若干个页面之后，有的页面会直接放弃，而有的会选择向客服咨询，什么情况下，你会选择咨询客服？

5. 最终你选择其中一家网店购买，你选择这家网店的理由是什么？具体哪些因素打动了你？

思考练习

1. 请说出网络营销和传统营销的区别。
2. 请说出网络营销的特点。
3. 你认为影响网络营销效果的因素有哪些？

第2章
网络营销的流程

经常有人向笔者求助：自己的企业或产品想做网络营销，但是没有头绪，所以希望能给一些现成的方案，或者给一些方案模板参考。其实好的网络营销方案，不是靠模板做出来的，格式和用词一点都不重要，真正靠谱和落地的方案，不是体现在格式或文笔上，关键是看思路。

在本章，笔者将和大家分享在实践中总结出来的"网络营销六步引导法"，如果能将这六步理解和掌握了，那么无论推广什么产品，都可以在最短的时间内，找到适合自己的方法和策略。

2.1　第一步：你的目标是什么

在开始推广一个项目、制订网络营销方案时，首先要明确营销的目标是什么。比如是追求 IP、追求流量、追求注册量、追求销售量、追求品牌知名度，还是其他什么。目标不明确，方向可能就会出问题。

对于员工来说，如果他们不弄清目标，那很可能是辛苦了一年，最后老板却不满意，甚至还被扣奖金。下面讲一个真实的例子。

曾经有一位叫小 A 的学员跟笔者学习网络营销，他是某大学的网络营销负责人，学习的原因是因为其在上一年度的网络推广工作效果不理想，领导非常不满意。但是其自己又想不明白为什么，大概感觉是自己能力还不够，所以想通过学习来解决这个问题。

小 A 希望笔者帮他找原因。首先，笔者问了小 A 一个问题："学校给你下达的推广指标是什么？学校想让你通过推广，达到什么效果？"本来笔者以为即使是学校，肯定也是希望通过网络营销带来生源，结果小 A 说不是。

原来该学校是公办学校，招生很容易，所以学校不要求他通过推广带来生源或流量什么的。当时领导和他说：互联网很重要，我们应该在互联网上做推广，具体怎么做，你看着办，关键是网络上不要出现关于学校乱七八糟的信息。

因为这位领导不懂互联网，又不需要通过互联网招生，所以话语比较含糊，没有说出什么明确的目标。其实对于网络营销从业人员来说，遇到这样的情况很正常，老板或领导往往不会把他们的需求或者要交代的工作说得事无巨细，更多的是指一个方向，具体怎么做，那是考验我们能力的时候。

其实笔者从这位领导的话中还是提炼出了一些信息：互联网上不能出现学校的负面信息；而根据学校这种事业单位的特性，领导再深入一层的意思可能是，通过互联网提升一下学校在网络上的正面信息量，提升一下美誉度；还有可能更深入一层，适当提升一下学院领导在网络上的美誉度。

如果笔者揣摩的信息是正确的，那么这个工作非常容易做。因为该学校在网络上根本没什么负面信息，而且又没什么人在搜索引擎中以该学校的名字为关键词进行优化，所以只要结合学校的实际情况，经常撰写和发布一些正面的新闻稿、多维护一下学校相关的贴吧、论坛及百度知道即可。

但是为什么对于这种难度较小的推广工作，小 A 做了一年都没有做好呢？让我们简单来看一下他在上一年做了什么。

（1）软文推广：共选择了四家投放媒体，其中两家规模稍大，全年共在这两个网站发布了 40 篇软文。另外两个网站是包年合作，随时可发，但是由于是两家小网站，效果几乎没有。

（2）博客推广：建立了官方博客，并进行日常更新维护。

（3）百度百科：建立了学院的百科词条。

（4）微博推广：建立了官方微博，通过微博发布学校的消息。

（5）电子杂志推广：制作一些与学校有关的电子杂志，发布在互联网上。

（6）QQ 推广：建立学校官方 QQ 群，并在其他相关 QQ 群进行推广。

大家有没有看出问题所在？小 A 做了大量工作，但很多工作却是无用功，没有围绕目标去做。其目标是在搜索引擎结果页不要有负面信息，多出现正面信息。可是小 A 却选用了 QQ 推广、电子杂志推广等方法，像 QQ 群的消息，根本不可能出现在搜索引擎中。而软文推广，倒是适合，但问题是小 A 发布的软文数量偏少，而且还都发布在不知名的小网站上，这些网站本身没有权威性，而且在搜索引擎中也很难获得排名。

从另一个角度来说，通过这个案例也是提醒企业管理者，给下属安排工作时，要明确地告诉他们目标是什么，同时讲明白为什么这么做，否则很可能就会出现小 A 这样的情况。因为不是每个员工都能揣摩透领导的想法，或是洞悉公司的战略意图。

在明确目标的同时，还要注意目标的合理性，不要制定不可达成的、不靠谱的指标。下面再举一个例子。

一位学员小 E，其所在公司新推出了一个网络商城项目，该商城主要销售企业办公设备，比如考勤机等，其特点就是贵，同样的产品，别的商城卖 8 000 元，他们卖 12 000 元。

领导要求小 E 负责该项目的推广，负责这个项目仅有小 E 一个人，且没有任何推广费用。领导要求在一个月内，通过推广为商城带来 1 万个有效注册用户，且要将商城的 PR 值提升到 6。

很显然，该公司领导的要求是极度不靠谱的，也肯定达不到。特别是要求一个月内将 PR 值达到 6，更是无知的表现。众所周知，PR 值三个月才更新一次，且早已停止更新。

2.2 第二步：你的用户都是谁

确定了目标后，接下来要分析能够帮助你实现目标的用户是谁。不同的目标，选择的用户群可能是不同的。这也是为什么第一步一定要明确目标的原因，目标不清，那这第二步的目标用户就无法选择。

以笔者创建的推一把网站为例。

如果营销目标是品牌，那么从理论上来说，每一个人都是我们的目标用户。因为人人都知道推一把，是我们最希望得到的结果。

如果营销目标是提升网站的 IP 流量，则目标用户要窄一些，主要是针对对网络营销感兴趣、有需求，且需要找这方面文章、资料、资源的人。因为没需求的人，不会跑到我们的网站来浏览。

如果营销目标是提升推一把论坛的注册量，则目标用户进一步缩减，因为不是每个来网站浏览的人，都会在论坛注册和互动发帖。通常有问题求助的、想找人交流学习的人才会在论坛注册。

如果营销目标是为推一把网络营销精英学院招生，那么用户群就更窄了，因为不是每个人都愿意付费学习。通常是刚毕业的、想转行的、刚入行的、遇到瓶颈的人付费的意愿更大一些。

另外，即使以销售为目标，目标用户也分为使用者、决策者、采购者、影响者几类。

比如你的企业是销售机械设备的，那表面的目标用户，是工厂采购部的人，因为他们负责采购设备；但这些设备真正的使用者，是工厂里的工人；而最终拍板的决策者，是工厂老板；但工厂老板在做决策前，可能会在相关论坛征求网友意见，或者问身边的朋友，这些网友或朋友，就是影响者。

对于这类产品在做营销时，营销人员就要考虑针对这四类人制定不同的营销策略。当然，如果产品的使用者、决策者、采购者、影响者是同一类人，则不需要这么复杂。

2.3 第三步：用户有什么特点

第二步只是初步明确了用户定位，而这一步要进一步分析哪类用户是我们的精准用户，并分析他们的特征和需求。具体是什么意思呢？举个小小的例子。

一次，一位叫小 F 的网友向笔者求助，他是开淘宝店的，遇到了瓶颈，却找不到解决方案，希望笔者帮他理理思路。

笔者首先问他主营产品是什么，目标用户群是哪些人。小 F 说他销售的是饰品，目标用户群是 18～35 岁的女性。

从表面上看，这个答案没问题，饰品嘛，当然是针对女性的，而能够消费饰品的用户群正是从 18～35 岁的人为主。但是实际上，这个用户定位问题很大，因为太宽泛了，相当于没有用户定位。

试想一下，所有 18～35 岁的女性，都会购买小 F 的产品吗？如果答案是否，那么接下来就要思考，最有可能购买产品的用户有什么特征，比如年龄偏大还是偏小、大概以什么职业为主、文化层次如何、消费能力如何，等等。

小 F 的店已经经营一段时间了，所以对于他来说，要找到这个问题的答案比较简单，分析总结一下以往成交过的客户有什么特征，就可以了。

刚刚说的年龄、职业等，属于自然特征。除了自然特征外，还要分析用户的需求和喜好。比如用户喜欢哪方面的内容、信息，购买产品想解决什么问题或困难等。用户的这些需求，决定了我们后面要制订什么样的策略方法及准备什么样的推广素材。

比如在刚刚的案例中，要明确那些目标女性，上网是喜欢看新闻还是喜欢看文章，喜欢看服装搭配方面的内容还是喜欢看美容化妆方面的文章，等等。如果目标用户的类型不同，那么还要分别进行分析。因为需求不同，策略也不同。

比如年龄偏小的用户，比较喜欢追逐时尚、赶潮流，喜欢网络草根文学，所以针对她们进行营销时，页面风格就要时尚和酷一些，文字要草根和前卫一些。而年龄偏大的用户，则比较成熟、稳重一些，喜欢一些有内涵的事物。对于这类用户，页面风格就要成熟、华贵一些，文字要有内涵。

分析用户需求时，分析得越细越好，最好用一个本子把所有找到的用户需求记录下来，然后进行优先级排序。重点是找到那些用户都有且优先级高的需求。

那如何有效分析用户呢？比较大众的方法是做数据调查，但是笔者一般只拿这些调查数据做参考，因为数据是会说谎的。笔者的建议是，尽可能深入到用户当中，做一把真实的用户。具体请参考本章 2.8 一节的应用案例。

2.4 第四步：拿什么打动用户

为什么要分析用户需求呢？所谓知己知彼，百战不殆，说白了就是为了投其所好。只有将用户了解透，才能有针对性地去影响用户、打动用户，最终让用户选择我们。

这就好像谈恋爱，如果想成功追求女孩子，首先要了解清楚女孩子的喜好，比如她喜欢什么类型的男生，她生活上有什么习惯，如她有什么爱好、喜欢吃什么菜、喜欢看什么类型的电影等。知道这些后，我们尽可能按照女孩子心目中男神的样子去打扮和表现，然后带她去吃她喜欢的菜、去看她喜欢的电影、去做她喜欢的运动等。

那在网络营销中，我们要如何打动用户呢？最关键的是产品卖点。好的产品卖点，是要符合用户需求和喜好的，要基于用户来策划和提炼卖点。

除了卖点外，其他能够打动用户的因素还有品牌、口碑、服务、客户案例等。

2.5 第五步：你的用户在哪里

清清楚楚地知道了用户是谁，并研究透了用户需求后，便开始寻找用户，搞清楚用户聚集在哪些地方。这个也要结合用户特点和需求进行分析。

如果用户的主要需求是浏览文章，那么就将目标用户常去的网站全部找到。

如果用户上网做得最多的事是与人交流，那么就把用户常去交流的论坛筛选出来；如果用户喜欢在 QQ 群中交流，那么就要搞清楚是在哪一类主题的 QQ 群交流。

如果用户喜欢用搜索引擎查找信息，那么就将用户经常搜索的那些词全部列出来。

这些渠道列得越细越好，比如用户喜欢到论坛交流，那么一定要把所有的目标论坛全部找到并列出清单。

2.6 第六步：确定策略和方法

用户明确了，卖点明确了，渠道明确了，接下来就是制定具体的网络营销策略和方法了。接下来笔者就为大家介绍几种方法。

2.6.1 根据渠道制定策略

首先，我们可以根据用户集中的渠道来选择方法。比如，我们的目标用户最集中的渠道是论坛，那么论坛营销就是当仁不让之选。

2.6.2 根据用户制定策略

方法主要是根据用户集中的渠道来选择，策略则是根据用户的需求来制定。比如刚刚选择了论坛作为具体的方法，那在论坛中撰写什么样的帖子呢？策划什么样的活动或话题呢？这个就要分析用户喜欢看什么样的内容，对什么样的话题或活动感兴趣了。比如，对于"推一把"论坛的用户来说，最喜欢经验类和案例剖析类的内容。

2.6.3 根据对手制定策略

其实在制定策略和方法时，最好的参考和研究对象是竞争对手。因为竞争对手已经花费了大量的时间、精力、人力、物力和资金进行了尝试。我们只要将竞争对手尝试的过程研究透，在它的基础上再去优化和执行，就会少走许多弯路。

比如经常有人问我："江老师，我们的新闻稿发在哪些网站比较好？"这个问题问我并不靠谱，中国有那么多的行业，我不可能知道每个行业的新闻稿应该发在哪些具体的网站是比较好的。

我认为这个问题应该去问竞争对手，方法是在百度及百度新闻中搜索竞争对手的企业名、品牌词，看哪些网站上出现了竞争对手的新闻，为了保证结果的质量，可以多搜索一些不同竞争对手的关键词。

然后将这些网站进行汇总，看哪些网站是竞争对手发布次数最多的，同时还可以看一下这些文章的点击量、评论数，看哪些网站的效果好一些。

同时再分析一下这些新闻稿的类型，看哪些类型的新闻稿的点击和评论最多。

2.6.4 常规的策略

除了用以上方法来制订策略外，还有两个策略是每个企业都必须要做的，它们是品牌和口碑。因为这两点用户非常关心和需要，对用户的决策影响非常大。

1. 品牌

前面提过，品牌会对用户的决策造成重要的影响。所以，每个企业都应该在网络上去提升品牌知名度。当然，建设品牌是需要成本的，但是一些低成本的方法，每个企业都应该考虑。比如新闻稿，每个企业都应该定期去撰写和发布新闻稿。

2. 口碑

用户在网络上选购产品时，越来越注重其他用户的评价，所以口碑也是每个企业都应该做的。这也是为什么淘宝刷单、刷信誉和评价越来越盛行的原因。一般做口碑的方法有百度知道、论坛、贴吧、软文等。

2.7 效果监控与评测

六步引导法已经介绍完了，但是想保证最终的效果，还需要再做一项工作，就是效果的监控与评测。下面介绍一下这方面的知识。

2.7.1 建立合理目标

第一步是建立合理的营销目标。刚刚在六步引导法中，其实也介绍过这一步，但是那里确定的是大概的目标，这里确定的是具体的指标，比如说 IP 数、PV 量、注册用户数、活动参与人数、作品转载数、销售额、订阅数等。而且这些数字指标，一定要靠谱，不靠谱的指标，不如不制定。

靠谱的指标从何而来呢？主要是根据目标的成本，用预算/单目标成本。比如说获取到 1 个优质 IP 的成本是 0.1 元，而我们的推广预算是 10 万元，则目标定在 100 万个 IP 比较合理。那如何计算目标成本呢？有以下五种方法。

（1）参照以往的经验数据。如果以前有过类似经验或数据做基础，那么可以据此推算。

（2）实际测试。如果没有经验可以借鉴，那么可以拿出少部分的资金，在小范围内进行测试。

（3）对比传统渠道的数据。由于互联网是新兴行业，所以很多经验和数据都无法借鉴，但是传统行业的经验和数据却丰富得多。都说互联网比传统渠道省钱，所以我们可以借鉴传统渠道的数据，在此基础上除以 5 或 10 等。

（4）参考同行数据。如果业内同仁公布了他们的一些数据，那么可以直接借鉴。或者通过交流的方式，直接询问他们的情况。

（5）根据行业调查数据。有许多专业的数据公司会公布各种行业数据，比如艾瑞、缔元信、易观国际、开眼数据等，我们可以直接借鉴这些报告中的数据，这些数据都是比较科学和靠谱的。

2.7.2 监控营销数据

数据监控是很重要的一步，没有数据做依托，那就是盲人摸象。在数据监控这块，一是要选择好的监控工具，比如对网站的流量统计，就可以选择 CNZZ 全景统计、百度统计、量子统计等。二是建立详细的数据监测表，监测的数据越详细越好，如图 2-1 所示。

关键词	点击数	消费	注册	订单额	订单数量	订单转化率	注册CPA	ROI
英语	6797	5121.47	24	487	3	0.04%	213.39	0.10
出国培训	2409	1084.05	6	0	0	0.00%	180.68	0.00
商业英语培训	1540	723.94	5	199	1	0.06%	144.79	0.27
考研	764	511.88	4	0	0	0.00%	127.97	0.00
雅思英语培训	305	106.75	3	729	2	0.66%	35.58	6.83
英语培训班	688	365.13	2	398	2	0.29%	182.57	1.09
英语培训机构	613	392.46	2	69	1	0.16%	196.23	0.18
英语培训中心	875	501.79	2	0	0	0.00%	250.90	0.00
新概念英语培训	289	178.78	2	0	0	0.00%	89.39	0.00

图 2-1

2.7.3 计算用户价值

明确了目标，有了数据后，我们还要计算出每获取到一个用户的价值是多少。这样在做营销活动时，有了这个数据做依托，目标才能更明确。举个例子说明。比如我们的网站是论坛，以通过发展收费会员盈利。那么就要根据以往的统计数字，计算出多少注册用户会成为付费用户？这些用户平均带来的利润是多少？假设每 100 个注册会员中有 2 个成功付费用户，平均每个用户会带来 1 000 元的利润，那么这 100 个用户将产生 2 000 元的利润。也就是说，每获得一个用户的价值是 20 元。

2.7.4 计算渠道成本

渠道成本主要是指渠道的投入产出比（ROI），毕竟效果才是我们追求的最终目标。投入产出比的计算公式为：

$$投入产出比 = \frac{毛利率}{投入费用}$$

假设我们的网站每天在某网站投放的广告费用是 1 000 元，平均每天的销售额是 2 000 元，扣除成本 2 000 元，毛利是 3 000 元，则这个渠道的投入产出比是 3。

具体操作时注意，不要一味地只看数据，还要注意区分新老用户，在新客户转化率的基础上追求 ROI。比如说在 A 网站投放广告，ROI 很高，但是可能其中大部分用户已经是我们的老用户了，只是图方便，才点击 A 网站的广告直接购买。实际上其 ROI 是虚高。

所以对于相同类型的渠道网站，除了分别统计数据外，还可以进行合并统计，将这些网站视为一个大渠道。假设在 A、B、C 三个相同类型的网站同时投放了广告，C 网站的效果最好，A 网站和 B 网站的效果比较差，从表面上看，应该减少或停止 A、B 网站的投放。但是真实情况可能是用户在 A 网站看到了广告没有点击购买，在 B 网站看到了广告没有点击购买，但是在 C 网站看到后却点击购买了，实际上这是三家网站同时发力的结果。

2.7.5　营销渠道优化

营销推广，效果为王。想提升效果，就要不停地培养渠道并对渠道进行优化。不同渠道的具体优化方法不尽相同，但是原理差不多，重点还是数据，即要注意数据的变化。比如，针对常规的问题解决思路如下。

1. 流量少

如果网站流量少，可能的原因有两个：一是推广力度不够；二是如果推广力度很大，但还是流量少，那就是方法或策略有问题。

2. 咨询少

如果网站有流量但是没用户咨询或用户咨询少，那可能的原因有两个：第一个可能的原因是带来的流量不精准。此时就需去分析每个渠道带来的流量质量，比如，如果是 SEO 或竞价，则分析用户是搜索哪些词来的；如果是软文营销，则分析是看了哪些文章来的；如果是邮件营销，则分析具体邮件地址的质量和邮件的内容。

如果流量是精准的，那第二个可能的原因就是网站有问题。网站的问题原因也可能有两个：

一是网站的吸引力不够，这个问题要看用户的跳出率和停留时间。跳出率是指只访问一页就离开的用户比例；停留时间是指平均每个访客在网站停留了多久才离开。如果是跳出率很高、平均停留时间很短，那么基本上可以判断是网站内容的吸引力不够，甚至是跑题。

二是如果网站吸引力够，而咨询的用户少，则可能是网站内容的营销性不足，说服力不够。

3. 转化少

如果咨询的用户够多，但是成交的少，那么可能的原因有三个：一是客服的水平不够；二是话术体系有问题；三是产品没有竞争力。

除了这些常见问题的解决和优化外，具体每个渠道都要进行优化，这样成本才会越来越低，转化率越来越高，整体效果越来越好。而渠道的优化，也是根据数据来做的。

比如我们是做微信运营的，微信运营的一个重要指标就是内容的访问量和转发量。微信运营人员就需要不断地关注往期内容的数据，总结出那些高阅读和高转发的内容有什么特点，然后将这类内容作为运营的重点。

2.8 应用案例

最后，给大家分享一个案例。这个案例既对本章的六步引导法进行了一次诠释，也为本章画上了一个圆满的句号。

这个案例也是许多人问过笔者的，但是笔者从来没有大范围公开分享过，即"推一把"网站的营销推广思路及具体过程。下面请听笔者一一道来。

注意："推一把"网站是笔者于 2008 年年底创建的，定位于网络营销推广领域，主打论坛。目前"推一把"论坛的注册会员数已经有 100 多万，是同类网站中会员数最多的网站。

2008 年之初，笔者萌生了建设一个营销类网站的想法。最初策划的主题和用户定位是建立一个针对市场营销从业人员的主题社区。之所以定位于此，是因为相关从业人员越来越多，但是互联网上却没有专门针对此类人群的社区论坛。

想法是好的，但是可行性高不高呢？笔者相信许多朋友创业或做项目时，都会遇到这个问题。那如何能更好地验证项目的可行性呢？通过竞争对手验证是非常有效的手段之一，正如前文所说的，他们已经投入了许多的时间、精力、人力、物力和资金，"帮我们"进行了验证和实践。

不过，笔者的这个主题定位当时还没多少人实践过，于是笔者转而研究了与之定位相似的一些网站，比如专门针对商务公关人员的社区、针对记者编辑的社区等。

研究了几天后笔者发现，这些社区都不是特别火，连盈利都非常困难。这个结果证明了什么呢？证明这个定位的可行性不高，需要调整思路。因为在这些网站中，若只是一家网站发展得不好，则可能是该网站的团队有问题，而所有类似网站发展都不好，那很可能就是模式有问题了。

当然，仅仅是从表面上来判断行与不行，是不够严谨的。所以，接下来还要深入分析这些网站发展不好的原因是什么。只有知道了原因，才能做出正确的判断；只有知道了原因，才能调整思路和定位。

经过深入分析，笔者发现它们发展不畅的原因是因为用户需求与网站的定位有冲突——这些网站的定位都是以论坛社区为主，而论坛社区类产品，是需要用户黏在上面，且经常互动才能成功的。这就需要用户有足够多的需求，且这些需要通过论坛来解决，才可以保持论坛的高黏性和高互动。而这些网站的目标用户，恰恰没有太多的需求是需要通过论坛来解决的，论坛没人气，自然就很难发展起来。

鉴于此，笔者调整了思路，将用户定位从单一的市场营销人员拓展到了个人站长、传统企业、中小企业等，并再次通过相关的网站进行分析验证，比如 Admin5、落伍者等，这次的结果是可行。

确定了用户定位，也就是 2.2 节说的"你的用户都是谁"后，接下来要分析"拿什么打动用户"，也就是产品的卖点问题。

虽然网站类产品和化妆品等实物类产品不同，但是原理和本质是相同的，无论什么产品，想打动用户，都需要有足够强的卖点，而卖点缘于用户需求。所以在想找到产品卖点，弄清楚"拿什么打动用户"前，需要先分析用户的需求，弄清楚"用户有什么特点"。

关于用户分析，笔者总结了四条经验：一看、二问、三聊、四融入。

一看，是指到用户集中的网站、社区、QQ 群等，观察大家在看什么、说什么、聊什么。

二问，是指通过调查问卷等方式了解用户所想所求。

三聊，是指通过 QQ、社区、线下座谈等方式与用户正面接触，直接交流。

四融入，是指真正走到用户当中去，与用户打成一片，甚至做一个真正的用户。

当时笔者每天都会去逛那些用户集中的相关网站和论坛，观察哪些文章和帖子的点击量高，大家在文章里评论什么，在论坛里讨论什么；同时还加了许多用户集中的 QQ 群，观察大家在群里聊些什么；除了观察外，笔者还会在这些论坛、QQ 群与大家交流、讨论，甚至还参加了一些线下的活动、聚会等。

就这样与用户"混"了三个月后，笔者发现其实这些用户最大的问题不是他们的产品如何推广、软文如何写、SEO 如何优化，而是有了问题没人帮助他们解决。

之所以得出这个结论，是因为笔者发现，无论是文章下面的评论，论坛，还是 QQ 群，甚至是线下活动，总有人求助和提问，但是这些问题得到回应的很少，即使有人回应，往往答案也不是很靠谱。

于是，笔者便确定了"推一把"论坛的核心卖点，推出了"有问必答"板块。当时笔者亲自抓这个板块，每个问题都亲自回复。因为需求抓得准，所以一下子就赢得了用户的口碑，一传十、十传百，用户增长很快，同时论坛黏性也非常高。

其实如果不是深入到用户当中，而只是一味地做数据调查的话，是很难分析出来这个需求的，因为用户不可能和你说其最大的问题是有了问题没人解答。这也是为什么笔者在前文说，做用户分析时，调查数据只能作为参考的原因。深入到用户当中去，甚至自己做一次真正的用户，这才是了解用户的王道。

了解了用户的需求和特点，产品的卖点也确认了，下面就是要分析"你的用户在哪里"，然后"确定策略和方法"。

在 2.6 节中，笔者分享了三个制定营销推广策略的方法，其中一个是根据竞争对手制定策略，这是笔者特别喜欢用的一个方法。所谓实践出真知，而且还是别人投入金钱和时间"帮"你实践，为什么不借这个力呢。

当时笔者分析了大量同类网站后发现，这些网站在推广时，都不约而同地使用了软文营销这一招，即通过内容传播。

仅仅是发现了这个现象还不行，我们还要研究为什么同行都使用这招，只有知道了为什么，才能更好地使用。

在 2.6 节中，笔者分享的另外一个制定营销推广策略的方法是根据用户的特点和需求来制定策略。而同行网站之所以选择软文营销，就是缘于用户的需求。因为行业类网站的目标用户，都是行业从业人员，这类人员不管是刚入行的，还是行业精英，都有强烈的学习需求，对于他们来说，这是刚需。比如新人要学习各种基础知识，行业精英则要学习更先进的经验、成功的案例等。

学习最基本的方式就是阅读，故此，软文非常适合。而且软文成本低、易操作、传播广、持续性强，性价比极高。既然如此，"推一把"也以软文营销为主。

确定了"软文营销"这个方法后，接下来还要策划具体的内容策略，这些文章应该怎么写呢？这个更关键。

而这个问题的答案，还是在用户那里，简单地说，用户喜欢看什么内容，就写什么类型的文章。经过分析，笔者发现目标用户最喜欢看的是经验分享型的内容，所以笔者写过的文章，基本上都是以网站策划、网站运营、网络营销、网络推广等方面的知识和技巧为主。

通常做网络营销时，都是多个方法配合使用。因为单一的方法，效果有限；而把两三种关联性强、能够形成互补的方法配合使用，会使效果最大化。所以针对"推一把"这个项目的特点和用户特点，在软文的基础上，笔者又结合了博客营销和 QQ 群营销。

之所以结合博客，是因为博客的核心也是内容，所以在传播文章的过程中，稍微结合一下，就可以顺便打造出一个名博。这样做不需要额外付出任何时间和精力，便多出了一个名博资源，可谓是一箭双雕。

而结合 QQ 群，是为了提前给论坛积累种子用户。因为"推一把"主推的是论坛，而论坛成功的关键是怎么让用户黏在里面，同时在里面互动起来。这其中的关键是用户基数够不够多，如果论坛里的用户够多，便能形成"滚雪球效应"，用户不断地吸引用户来。但是论坛刚上线时，根本没有人气，更不要提什么氛围，所以根本留不住人。因此要成功运营和推广一个论坛，首先要解决用户基数问题，怎么能够在论坛刚一上线时，就有一群人进驻论坛是成功的关键。

关于这个问题，最佳的解决方案是，提前准备好一群"准用户"，就是所谓的"种子用户"。所以笔者在写文章的同时，又配合上了 QQ 群，在每篇文章里都加上了 QQ 群号码，引导潜在用户加入这些 QQ 群，这些群就是"推一把"的种子用户群。

经过半年多的准备和铺垫，2008 年 11 月 17 日，"推一把"网站正式上线。由于前期准备充分、定位精准、卖点独特、推广接地气，所以上线第一天网站的 IP 值就达到了近千，半年后即成为行业第一。

上线后，笔者反而轻松了，工作量比前期准备阶段大幅减少。

（1）每周写一篇博客文章来传播推广；

（2）每天在主站更新几篇文章；

（3）每天巡查一下论坛，删除广告帖；

（4）每天回答网友提出的问题。因为网站刚上线，所以问题并不多，而这些问题对于笔者来说都很简单，很快便完成回答。

对于笔者来说，这些工作加到一起，每天不到 1 小时就可搞定。之所以如此轻松，就是因为前期策划分析工作做得充分而到位。所以，虽然网站上线后，看起来投入的时间、精力不多，但"好钢都用到了刀刃上"。

而整个项目的投入费用，只是 60 元的域名钱。因为"推一把"网站从前期的网站策划，到网站的建设，再到运营、推广，都是由笔者一人独立完成的，网站的空间则由朋友赞助，所以没有什么投入费用。

实战训练：策划网络营销方案

【实训目的】

1. 通过实操体验网络营销的流程。

2. 具备初级的网络营销策划能力。

【实训内容】

1. 选择一款熟悉的产品，比如服装鞋帽、化妆品、食品、农产品、土特产品等，然后针对此产品进行一次虚拟的网络营销策划。

2. 将策划方案以 WORD 的方式体现。

3. 方案的内容请参考本章的内容，具体要包括：营销目标、用户定位、用户分析、产品卖点分析、推广渠道定位、大概的推广思路等。

【实训提醒】

1. 如果不知道方案的格式或形式，可以到相关网站（比如百度文库）借鉴其他成熟的方案。

2. 在制定方案过程中，要充分分析和借鉴参考同类企业和产品的推广情况。

3. 网络营销方案拼的不是格式，是思路。所以不要被一些所谓的模板所束缚住，包括本章的内容，也只是抛砖引玉，大家在具体操作时，一定要学会变通。格式不重要，关键是思路正确，逻辑通顺。

4. 建议以小组为单位，完成本次实训任务。

【实训思考】

1. 如何衡量一个方案的可行性？

2. 为什么要借鉴和参考同行及分析对手，好处有哪些？

思考练习

1. 结合实训的情况，将网络营销的流程和要点制作成流程图（注意：要学会变通，不要被本章的内容束缚住，根据你的实际操作情况来写）。

2. 分析竞争对手的方法有哪些？

第3章
网络广告

3.1　什么是网络广告

在各种互联网平台上投放的广告，即称之为网络广告。比如网站中的横幅广告、文本链接广告、视频广告等。这是互联网上一种最常见、最基本的推广方式。

与传统的四大传播媒体（报纸、杂志、电视、广播）广告及近来备受垂青的户外广告相比，网络广告具有得天独厚的优势，是实施现代营销媒体战略的重要组成部分，是中小企业扩展壮大的有效途径，对于广泛开展国际业务的公司更是如此。特别是随着互联网的普及与发展，网络广告的市场正在以惊人的速度增长，网络广告发挥的作用与效果显得越来越重要，以至于业界人士普遍认为互联网络将成为传统四大媒体（电视、广播、报纸、杂志）之后的第五大媒体，甚至有一种后来者居上的优势。

3.2　网络广告的特点

与传统广告相比，网络广告主要有以下几个特点和优势：

3.2.1　传播范围广

网络广告不受时间、空间限制，通过互联网发布的信息，可以传递到地球上的任何一个角落。只要具备上网条件，任何人在任何地点都可以随时随意浏览广告信息。

3.2.2　性价比高

作为新兴媒体，网络媒体的收费远远低于传统媒体。比如传统的电视广告，均是按秒收费，每秒几十万元甚至上百万元的费用让企业望而却步。最终算下来，获得一个有效用户的成本可能高达上万元。而互联网广告通常都是按月计费，甚至按效果计费。获得一个有效用户的成本，可低至几分钱。

3.2.3 表现形式多样

传统广告，表现形式单一。比如平面广告只能是文字或是图片，广播只能是声音，电视广告只能是图像。并且传统媒体还对广告的形式、内容有着严格的要求与约束。而网络广告的表现的载体基本上都是多媒体、超文本格式文件，受众不但能够看广告，还可以进入广告，参与广告互动。甚至一些广告直接以游戏的形式出现，用户还可以玩广告。这些丰富多彩的表现形式，可以传送多感官的信息，让顾客如身临其境般感受商品或服务。

3.2.4 互动性强

交互性是互联网络媒体的最大优势之一。传统媒体，都是单方面的向用户传递用户，用户只能被动接受，没有发言权，也没有选择，厂商也无法获得用户的反馈。而互联网的特点是信息互动传播，在网络上，受众可以选择性的获取他们认为有用的信息，可以针对这些信息自由发表言论。而厂商也可以随时得到受众的信息反馈。

3.2.5 灵活性好

在传统媒体投放广告，发布后很难更改，即使可改动也往往需要付出很高的经济代价。而在互联网上投放广告，可以随时变更广告内容，这就使经营决策的变化可以及时地实施和推广，降低风险，提升效果。

3.2.6 精准度高

传统媒体受众不明确，无法根据具体用户分类来进行有针对性的投放，这使得传统广告的精准度大大降低。而互联网上的各种网站与平台种类繁多，用户细分程度极高。所以我们可以根据自己的需求，有针对性地进行各种精准性投放。

3.2.7 效果精确统计

传统广告均无法精确统计投放效果，只能通过并不精确的收视率、发行量等来统计投放的受众数量。但是"无法衡量的东西就无法管理"，没有精确而有效的数据做指导，效果就无法得到保证，成本也将大大提高。而网络广告可以通过及时和精确的统计机制，使广告主能够直接对广告的发布进行在线监控，即时衡量广告的效果。比如通过监视广告的浏览量、点击率等指标，广告主可以精确统计出多少人看到了广告，其中有多少人对广告感兴趣而进一步了解了广告的详细信息，有多少人最终购买等。

3.3 网络广告的形式

3.3.1 网幅广告

网幅广告是最早的网络广告形式，是以 GIF、JPG、FLASH 等格式建立的图像文件，定位在网页中用来展现广告内容。有通栏、旗帜、按钮、对联、浮动等表现形式。常见的网幅广告尺寸如下：950×60 像素通栏 BANNER、468×60 像素全尺寸 BANNER、125×125 像素方形按钮 1、120×90 像素按钮 2、120×60 像素按钮、88×31 像素小按钮、120×240 像素垂直 BANNER 等。

我们可以把网幅广告分为三类：静态、动态和交互式。

静态：静态的网幅广告就是在网页上显示一幅固定的广告图片，它的优点是制作简单，缺点是不够生动，有些呆板和枯燥。事实也证明，静态广告的点击率比动态和交互式的广告点击率要低。

动态：动态网幅广告拥有各种动态的元素，或移动或闪烁。它们通常采用 GIF 动态图片格式或 FLASH 动画格式，通过丰富多彩的动态图像，可以传递给受众更多信息，加深浏览者的印象，它们的点击率普遍要比静态广告的高。动态广告在制作上并不比静态广告复杂多少，而且尺寸也较小，所以它是目前最主要的网络广告形式。

交互式：不管是静态广告，还是动态广告，都还停留在让用户被动看的阶段。而互联网媒体相对于传统媒体最大的优势是互动，所以一种更能吸引浏览者的交互式广告便应运而生了。交互式广告的形式多种多样，比如游戏、插播式、回答问题、下拉菜单、填写表格等，这类广告不仅是让用户单纯的看广告，还需要他们参与到广告中来，甚至"玩"广告。这种广告比其他广告包含更多的内容，可以让用户在参与的过程中，对企业与产品产生更深刻的认识与了解。

3.3.2 文本链接广告

文本链接广告是以一排文字作为一个广告，点击可以进入相应的广告页面。这是一种对浏览者干扰最少，但却较为有效果的网络广告形式。有时候，最简单的广告形式效果却最好。

3.3.3 富媒体广告

在互联网发展的初期，因为带宽的原因，网络广告形式主要以文本和低质量的 GIF、

JPG 图片为主。而随着互联网的普及及技术的进步，网络广告出现了具备声音、图像、文字等多媒体组合的形式，人们普遍把这些媒介形式的组合叫作富媒体（Rich Media），以此技术设计的广告叫作富媒体广告。富媒体广告表现形势多样、内容丰富、冲击力强，但是通常费用比较高（见图 3-1）。

图 3-1

3.3.4　插播式广告

插播式广告是指用户在浏览网页时，强制插入一个广告页面或弹出一个广告窗口。最典型的插播式广告，就是网页弹窗。插播式广告有各种尺寸，有全屏的也有小窗口，互动的程度也不同，静态动态均有。它们的出现没有任何征兆，肯定会被浏览者看到。其实它有点类似于电视广告，都是打断正常播放的节目强迫浏览者观看。所不同的是，浏览者可以通过关闭窗口不看广告。

3.3.5　视频广告

视频广告是随着网络视频的发展，而新兴的广告形式。它的表现手法与传统电视广告类似，都是在正常的视频节目中插入广告片段。比如在节目开始前或是节目结束后，播放广告视频。同插播式广告一样，这也是一种强迫用户观看广告的形式，但是相对于前者要友好得多（见图 3-2）。

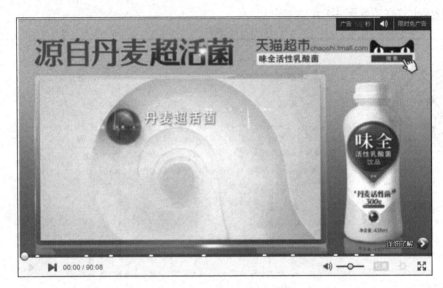

图 3-2

3.3.6 搜索引擎竞价广告

竞价排名是搜索引擎广告的主要形式，它是按照付费最高者排名靠前的原则，对购买了同一关键词的网站进行排名的一种方式。竞价排名的最大的特点是按点击量付费，如果没有被用户点击，不收取广告费；在同一关键词的广告中，单次点击出价最高的广告排列在第一位，其他位置按照广告主出价不同，从高到低来依次排列（见图 3-3）。

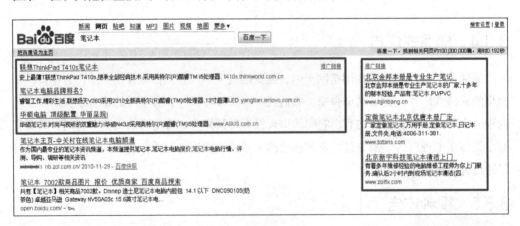

图 3-3

在搜索引擎营销中，竞价排名的特点和主要作用如下：

（1）按效果付费，广告费用相对较低。用户不点击，则不需要支付任何费用，所以大大节省了广告费用。

（2）广告出现在搜索结果页面，与用户检索内容高度相关，提升了广告的精准度。

（3）竞价广告出现在搜索结果靠前的位置，容易引起用户的关注和点击，因而效果比较显著。

（4）广告主可以自由控制广告价格和广告费用，降低了风险。

（5）广告主可以对用户点击广告情况进行统计分析，通过数据来优化广告效果。

以上就是互联网上常见的六种广告形式，除此之外，还有一些其他新兴的和不是很常见的广告形式，比如翻页广告、祝贺广告、赞助广告等，由于不具有代表性与普遍性，所以就不一一介绍了。

3.4　网络广告的计费方式

与传统广告相比，网络广告的计费方式更为灵活，可以按照不同的需求与目的制定不同的付费方式。

3.4.1　包月

这是最传统的广告付费方式，在固定的广告位投放广告，按月计费（也有按周或按天）。包月广告的费用固定，便于控制预算，但是效果却很难保证。

3.4.2　CPM

每千人成本（Cost Per Mille，或者 Cost Per Thousand、Cost Per Impressions，CPM），即指广告显示 1 000 次所应付的费用。它所反映的定价原则是：按显示次数给广告定价，这种定价思路与传统广告中定价思路源出一脉，传统媒介多采用这种计价方式。比如一个广告横幅的单价是 1 元/CPM 的话，则意味着每一千个人次看到这个广告的话就收取 1 元，以此类推，一万人次观看就收取 10 元。

3.4.3　CPC

每次点击付费广告（Cost Per Click，CPC），即按照广告的点击次数计费，如果没有人点击广告，那不需要付费。在这种模式下，广告主仅为用户点击广告的行为付费，而不再为广告的显示次数付费。

CPC 广告对于广告主非常有利，但是不少网站主却觉得不公平。他们认为，虽然浏览者没有点击，但是他已经看到了广告，对于这些看到广告却没有点击的流量来说，网站成了白忙活。所以有很多网站不愿意做这样的广告。

3.4.4　CPA

每行动成本（Cost Per Action，CPA），即根据每个访问者对网络广告所采取的行动收费的定价模式。通常是用来推广注册类的产品，比如网络游戏、交友网站等，当有用户通过点击广告成功注册后，广告主才支付费用。

CPA 模式在充分考虑广告主利益的同时却忽略了网站主的利益，遭到了越来越多的网站主的抵制。网站主们普遍不愿意拿优质广告位投冷门产品的 CPA 广告，因为广告被点击后是否会触发网友的消费行为或者其他后续行为（如注册账号），最大的决定性因素不在于网站媒体，而在于该产品本身的众多因素（如该产品的受关注程度和性价比优势、企业的信誉程度等）以及现今网友对网上消费的接受状况等因素。所以越来越多网站媒体在经过实践后拒绝 CPA 模式，CPA 收费广告很难找到合适的媒体。

3.4.5　CPS

按销售额付费（Cost Per Sales，CPS），指按照广告点击之后产生的实际销售笔数付给广告站点销售提成费用。由于这种方式能够最大化的规避风险，提升效果，所以受到了广告主的热捧。这种模式尤其适合于产品销售。

除了以上五种常见的网络广告计费方式外，还有一些不常见的网络广告计费方式，比如 CPL、PPL 等，在这里就不一一介绍了。

3.5　网络广告的投放步骤

广告投放虽然表面看起来是一个非常简单的工作，只要出钱采购广告即可，但是想做好，并不简单。下面介绍一下广告投放的流程和步骤。

3.5.1　第一步：确定广告目标

想做好一件事，首先要定一个明确的目标，广告投放也不例外，想高效投放广告，首先要确定广告目标，比如销售额、网站 IP 数、会员注册量、传播量等。注意，目标的确定至少应该遵循以下两个原则：

第一，目标是可以达成的，不能不现实。比如一个新上线的网站，在没有任何资源和优势的情况下，仅投五六千元的广告费用，就想达到日 IP 几十万元是肯定不可能的。

第二，目标是可以量化的。目标具体要达到什么量级，100 万元，还是 1 000 万元？实现目标的时间是多久，3 个月还是 5 个月？如果周期过长，还应制定详细的阶段目标。总之目标分解得越细越好，最好细到每一周、每一天。目标越细，就意味着考虑得越周全，目标就更容易达成。

3.5.2　第二步：确定广告预算

广告预算不是盲目确定的，也不是凭空想出来的，预算的确定原则是根据广告目标来制订的。简单地说，单目标成本决定了广告预算。比如说广告目标是每月开发 100 个用户，我们事先得知，每开发一个用户的合理成本是 50 元，那每月的广告预算就应该是 5 000 元。那单目标的成本是如何得来的呢？主要有以下四种方法：

第一，根据经验制订广告预算。如果以往尝试过网络营销，则可以根据以往项目经验去合理制订。

第二，根据相关数据制订广告预算。很多行业会有相关的行业报告。通常这些报告中，会说明行业内的单目标成本。这些行业报告数据，还是非常具有参考价值的。如果找不到这样的数据，也可以向同行打听一下，其他公司通过实践得出来的数据，更具有指导性。

第三，测试后制订广告预算。测试是获取数据最直接的方法，也最为直观。比如说在正式投放前，选择 10 家相关媒体，进行小额度的试投，然后根据广告效果算出平均成本。以此作为正式投放的依据。

第四，根据传统渠道的比例制订广告预算。如果以上三种方法都无法确定广告预算，那只能用最后一招了。众所周知，网络广告要比传统广告省钱，而传统广告非常成熟，数据方面，也非常的齐全。所以我们可以根据传统广告的相关数据来制订广告预算。比如说传统广告获得一个有效目标的成本是 100 元，那我们可以在这个数据上除以 3、4 或是 5。

3.5.3　第三步：选择媒体

目标预算确定后，正式开始寻找媒体投放。媒体的选择有什么原则和技巧呢？

1. 围绕目标用户选择媒体

媒体要根据目标用户来选择。在选择媒体前，首先要明确我们的目标用户是谁，要分析目标用户的特点与行为：比如他们的年龄、性别、文化程度、职业特征，他们的生活习惯、消费习惯、网络行为等。然后根据这些，分析他们主要聚集在哪些网站，或是通过哪些网站找信息及相互交流，比如论坛社区、SNS、博客、网站、搜索引擎等。要将具体的网址都列出来，这些用户集中的网站，就是我们的首选媒体。

2. 分析不同媒体的流量

经过初步的筛选，我们的手头已经有了许多家目标媒体。但是通常我们的预算有限，面对这么多媒体只能择优而投。那什么样的媒体才算优呢？第一个评判标准就是流量。流量是网站的核心数据，真实数字通常都不会对外公布。但是我们不需要知道具体数字，只要知道同行业网站中，哪的流量最高即可。

我们需要借助一个叫 Alexa 的工具来辅助完成。Alexa 是一家专门发布网站世界排名的网站，是目前同类排名中最权威、知名度最高的网站。平常我们所说的网站世界排名，就是指 Alexa 排名。我们可以在这里查询 Alexa 排名：http://alexa.chinaz.com/。

Alexa 工具会对网站的流量进行评估，虽然这个数字不准，但却非常有参考价值，我们可以据此来推算同类网站的流量比例。注意，如果是非同类网站，这个数据的准确性就要降低。比如说 Alexa 对 A、B、C 三个网站的流量估值分别为 2 万、4 万、8 万。则这三个网站的实际流量应该约为 1∶2∶4，C 网站的流量最高。

Alexa 除了对网站的整体流量进行评估外，还会对网站的各个二级频道进行流量评估（只统计带有二级域名的频道）。如图 3-4 所示：

被访问网址[73个]	近月网站访问比例	近月页面访问比例	人均页面浏览量
sports.sina.com.cn	26.3%	17.2%	7.3
blog.sina.com.cn	28.9%	15.9%	6.1
news.sina.com.cn	22.4%	11.4%	5.6
finance.sina.com.cn	17.1%	9.8%	6.4
sina.com.cn	39.2%	6.3%	1.8
ent.sina.com.cn	19.0%	5.3%	3.1
book.sina.com.cn	4.0%	5.0%	13.9
video.sina.com.cn	11.6%	4.4%	4.2
tech.sina.com.cn	9.4%	4.2%	5.1
eladies.sina.com.cn	3.4%	2.9%	9.4
house.sina.com.cn	3.0%	2.3%	8.6
auto.sina.com.cn	2.6%	1.7%	7.3
d1.sina.com.cn	6.9%	1.6%	2.6
photo.sina.com.cn	2.8%	1.5%	5.8
iask.sina.com.cn	4.8%	1.1%	2.6
games.sina.com.cn	2.1%	1.1%	5.8
edu.sina.com.cn	1.4%	0.9%	7.5
sinamail.sina.com.cn	3.4%	0.7%	2.4

图 3-4

图 3-4 所示是新浪网各频道数据的查询结果，从中我们可以看出，新浪竞技频道（sports.sina.com.cn）的流量最高，网站访问比例为 26.3%，页面访问比例为 17.2%，人均页面浏览量为 7.3。

这个数据的实用价值非常大，当我们要评估不同网站中不同频道的流量时，这个数据就可以帮我们找出答案。比如说我们要在 A、B、C 三个网站的手机频道中，选出一家流量最高的进行广告投放。Alexa 对它们的流量估值分别为 1 万、3 万、5 万。从这个数据上看，C 网站的流量最高。但是网站整体流量高，不代表其下属频道的流量也高。我们接着再通过 Alexa 工具来分析它们的频道流量：假如 A 网站手机频道的访问比例为 50%，则流量大概为 10 000×50%=5 000；B 网站访问比例为 15%，则流量大概为 30 000×15%=4 500；C 网站的访问比例为 5%，则流量大概为 50 000×5%=2 500。实际上 A 网站的手机频道访问量最高。

3. 分析广告位所在的页面内容

通过上面的步骤，我们已经能够推算出同类网站中，哪些网站的流量最高、哪些频道的流量最高。但是流量高不意味着效果就好，关键的是这些媒体的用户是否适合我们。如何判断这些媒体的用户是些什么人呢？这个主要通过这些媒体的内容来分析，特别是具体广告位所在的页面内容。因为什么样的内容，就会吸引来什么样的人。

比如说我们要投放高端笔记本产品广告，我们的产品价位均在 1 万元以上。这个时候我们找到了笔记本网站中流量最高的 C 网站。但是经过分析却发现，C 网站上面的文章内容全是与低端笔记本有关的，价格都不超过 5 000 元。这时候，我们就要考虑换一家媒体了，因为这些内容吸引来的用户，大部分都是对高端笔记本没有兴趣的人。

除了文章外，还有网站的评论、论坛的帖子等，通过这些内容，可以分析出该媒体的用户特点与行为。当这些用户与我们的用户符合时，投放的效果才会更好。

4. 集群作战，长尾效应

如果我们的资金充足，可以考虑集群作战，在同类网站的显眼位置都投放广告。这时候可以不考虑具体网站的效果，只要衡量这些广告总的投资回报就可以。因为这么多网站一起发力时，用得是长尾策略。比如说用户在 A 网站看到我们的广告时，没有点击；在 B 网站看到我们的广告时，还是没有点击；但是在 C 网站再次看到我们的广告时，却忍不住点击了。这就是长尾效应。

在同一类网站，全部都投放广告，目标用户的覆盖率最高，而且对品牌的提升也是非常有帮助的。

3.5.4 第四步：制作广告创意

广告创意的制作，应该符合以下几个要点：

（1）广告要有足够的冲击力，能够引起用户注意。

（2）广告语要画龙点睛。最好用一句话，就能让用户知道我们能给他们带来什么，帮他们解决什么问题，或是用一句话即能体现出产品特点。这样才能增加广告的精准度，特别是对于按点击付费的广告，如果广告语写得不明确，则会增加无效点击，造成资金的浪费。

（3）广告内容有一定可读性，充满亲和力的内容才能打动用户。如果广告是动态格式，请注意控制广告时间，过长的广告会让用户失去观看的兴趣。

（4）广告尺寸要灵活。不同的媒体广告尺寸不尽相同，所以广告创意要具有足够的灵活性，可以适应不同大小的广告。

（5）多准备几套创意。如果是长期投放广告，则应该多准备几套不同的创意，不要一个广告一投到底，这样容易让用户产生审美疲劳，使广告效果大打折扣。

（6）广告落地页。落地页即指用户点击广告后，所进入的广告页面。此页面是决定最终广告效果的关键要素。用户最终能不能转化成正式用户（如注册、购买等），很大程度上取决于落地页能不能打动用户。

3.5.5 第五步：广告投放测试

经过前几步的努力，投放媒体已经初步筛选完毕，广告创意也已经制作完毕，接下来就要开始正式投放前的测试工作了，主要测试两方面的内容。

1. 测试不同媒体的效果

虽然投放媒体已经初步筛选完毕，但是毕竟还只是理论上的，具体效果如何，并不知晓，所以我们需要对所选择的媒体进行一次效果测试，用事实说话，从中找出最佳选择。

不同媒体的测试方法很简单：在所选的媒体，投放相同的广告创意，广告落地页也用相同的内容（见图3-5）。

2. 测试不同广告位效果

同一个网站中，会有许多不同的频道，同一频道中，也会有不同的广告位。而这些频道和广告位的效果也是不尽相同的，这个时候，我们可以继续用上面的方法进行测试：在所选的广告位，投放相同的广告创意，广告落地页也用相同的内容（见图3-6）。

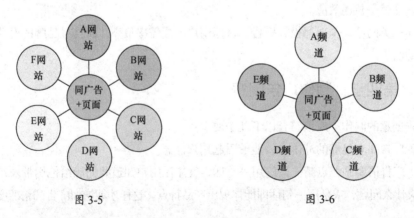

图 3-5   图 3-6

3.6 网络广告的数据监测

在传统媒体做广告，很难准确地知道有多少人接收到广告信息。而网络广告不同，可以统计广告被浏览的总次数、每个广告被点击的次数，甚至还可以详细、具体地统计出每个访问者的访问时间、IP 地址及数据。这些数据可以帮助广告主分析市场与受众，有针对性地投放广告，并根据用户特点做定点投放和跟踪分析，对广告效果做出客观准确的评估。

网络广告通过需要监测以下数据：

3.6.1 基本数据

最基本的监测数据包括广告曝光次数、广告点击次数、广告页面停留时间。广告曝光次数多，意味着所投放网站的流量较高；广告点击次数多、用户在广告页面停留的时间长，则意味着访客对我们的广告感兴趣，很可能就是我们的最终用户。

3.6.2 网站数据

如果广告宣传的产品是网站，还要监测广告带来的 IP 数（或独立访客），以及这些 IP 所产生的 PV 量、网站注册量等。注意观察 IP 数与 PV 量之间的比例，如果比例很大，证明用户对我们网站的内容感兴趣，意味着广告所带来的用户精准。

3.6.3 销售数据

如果是通过广告进行销售，那还要监测广告带来的用户咨询量、用户成交数量、总的销售额、毛利润。

3.6.4 转换率

转换率是衡量广告好坏的关键数据，能够体现出转换率的数据包括：

点击率：点击率=广告曝光数/广告点击数。点击率越高，证明广告效果越好。但要注意，如果点击率过高，很可能是对方在作弊。

咨询率：咨询率=咨询量/IP 数。咨询率高不一定就证明效果好，关键还要看后面的成交率。

成交率：成交率=成交数/咨询数。注意成交率与咨询率是关键。如果咨询量与咨询率很高，但是成交率低，也可能是对方在作弊。

注册率：注册率=注册用户数/IP 数。注册率过高，也可能是对方作弊的结果。防止作弊的一个有效手段是增加注册的门槛，比如注册时，一个邮箱只允许注册一次，且需要通过邮箱验证；或是通过手机验证。

用户成本：用户成本=广告投放费用/带来的用户数。如果用户成本过高，就要考虑改变广告策略，或是选择其他营销手段。

广告利润：广告利润=收入-广告投放费用。

ROI：即总的投资回报率，计算公式为：ROI=销售额/广告费用。这是最终追求的目标。

小提示：互联网上有很多免费的统计工具，如51yes.com、cnzz.com、51.la。具体使用方法，可以登录具体的网站查看其使用帮助。

3.7 应用案例

案例 3-1——凡客诚品

凡客诚品（vancl）成立于 2007 年，是目前中国最著名的互联网品牌之一。据最新的艾瑞调查报告，凡客诚品已跻身中国网上 B2C 领域收入规模前四位。其所取得的成绩，不但被视为电子商务行业的一个创新，更被传统服装业称为奇迹。

事实上凡客诚品的业务全面铺开仅仅半年的时间，已经成为了当仁不让的国内最大的服装 B2C 电子商务网站。凡客诚品的成功之处何在？大规模投放网络广告是其中最直接的因素。

凡客诚品上线伊始就强势出击，在新浪、腾讯、网易、搜狐等各大网站大范围地投放广告。不管你喜欢不喜欢，不管你想看不想看，不管你到哪个网站，随处可见凡客诚品的广告。其网络广告之"多"只是一方面。更重要的是广告的"卖点明确、制作精美"，抓住了消费者的眼球，优美的图片加上吸引人的低价，让其产品销售与品牌同步得到提升。曾有人说，"即使记不住 vancl 或者凡客诚品的称号，但也会依稀记住那 68 元就可以购买 1 件 polo 衫或者购买 1 件牛津纺衬衫"。

案例 3-2——淘宝网

众所周知，淘宝网是目前中国最大的 C2C 交易平台，也是亚洲第一大网络零售商圈。但是在 2003 年淘宝刚创立时，并不是一帆风顺，甚至一开始就遭遇到了难以想象的困境。

想快速提高知名度与品牌，网络广告无疑是最佳选择。而当时的 C2C 领域，eBay 易趣已经一家独大。凭借一份数目不菲的广告合同，eBay 易趣与中国的三大门户网站（新浪、搜狐和网易）签署了排他性协议，以阻止其他同类公司在上述三家网站发布广告。当时三大门户网站占据了中国互联网绝大多数的网站流量，对于淘宝网这样一个新生儿，被排除在三大门户网站之外，无疑是一个沉重的打击。

"既然大的网站不能做广告，我们就做小网站的广告。"淘宝网的新策略是以较低的成本，在上百乃至上千个小网站上投放淘宝网的广告，而这些网站是强悍的 eBay 易趣无法顾及的。因为三大门户网站的流量虽然高，但是并不是所有的用户都会天天登录。相反，上百乃至上千万的中小网站，都是用户天天光临的对象。而正是这些不起眼的小网站成就了淘宝网的"名声远扬"。

实战训练：策划广告推广方案

【实训目的】

1. 体验网络广告投放的过程。

2. 具备初级的网络广告推广策划能力。

【实训内容】

现在有一款全新的减肥产品（减肥茶）推向市场，公司是新公司、品牌也是新品牌。产品的定价是一盒 98 元，一个月需要 4 盒。

在前三个月，公司愿意拿出 100 万元进行广告投放，广告的首要目的是希望带来一些销量，其次是进行一些品牌曝光，提升品牌知名度。

请根据此情况，策划一份广告投放方案。

【实训提醒】

1. 如果不知道方案的格式或形式，可以到相关网站（比如百度文库）借鉴其他成熟的方案。

2. 你可以把这个项目完全当成真实的项目进行操作。比如像真实的项目一样，寻找网络广告代理公司，进行正常的询价、咨询，甚至是面谈等。

3. 建议以小组为单位，完成本次实训任务。

【实训思考】

1. 根据产品的属性和定价，应该选择什么样的目标用户群进行投放？为什么？

2. 公司的首要投放目标是带动销量，其次是进行品牌曝光和提升知名度，基于此，应该选择哪种形式的广告比较适合？是包月广告、CPM、CPC、CPA、CPS 还是其他？为什么？

【实训报告】

1. 实施过程

请记录具体实施的过程和步骤，尤其是在这个过程中出现的一些问题以及解决的方案等。

2. 实训结果

记录最终的实训结果，以及对结果的分析。可以使用表格，也可以使用图形，还可以使用文字。

3. 实训总结

通过实训，你学到了什么，或是有什么样的体会和心得。

思考练习

1. 请结合本章内容以及上面的实训心得，画出详细的广告投放流程图，以及投放过程中需要注意的问题。

2. 在上面的实训中，你是如何寻找广告媒体的，请写出你所使用的方法及过程中总结的经验和心得。

第 4 章
QQ 营销（IM 营销）

4.1 什么是 IM 推广

IM 为 Instant Messaging 的缩写，翻译成中文为即时通信或实时传讯。以各种 IM 工具为平台，通过文字、图片等形式进行宣传推广的活动，即称为 IM 推广。目前国内常见的 IM 工具包括腾讯 QQ、MSN、淘宝旺旺、飞信、新浪 UC、YY、呱呱、雅虎通、Gtalk 等。其中腾讯 QQ 的市场占有率最高，平常做 IM 推广时，都是以 QQ 平台推广为主，所以本节主要以 QQ 为例进行讲解。

这里为大家介绍一下 QQ 的起源。

1996 年夏天，以色列的 3 个年轻人维斯格、瓦迪和楚游芬格聚在一起决定开发一种软件，充分利用互联网即时交流的特点，来实现人与人之间快速直接的交流。于是国际互联网上出现了第一款 IM 软件，它的名字叫作"ICQ"，即"I SEEK YOU（我找你）"，并且在极短的时间内，风靡全球。

1997 年，马化腾接触到了 ICQ，并成为它的用户，他亲身感受到了 ICQ 的魅力。但是同样也看到了它的局限性：一是英文界面，二是在使用操作上有相当的难度。这使得 ICQ 在国内使用得虽然也比较广，但始终不是特别普及，大多限于"网虫"级的高手里。于是马化腾和他的伙伴们便想开发一款中文 ICQ 的软件，然后把它卖给有实力的企业。腾讯当时并没有想过自主经营，因为当时 ICQ 的赢得模式并不明确，但是需要的投入却非常庞大。

这时是正好有一家大企业有意投资中文 ICQ 领域，于是马化腾着手开发设计了 OICQ（QQ 的前身）并向这家企业投标。但是最后的结果却是没中标。如此机缘巧合之下，马化腾决定自己做 OICQ。而当时其给 OICQ 标的定价才三十多万元而已。

有时候成功真的是需要一定的偶然性,在人生的道路上也同样如此。能够让我们真正走向成功的,不一定是当初所想的,而往往被我们忽略的东西,才是决定我们宿命的关键。

4.2　QQ 推广的特点

腾讯的这只小企鹅虽然个头不大,但是千万不要轻视它,作为几乎人手一个的即时通信工具,我们不好好加以利用简直就是暴殄天物。先让我们一起来了解一下 QQ 推广的特点。

4.2.1　高适用性

作为中国最大的 IM 软件,QQ 的注册用户已经超过 10 亿,同时在线用户突破 1 亿,QQ 已经成为网民的必备工具之一,上网没有 QQ,就如现实中没有手机一样不自在。从营销推广的角度说,用户覆盖率如此大、用户如此集中的平台,是必须好好研究并加以利用的。

4.2.2　精准,有针对性

QQ 的特点是一对一交流及圈子内小范围交流(群交流),而这种交流方式,可以让我们对用户进行更加精准和有针对性的推广。甚至我们可以根据每个用户不同的特点进行一对一的沟通。这种特点,是其他方式所不具备的。

4.2.3　易于操作

与其他营销推广方法的专业性和繁杂程度相比,QQ 推广真的非常简单。只要你会打字、会聊天,那就可以成为一名 QQ 推广高手。

4.2.4　近乎零成本

QQ 推广实施非常简单,准备一台可以上网的电脑,再申请一个免费的 QQ 号,就可以马上操作。申请 QQ 会员(每月 10 元),都已经算是大投入。和其他动辄几十万元、上百万元的营销项目相比,几乎是零成本。

4.2.5　持续性

由于 QQ 推广第一步是先与用户建立好友关系,所以我们可以对用户进行长期、持续性的推广。这个优势,是其他营销推广方式所不具备的。比如网络广告,我们根本不可能知道是谁看了广告、是男是女、叫什么名字，以及看完后有何感受。而在QQ上，我们可以明确地知道用户是谁，可以第一时间获得反馈。

4.2.6 高效率

由于QQ推广的精准性与持续性，使得它最终的转化率要高于一般网络推广方法，为我们节省了大量的时间与精力，提升了工作的效率。

4.3 QQ适合什么样的推广

虽然QQ推广的适用性高，但是针对不同的企业与产品，效果肯定不会都一样。那在哪些情况下，效果会更佳呢？

4.3.1 针对特定人群推广

对于受众人群集中，且喜欢在QQ群中交流的人，使用QQ推广是一个非常不错的选择。比如地方性网站、行业性网站，这类网站的目标用户特别喜欢在QQ群中讨论和交流。再比减肥、时尚、IT、汽车等产品，也非常适合QQ推广，因为这类产品的用户，也非常热衷于在QQ群中交流。

4.3.2 针对固定人群推广

有些产品令人头疼的不是推广，而是如何增加用户的回访率、转化率。比如说一些黏性较低的网站，用户可能几个月才登录一次，而时间一长，就会把该网站淡忘。这种情况下，就可以通过群来提高黏性。先建立网站官方QQ群，然后将用户都引导进群里面。这样即使用户一年不登录网站也没关系，因为我们已经将他们牢牢地抓在了手里。只要他们看到群，就会加深对网站的印象。当网站有活动或是新信息时，通过群来引导用户参与。

4.3.3 低流量指标推广

对于网站推广，流量是考核推广人员的重要指标之一。但是需注意的是，如果您的网站流量指标很高，那并不适用于QQ推广。因为QQ推广很难带来大量的流量，它更适合一些低流量指标的推广。比如说企业网站，对于流量要求的非常低。随便在几个群推广一下，就能达到指标要求。

4.3.4 推广有针对性的项目

对于一些简单、明确、针对性强的产品和项目，非常适用于QQ推广，比如一篇文章、一个专题、网络投票、线下活动聚会等。

4.3.5　对现有用户进行维护

如何维护好现有用户？如何提高用户的满意度？这些都是令营销人员头疼的问题。而通过 QQ 维护用户效果非常好。比如建立官方 QQ 群，通过群来指导用户使用产品，通过群来与用户加强联络，增进感情等。

4.3.6　对潜在用户的深入挖掘

做营销与销售的都知道，衡量一名销售人员是否优秀，不是看他开发了多少新用户，而是让多少新用户变成了老用户，让多少老用户重复消费。而对于网络营销来说，挖掘老用户最好的工具之一就是 QQ。

笔者在 2004 年，曾经做过网游商人。当时服务过的顾客一共还不足 90 人，但是半年时间，纯利润就达到了几十万元。其中的秘诀就是通过 QQ，将这些顾客的价值充分的挖掘了出来。

下面就介绍一些具体的 QQ 营销推广方法。

4.4　QQ 优化法

一个普通的 QQ 号码，最多可以加 500 个好友，但是登录 QQ 时，用户能够第一眼看到的好友最多只有十几个，剩下的 400 多个人，是关注不到他们的。如果用户和剩下的这 400 多人相互之间不联系，天长日久就会逐渐淡忘。而那十几个一登录就能看到的，即使不联系也会印象深刻，甚至会随着时间的推移，记忆深刻、挥之不去。

从营销的角度来说，如果我们能排在别人好友列表的前面，那即使一年不联系，也能达到推广的目的，甚至效果还更好。这就叫无声胜有声。那如何增加 QQ 排名呢？

1.　开通会员

会员的排名要高于普通号码，名字还会加红，看起来更醒目。而且 QQ 会员最高可以添加 1 000 个好友。

2.　将 QQ 状态设置为 Q 我吧

QQ 状态有"我在线上、Q 我吧、离开、忙碌、请勿打扰、隐身、离线"7 种状态。其中"Q 我吧"的优先级最高。如果普通号码将状态设置为 Q 我吧，排名比会员还要高。不过这种方式唯一的缺点就是收到 QQ 消息时，会直接弹出消息窗口（见图 4-1）。

图 4-1

3. 在名字前加特殊字符

QQ 排名规则是按照昵称首字母进行排序，A、B、C、D……比如张三这个名字，首字母为 Z，那他的名字就会排在非常靠后的位置。除了字母外，特殊字符的优先级要高于普通字母。比如说在名字前加个空格，会排在所有名字前面。

4.5　QQ 群精准营销法

现在企业做营销，找新客户的成本是越来越高、难度也越来越大，尤其是传统企业。而实际上通过 QQ，就能帮助我们用极低的成本，在短时间内找到目标用户，甚至是大量的目标用户。而且操作起来还非常的简单，只有三个步骤：

第一步：确定目标人群

要先确定我们想通过 QQ 寻找什么样的目标人群，比如是男人，还是女人；是学生，还是白领；是北京地区的，还是上海地区的；是针对金融行业，还是互联网行业等。

第二步：寻找目标 QQ 群

结合目标用户群的定位，分析哪类 QQ 群中，存在目标人群，然后找到这些群（见图4-2）。具体加群方法，请参看后面 4.10 一节的内容。

图 4-2

第三步：提取 QQ 群成员号码

现在，你手头已经有了一批精准的目标 QQ 群，接下来，我们再将这些 QQ 群中的 QQ 好友提取出来（见图 4-3）。这步工作可以通过相关工具完成。

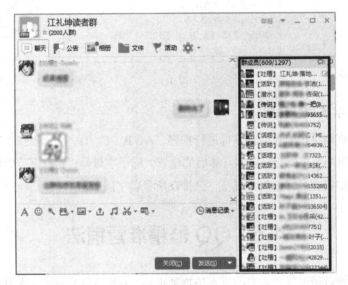

图 4-3

现在，你手头有了大量精准用户的 QQ 号码，你可以将这些号码导入你的个人 QQ 或是营销 QQ（以前叫企业 QQ），也可以配合 QQ 邮件营销使用。

4.6 QQ 群推广法

企业最常用的 QQ 营销方法，可能就是在 QQ 群发广告了，这个方法最简单，如果操作得当，效果也还可以。但是实际上很多企业在操作时，效果并不理想。比如有一次参加某省的互联网大会，一位参会的朋友对笔者说：他们公司每天会在 20 000 个群中发消息，但是效果很一般。

为什么一天发这么多群消息，效果还是一般呢？原因是很多人的意识形态还停留在单纯的群发广告阶段。比如笔者建立的群，每天都会有很多新人加群，进了群之后，二话不说，马上开始 duang～duang～duang 的发广告。这样做，除了被管理员踢出群之外，会收到什么效果呢？谁会没事津津有味地看群广告？就算看了，陌生人发的信息，谁敢相信？这么做除了让人鄙视之外，还会收获什么？

而且 QQ 群不同于网站，它的信息是即时滚动的，只是机械式的加群、发广告，然后被踢几乎是没什么效果的。所以对于 QQ 群推广，应该本着"一群一阵地"的原则，长期奋战。蜻蜓点水式的方式，绝对不可取。下面介绍一下 QQ 群营销的一些注意事项。

1. "先建感情后推广"的原则

随着网络诈骗的出现，大家对于互联网上的信息越来越谨慎。在群里，只有熟人发的消息，大家才会放心地去看或是点击。陌生人发的网址，几乎没人敢随便点。所以对于 QQ 群推广来说，应该本着"先建感情后推广"的原则。只有和大家熟了，甚至成为朋友了，大家才会接受你的信息，也只有这样，才不会被踢。

比如进群时，先和大家打个招呼，晒晒自己的照片；时不时的和大家聊聊天；和大家分享点有价值的信息，比如可以提前准备点电子书、小软件、学习视频什么的；如果时间多的话，可以经常帮群里的人解决问题等。

2. "具体到人"的原则

推广的目的是什么？是为了比谁每天发的群多吗？当然不是。推广是为了达到最终的效果！不管是追求流量，还是追求销量，最终一定是为了提升效果。所以 QQ 群推广应该本着"具体到人"的原则，发多少个群不重要，重要的是让多少群员转化成为我们的用户。

想提高一个群的转换率，蜻蜓点水式的乱发广告肯定是徒劳的，只有在一个群里长期奋战，保证信息传递给每一个人、影响到每一个人时，转化率才会体现。

3. 广告"少而精"的原则

为什么现在大家对电视广告意见很大？因为现在的电视节目，广告比正片时间还长。看一集 45 分钟的电视剧，能插播一个小时的广告。广告这东西，偶尔播放可以调剂气氛，多了，大家就反感了。对于群也一样，我们在群内推广时，即使在群主不踢我们的情况下，广告也不能太频繁，否则就像电视广告一样，让用户反感。重复的内容一天发送一次足矣，关键是要"少而精"。

4. 在聊天中植入广告

在群内发硬性广告的效果越来越差，软性植入广告才是提升效果的良药。其实平常群员聊天的时候，是推广的绝佳时机。我们可以在聊天时，多多融入要推广的内容，这样大家不但不会反感，反而会自然而然地接收你的信息。

比如我们加的是女性相关的群，目的是推广减肥产品。那当群里有关于减肥的话题时，可以马上加入讨论，交流的内容以分享为主。多和大家分享各种减肥的经验、心得，免费帮大家制订减肥计划。在这个过程中，悄悄地把要推广的信息，植入进去。甚至可以两个人同时加一个群，然后在群里唱双簧，继而吸引大家一起交流，带着大家按照我们的思路讨论。

5. 提升 QQ 群排名

在 QQ 群中，有没有不发信息也能达到推广效果的方式呢？当然有。只要将群名片中加上欲推广的信息，并让你的名字排在群员列表上面，即可达到这样的效果。试想一下，别人每天打开群，第一眼看到的就是你，时间一久，想不记住你都难，这叫强化记忆。

笔者有一个营销推广群，里面有位朋友就非常善于使用此道。他主要做网络公关业务，于是直接将群名字设置成了业务名称，并将名字排到了群内第一，比管理员的排名还要高（见图 4-4）。这个群内的许多人都有公关方面的业务需求，而群员每天打开该群第一个看到的就是他，那有相关业务时会想到谁？肯定会想起他的。把细节做得这么极致，推广怎么可能没效！

具体设置的方法，请参看前文 4.4 一节的内容。

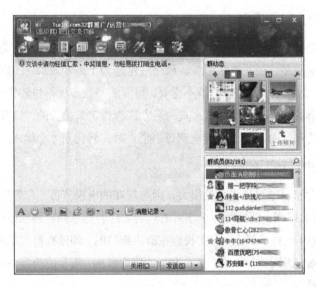

图 4-4

6. 强大的群邮件功能

QQ 群自带有群邮件功能，可以针对群内所有成员群发 QQ 邮件。这个功能非常强大，转化率也非常好。因为在发完邮件后，**QQ** 会在电脑右下角自动弹出邮件提醒消息，保证每个群内成员，都能及时看到邮件内容。

不过唯一遗憾的就是，只有开启了群邮件功能的群，才可以使用该服务。如果群管理员关闭了该功能，则无法使用。所以有条件的话，还是多建立自己的群吧。

7. 持久的群文件功能

群文件功能是群的固定功能之一，我们可以将要推广的信息整理成软文、视频、电子书、图片等，上传到群文件中。注意，上传的文件不要是赤裸裸的广告，应该是对用户有价值的内容，企业信息应该在内容有价值的基础上，适当植入，如图 4-5 所示。

如果上传的文件有价值，不被管理员删除的话，这个文件就会一直存在于群文件中，即时我们退群了，后进群的成员，也可能会下载观看。可以说，其效果是非常持续和持久的。

图 4-5

8. 申请成为群管理员或搞定群主

自建群费时费力，而在别人的群，又不能随便做推广，有没有折中的办法呢？解决方案就是申请成为群管理员。如果我们能成为其他群的管理员，不但能够免费使用群内的所有资源，而且还省去了建群、维护群等繁杂的事务，节省了大量的时间。一般想成为群管理员并不难，只要在群里表现得活跃些，然后和群主搞好关系即可。

更高明一些的方法是直接搞定群主。笔者有一位运营论坛的朋友，他的方法就是寻找大量相关 QQ 群，然后把群主搞定：比如在论坛里将群主设成嘉宾、开通高级论坛权限等，最后让群主带着他的群员进驻论坛，效果非常不错。

9. 建立 QQ 群联盟

前面说过，建立自己的群效果最好，而且群达到一定数量后，本身也会形成品牌。但是一个 QQ 号码能够建立的群数量有限，如何才能建立大量的 QQ 群呢？找人合作是正道。我们可以建立 QQ 群联盟，多方合作。比如推一把就拥有一个群联盟体系，目前已经发展了近百个群。加入推一把联盟很简单，只要您拥有一个高级群，愿意将它交给推一把统一管理，就可以加入联盟。联盟成员的好处是可以共用推一把群联盟的资源（见图 4-6）。

图 4-6

10. 利用群的各种工具

除了以上这些外，所有可以利用的群工具，都应该研究利用。比如 QQ 群还拥有群相册、群活动等各种辅助工具，而且随着 QQ 版本的升级，还经常推出各种新的工具，适当地利用这些小功能，能够为你的推广工作锦上添花。

4.7　QQ 鱼塘营销法

QQ 是实现鱼塘策略的重要工具之一。从效果的角度来说，在别人的群做营销，总没在自己群的好，毕竟在别人的地盘，要受别人管制，非常麻烦，而自己的群是我的地盘我做主，想怎么推广，就怎么推广。而且作为群主，在群里拥有绝对的权威性，群内的成员，也对群主的印象最深。即使不发广告，也会产生非常好的营销效果。从实际效果来看，加十个群，都没有自建一个群的效果好。

具体操作时，我们可以针对潜在用户建立 QQ 群，通过长期在群里潜移默化地影响他们，而产生转化；也可针对现有用户建立 QQ 群，通过群来维护老用户的关系，增加黏性、提升复购率和产生转化率。

当然，不是建群就一定有效果，肯定需要掌握一些技巧。

1. 尽量多建高级群

高级群加的人更多，而维护一个 200 人的群和维护一个 2 000 人的群，时间成本是差不太多的。所以笔者建议大家尽可能的多建高级群。那如何才能建高级群呢？答案是开通腾讯的 QQ 会员等服务，不过不同的会员等级开通群的数量不同，具体请参看腾讯官方的说明。

2. 群的主题要鲜明

建群的目的，是为了将目标用户圈起来，甚至吸引目标用户主动加入。所以想达到这个效果，就需要群主题鲜明，主题越鲜明，吸引到的用户就越精准。比如是销售化妆品，那群的主题一定要围绕"女性""美容""化妆"等关键词展开，且越精准越好。

3. 群名要有针对性

对于自建的群，可以在群名称前加一个有针对性的标志性词汇。比如笔者建的所有群都加有 Tui18 的字样（Tui18 是"推一把"网站的域名，也是谐音）。如：Tui18 网站运营交流群、Tui18 知名媒体编辑群、Tui18 市场推广交流群等。这样做可以加深群员对"推一把"网站的印象，久而多之还会形成口碑效应。

当群越来越多时，再编一下号，就好像开连锁店一样。比如：Tui18 市场推广 1 群、Tui18 市场推广 2 群。当你的连锁店足够多的时候，本身就会成为一个品牌。

4. 男女比例要适当

"男女搭配，干活不累"，这是多少老前辈通过实践验证出来的一条真理，群也是如此。如果一个群内男女比例适当，那群内的氛围会非常好，会充满凝聚力。群员的凝聚力会让推广工作事半功倍。

5. 保持群的活跃度

只有群气氛活跃，成员才会喜欢群、产生群的归属感。会员有了归属感，才会听从群主的号令。所以大家千万不要做那种只建群，不管群的事。

不过建群容易维护难。当我们手里的群越来越多时，想让每一个群都保持一定的活跃度是件不容易的事情。所以招几个负责的管理员一同来维护群是必不可少的一环。

6. 关怀群员

除了保持群的活跃度外，作为群主或是企业官方，要经常关怀群员，这样才能加深感情。比如找一些优质的资源，作为福利发给群员；如果条件允许，组织线上分享活动；如果群员大多在本地，组织线下活动；群员有困难时，适当地进行帮助；群里有人问问题时，及时解答等。

7. 提升群的排名

同前面说的 QQ 昵称排名原理一样，如果能让群排在别人的群列表前面，也会起到事半功倍的作用。具体增加排名的方法，请回顾 4.4 一节的内容。不过除了 4.4 一节提到的内容外，QQ 群的排名还有一个规则，就是 1 000 人以上的群，名字会变红，同时排名更靠前，如图 4-7 所示。

图 4-7

4.8　QQ 空间营销法

不少人以为，QQ 空间都是少男少女玩的东西，很非主流、很幼稚，更多的是用来娱乐，其实不然。如果能够有效地对 QQ 空间加以利用，营销的效果是非常显著的。为什么这么说呢？因为 QQ 空间有两大优势：

1. QQ 空间的优势

（1）与 QQ 产品互通。QQ 的产品很多，比如 QQ、手机 QQ、腾讯微博、微信等，这些产品都是用户量极大、极有影响力的产品。而 QQ 空间与这些产品基本上都是互通互联的，在营销时将它们配合使用，相互搭配合作，效果更好。

（2）到达率好。当有用户给我们的QQ空间留言，或是评论我们空间里的内容时，计算机右下角会弹窗提示（在计算机登录QQ的前提下）；如果是登录QQ空间或是用手机登录QQ，则会直接将好友的动态（包括发布的最新日志、说说、相册等），显示出来。如图4-8所示。

图 4-8

2. QQ 空间的作用

基于这两大优势，QQ空间非常适于做两件事：

（1）带来新客户。因为QQ空间与QQ是绑定的，所以可以直接用QQ空间去吸引海量的QQ用户。

（2）长期影响新老客户。因为QQ空间与QQ绑定，且达到率非常好，所以非常适用于长期影响用户。这一点上和微信朋友圈有异曲同工之妙。

3. QQ 空间的使用技巧

QQ空间主要的作用之一是影响用户，那靠什么影响呢？主要是以下三个工具：

（1）日志。QQ空间日志的性质和表现形式与博客很像，或者说，我们可以将QQ日志当成一个博客来运营。通过在QQ空间发布优质的文章，来影响用户。比如将企业的文化、产品的优势、客户案例等整理成文章，当然，也不要全是宣传企业的，也要适当发布一些对用户有帮助的内容。

（2）说说。说说的性质和表现形式与微博很像，实际上腾讯微博与说说，就是互通的，所以我们可以将说说当成微博来运营。关于微博营销的内容，请参看11章的相关内容。

（3）相册。相册也是空间里重要的组成部分之一。我们可以将展示企业实力的各种图片、展现团队文化的各种照片、客户见证的各种照片等，传到相册，以此来影响用户。

4. 如何增加QQ空间的流量

空间内容有了后，还需要有人浏览才行。各种推广方法，都可以用来推广QQ空间，不过这里重点说四种基于QQ本身的推广方式。

（1）QQ好友。对于QQ里的好友，是可以直接看到QQ空间内容的。所以我们可以通过增加QQ好友数量的方法，来带动空间的浏览。

（2）内容转载。空间日志中，自带有一键转发功能，我们可以在内容中，加上引导性的语言，引导用户将内容转发到自己的QQ空间，或是微信朋友圈、微博等，如图4-9所示。

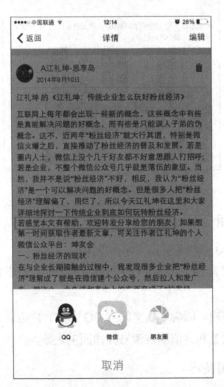

图4-9

（3）赞别人。我们可以去赞别人空间的内容，赞的多了，自然有人回访。

（4）评论别人。使用赞的方式，回访的效果要差一些，通过评论的方式能更直接地与用户互动。评论中，可以邀请别人来访问我们的空间。

（5）留言。我们也可以直接采用在别人空间留言的方式进行推广。

在这里提醒大家一下，在空间的内容中，应该增加一些引导用户添加我们的空间为好友的文字，只有他关注了我们的空间，之后空间发布的内容，才会出现在他的好友动态中。

4.9 手机 QQ 营销法

QQ 有 PC 端 QQ 和手机 QQ 两个版本，而这两个版本的功能，是有差异的。手机端独有的一些功能，尤其是基于 LBS 定位的一些功能，PC 端是没有的。而这些功能对营销是非常有帮助的。下面就说说手机 QQ 的这些功能。

1. 导入手机好友

手机 QQ 可以直接将手机通讯录中的号码导进 QQ（见图 4-10）。我们可以先找到大量目标用户的手机号，然后将手机号导入手机通讯录，然后再导进 QQ。

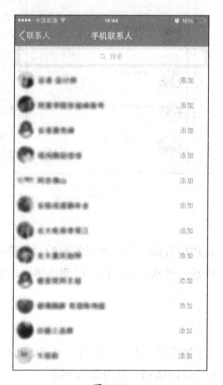

图 4-10

2. 添加附近的好友

手机 QQ 可以实现查找和添加附近好友的功能，这个功能与微信查看附近的人原理一致。对于要求针对精准目标地区人群进行推广的企业，非常适合，如图 4-11 所示。

3. 添加附近的群

除了添加附近的好友外，手机 QQ 还可以基于地理位置添加附近的 QQ 群，如图 4-12 所示。

4. 热聊

热聊功能与聊天室相似，聊天室的主题以周边的地标性建设为主题，如热点小区、大厦等，如图 4-13 所示。

图 4-11　　　　　　　　　图 4-12　　　　　　　　　图 4-13

5. 约会

约会功能，也是基于地理位置的。我们可以发起约会，然后周边的 QQ 用户即可看到，若有人有兴趣，即会联系。当然，我们也可以筛选感兴趣的约会去参加，如图 4-14 所示。

6. 活动

约会功能，是一对一的，如果想一对多，就需要用到活动功能了。通过活动功能，我们可以发起活动，或是参加附近的活动，如图 4-15 所示。

7. 兴趣部落

兴趣部落有些类似于百度贴吧，通过手机 QQ，我们可以关注附近的部落，也可以按照关键词搜索（见4-16）。当然，我们也可以申请属于自己的部落，申请地址是：http://buluo.qq.com。

图 4-14

图 4-15

图 4-16

4.10 如何查找目标群

说了这么多关于 QQ 群推广的话题，那如何才能找到大量的目标 QQ 群呢？方法主要有以下五种。

方法一：通过 QQ 自带的搜索功能查找。操作步骤是先单击 QQ 面板下面的"搜索"按钮，如图 4-17 所示。

在弹出的窗口中，单击"找群"按钮，然后在搜索框中输入关键词，然后单击"搜索"按钮，如图 4-18 所示。

图 4-17

图 4-18

方法二：通过搜索引擎搜索。打开搜索引擎，通过相关的关键词搜索查找群。

方法三：登录相关的网站、论坛查找。很多行业性的网站、论坛都会建立大量的官方 QQ 群。比如大家想加营销推广有关的 QQ 群，就可以直接到推一把网站或是推一把论坛查找。

方法四：通过 QQ 群导航网站查找。网上有很多专门的 QQ 群导航网站，也可以通过这些网站来查找目标 QQ 群。

方法五：顺着群里的线索挖。如果以上三种方法您都不喜欢用，那可以用最传统的方法，找人推荐。比如先找到目标群，在里面混熟后，再让群内的朋友推荐其他群，如此反复循环。通过这个方法，可以挖出无数个群。

4.11　加群注意事项

下面再说一下加群的注意事项（这是比较理想的状态），大家在具体操作时，请根据自己的情况适当变通。

1. 成员少的群尽量不加

QQ群分三种：第一种是普通群，人数上限为100人。第二种是高级群，人数上限为200人。第三种群是超级群，人数上限为500人。笔者建议大家尽量加高级群或是超级群，普通群能不加则不加。因为在同样努力的情况下，高级群的效果是普通群效果的一倍。

2. 不活跃的群尽量不加

如果群里没人说话，多半是因为群员把群屏蔽掉了，这样的群加了也没意义，因为发的信息没人关注。而且这样的群也缺少凝聚力，在一个没有凝聚力的圈子做推广，效果会比较差。

3. 同质化严重的群不加

对于同领域或是同行业的群，可能经常会出现这样的情况：加了100个群，看到的都是老面孔，这样的群加再多也没效果。所以加群时，要注意成员差异化问题。对于同质化太严重的群，只保留一个即可。

4. 目标人群不集中的群不加

一个QQ群，最多只有几百人，所以在资源有限的情况下，就要深入挖掘资源的价值。如何提升QQ群的价值呢？首先就是要加目标人群精准的群，否则，不仅推广效果不好，还会让人产生反感情绪，甚至带来负面口碑。相信大家都有被铁观音骚扰过的经历吧！曾几何时，每每提到"铁观音"三个字，大家的脑子里就会浮现出"高档、高品质、身份、品位"等美好的词汇。但是现在呢？铁观音已经成了过街老鼠，到了人人喊打的地步。为什么会这样？就是因为其漫无目标、见群就钻、乱发广告的结果。

5. 保持在群内的活跃度

刚进入新群，要表现得积极活跃一些，先和大家搞好关系，让大家熟悉你。总不在群里冒泡肯定是不行的，总潜水小心被踢，而且没有交流，就缺少了与群内成员拉近距离的机会。

4.12　QQ设置技巧

QQ除了能进行以上这些营销推广外，还有一个重要功能，就是充当在线客服销售工具。实际上利用以上那些方法进行推广时，往往也需要用 QQ 与人沟通交流，比如 QQ 群营销中，进群只是手段，真正要达到营销效果，还要看怎么和群里的人进行互动。

而在与人交流的过程中，个人形象非常重要，特别是进行商业活动时，给客户的第一印象尤其关键，甚至会直接影响项目的成败。如果我们给客户的第一印象是形象成熟稳重，举止大方、谈吐不俗、浑身透着亲和力，那合作会顺风顺水。但若我们蓬头垢面，穿着短裤、趿着拖鞋去见客户，那可能保安连门都不让进。但是在互联网中，看不到对方庐山真面目的情况下，如何留下好印象呢？答案就是 QQ 资料设置。

前面说过，QQ 已经发展成为网络必备工具之一，人们在互联网上的直接接触，往往都是先从 QQ 开始，所以我们的 QQ 形象，就相当于我们现实中的个人形象，好的 QQ 形象，会让我们事半功倍。因为它不仅是我们在网络上的形象展示，更会对别人造成心理暗示。

下面就说说具体的设置技巧。

1. 头像要正规

首先，社交工具中的头像一定要有特色，最好能够让人一眼记住。因为只有让用户记住你了，才有可能选择你的产品。比如说现在互联网上卖茶的特别多，笔者的 QQ 中，就至少有十几个。当有一天笔者想在网上买茶时，会找谁？肯定找那个印象最深刻，一下就能想起名字的。

其次，头像要正规、稳重，给人以信任感，突出亲和力。笔者强烈建议大家用真人照片做头像。因为用本人头像，足够有特色，容易识别和记忆，同时会给人一种极强的信任感。如果用别人的照片做头像时，要慎重。

切忌使用那些幼稚、低俗的头像，那样会大大降低别人对我们的正面印象及好感度。试比较以下两个头像，你认为哪个头像能够让你的好感度更高？如图 4-19、图 4-20所示。

图 4-19

图 4-20

2. 昵称要真实

我们先来看一组网名，看看其中哪个名字，更能让你产生好感，如图 4-21 所示。

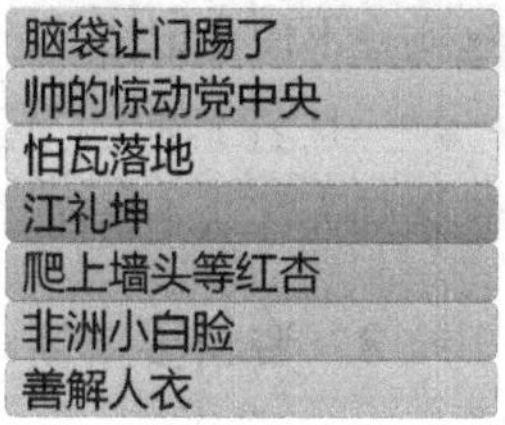

脑袋让门踢了
帅的惊动党中央
怕瓦落地
江礼坤
爬上墙头等红杏
非洲小白脸
善解人衣

图 4-21

是不是正中间的那个名字更显得靠谱一些呢？没错，互联网上的昵称，是给别人留下好的第一印象的第二要素。同头像的原理一样，好的昵称，要正规稳重有特色，要朗朗上口，便于记忆，且要突出信任感和亲和力。在这里强烈建议大家用实名，原因主要有以下几点：

首先，实名本身即象征着诚信。网络上有句流传许久的话："人在现实中用真名说假话，在网络中用假名说真话。"在这种大环境下，我们用真名将极大增加别人对我们的信任感。

其次，实名容易记忆。在这个人人用网名的时代，我们用真名会显得非常突出，让人印象深刻。

再次，个人品牌统一。笔者曾经看到一则新闻，说是"中国人名汉语拼音将有国家标准"，因为国际赛场上，中国运动员名字有时姓在前，有时名在前；国际会议上，学者的姓名也存在姓、名位置颠倒的现象，把很多外国人都弄糊涂了。而我们的网络昵称和真名不统一，也容易造成这样的不便。像笔者以前的网络昵称叫大锅饭，但是却鲜有人知道我的真名叫江礼坤。结果参加活动时，经常有人拿着我的名片问我认不认识大锅饭。

最后，实名可以积累个人品牌与知名度。很少有人昵称固定不变，通常会随着年龄的增长、思想的变化而改变。而每换一个名字，就意味着要从头开始。笔者曾经有四个网络昵称都小有名气，但是由于各种原因，经常变换。结果每改一次，之前的知名度、人气都要重新归零。如果当时懂得用实名，那积累到现在，个人品牌与知名度要高出许多。而个人品牌，就意味着背景、资源、人脉。当今社会，人脉就相当于钱脉。

当然，也不是所有的人都适合用实名。比如说有些人的名字太普通、不大气，或是重名的太多。这种情况下，可以起一个貌似真名、又很有特色的 ID，并一直使用。

尽量不要用那些太广泛的名字，像叶子、温柔一刀之类的，满大街都是。比如有一次，笔者 QQ 中一位叫叶子的好友对笔者发消息说：好久不联系，还记得不记得她。说实话，笔者从第一次上网至今的十几年中，接触过十几个叫叶子的网友，到现在我都分不清他们谁是谁，更别说记住了。

英文名建议也慎用，因为英文名更难记，如果是常见英文名，重复的也很多，像笔者都记不清微信和 QQ 中，有多少个叫 grace 的人了。

一些个性的名字也少用，比如笔者的微信中，有好几位的昵称都是空白，什么都没有，这实在不便于记忆。

一旦名字确定，轻易不要改名。因为在网络上大家只认识名字，一旦名称改变，可能至亲的人都认不出你。

3. 资料要丰富

QQ 资料中，除了能展示头像和名字外，还有许多其他的资料项目，比如性别、地区、职业、学历、签名等。这些资料设置的越丰富、越详细越好，给人的感觉就越真实、越靠谱。但是切记，信息要真实，不能乱写，否则一旦让人发现是假的，将直接对你产生负面印象。像有的人本来 28 岁，资料却写 24 岁，这都是非常不可取的做法。

此外资料内的语言也应该规范，不要用火星文等很非主流、很幼稚的元素。这会极大地降低别人对你的评价。更不要在资料里放广告，笔者发现，不少做微商、做推广的人，喜欢在签名里放广告，这很不可取。试想一下，在现实中，我们对于拿传单的广告人员，是什么样的印象？

除了设置基本的资料外，最好经常更新一下微信朋友圈、微博内容、QQ 中的日志、相册等，这些都会增加真实感、增强亲和力。

4. 互联网上多留名

除了以上 QQ 的基本设置外，还建议大家在互联网上适当地留下自己的 QQ 号等可公开的个人信息。这样可以进一步增加信任感。试想一下，如果你的客户在网络上查不到任何关于你的资料，心里什么感觉？肯定非常不踏实。

4.13 QQ 沟通技巧

1. 语气助词要慎用

运用微信、QQ 等工具聊天时，大家经常会使用如哈哈、嘿嘿、呵呵、HOHO、晕、倒、啊之类的词。但是你有没有想过，屏幕另一端的人看了这些词汇后会有什么感受？这些词会不会给对方带来不愉快的心理体验或是暗示？

关于这个问题，笔者曾经专门做过两次网络调查，一次为单选调查，一次为多选调查，调查标题为"当你的网友说下面哪个词时，你最想抽他！"。结果在单选调查中，有 64% 的人选择了"呵呵"（见图 4-22），在多选调查中，有 40% 的人选择了"呵呵"（见图 4-23）。"呵呵"这个词高票当选，也就是说当你和你的 QQ 好友不停地说"呵呵"时，对方很可能正在想着如何抽你。就像网络上说的，聊天止于呵呵。

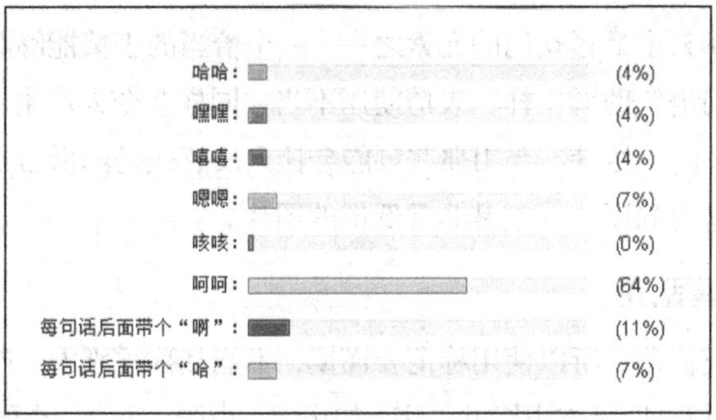

图 4-22　单选调查结果

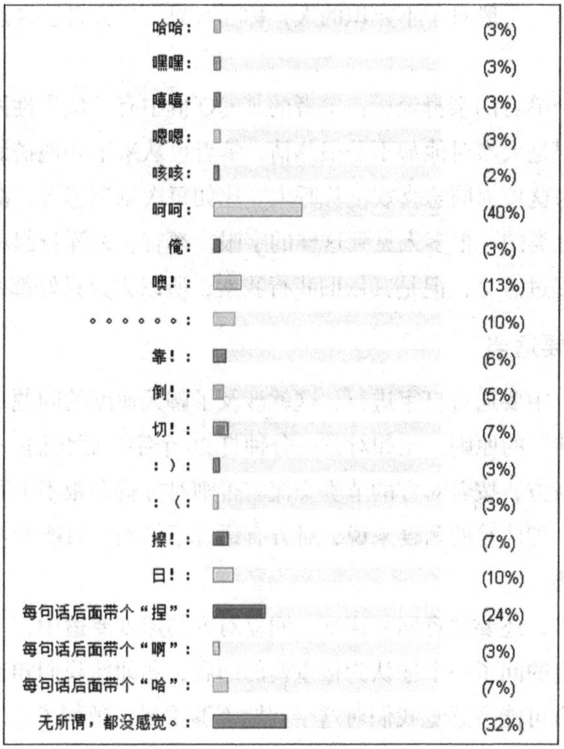

图 4-23　多选调查结果

　　这个调查意味着什么呢？意味着如果以往你在网络上的成交率很低，很可能就是因为聊天时用错了词汇，让对方有想抽你的冲动。这让笔者想起一句话，"细节决定成败"。

　　在调查中，有一位女网友总结得非常精辟，她说："'嘿嘿'太玩笑，'哈哈'太随意，'嘻嘻'太幼稚，'呵呵'太敷衍，'啊'感觉很神经一样，'哈'感觉只有女孩才这么干，一大男人要这样估计离人妖不远了！"

2. 图片表情要慎发

表情是大家在聊天中最喜欢用的元素之一，一个恰当的表情能够起到调节关系、缓和气氛的作用。但是同语气助词一样，表情使用不当，同样会令人产生不愉快的心理感受。所以大家在使用表情时，尽量不要用那些可能会让人反感或是降低自己形象的图片。比如说一些过于色情和暴力的图片，或是非常低俗的图片。

3. 称呼称谓莫乱用

中国人非常讲究称谓，所以使用称谓要谨慎，不能乱称呼别人，或是称呼中带有贬低的意思。如在称呼别人时，不要用"小"字，如小王、小张、小李、小丽之类的，因为"小"字，通常是长辈称呼晚辈，或是上级称呼下级时才使用的。除非对方的名字自带小字，或是主动让你叫他小×。一般对于不熟识的人，称呼×兄、×大哥、×总等是比较恰当，且不容易出问题的。

关于这块讲一个笔者的亲身经历：笔者的某 QQ 群中有一位男性网友，挺不错一人，在群里也很积极，但是大家对他却不是很热情，笔者也从来不和他搭讪。大家之所以对他有点冷漠，就是因为这位男同志喜欢乱称呼人。比如每次见到笔者，都要亲切的叫一声江江、小江江、坤坤之类的。很多人见到这样的字眼，都有一种浑身起鸡皮疙瘩、想打人的冲动。大家也给他提过意见，但是其依旧我行我素，所以大家只好都躲着他了。

4. 聊天速度要适当

在网络上交流，主要通过打字进行，这就涉及了聊天速度的问题。在这个问题上，应该本着"就慢不就快"的原则。比如对方一分钟打 20 个字，而我们一分钟能打 120 个字，这时就要迁就一下对方，按着对方的节奏交流。否则对方就会跟不上我们的思路，使沟通产生障碍。而且从心理体验的角度来说，对方有话说不出来，只能看着我们滔滔不绝的聊天，感觉会非常痛苦。

除了聊天速度外，还要注意回复速度。回复对方的速度要适中，不能过快，也不能过慢。比如对方很严肃的问了一个他认为很重要的问题，那即使我们知道答案，也不要马上回复。否则对方就有可能会感觉我们对这个问题不够重视，敷衍了事。

5. 字号字体莫乱改

QQ 聊天时，默认的文字是 10 号黑色宋体字。但是有些朋友不喜欢默认字体，就乱改一通，比如改成大红大绿、火星文等。但是你在愉悦自己的同时，想过别人的感受吗？比如说很多人喜欢绿色、黄色，但是这些颜色的字在显示器中会非常刺眼，甚至会伤害到眼睛。再比如说火星文等个性字体，阅读起来比较吃力，而且还会显得你很幼稚。所以轻易不要修改默认字体，虽然普通，但是却最友好。

6. 沟通时机要找准

沟通或推广时，时机的选择很重要，千万不要看到有人在线就留言。比如说半夜 12 点这个时间段，只要不是很重要的事，就不要打扰别人。这个点还在线的人，大多都有事。即使对方很闲，但是此时人的精力、判断力处在一天当中的低谷，而且这个时间段是人情绪最低落、最容易与人发生矛盾的时候。

比如我的太太，她是一个性格比较温顺的人，她大学时的第一份实习工作是电话销售，所以对于做销售的、搞推销的，都特别的友好。曾经有一个电话销售员给我太太打了半年多的电话，每次我太太都特别友好，而且对话时，都是坚持听完对方说的话，在挂机前，一定会说再见、谢谢一类的词。

结果有一回，这位朋友把我太太惹毛了，她狂说了他一顿之后，再也不接他电话了。那次是在将近半夜 12 点的时候，我太太已经睡着了，结果电话响了，然后这位朋友饱含激情地要通知我太太一个好消息，是关于他们公司的一个促销信息，结果……

7. 弹窗震动莫乱发

在交流过程中，不要随便发弹窗（即发送视频邀请）或是震动，这都是非常不礼貌的行为。即使对方没有及时回复消息，也要先耐心等待，因为很可能对方正在忙不方便回复，这时要表现出自己的耐心。

8. 注意礼貌要客气

QQ 交流只能看到文字，无法看到表情。所以不管你在交流时的内心感受如何，对方都看不到，只能通过文字去感受。所以聊天时要注意语言规范，不能说一些不友好的话，或是让别人误会我们在轻视、污辱对方，这样才能保持沟通的顺畅。沟通时多用"你好""您""请""谢谢"这样的词汇，它们会产生非常神奇的效果。

9. 胡乱群发没意义

笔者的 QQ 上，经常会收到一些看起来非常热情的信息，而且这些信息一看就是群发的！有天天道早安的、天天发心灵鸡汤的、天天说励志话语的。其实人与人之间想保持良好的关系，增进感情，确实需要经常沟通。但是这种沟通，绝对不是用这种群发信息的方式来进行，这种方式毫无诚意，甚至让人反感。

九个注意事项说完了，总结起来就一句话：在交流过程中，多考虑对方的感受、多尊重对方。只有我们尊重对方，对方才能尊重我们。只有我们为对方着想，对方才能为我们着想。

4.14 其他可以利用的 QQ 功能

除了以上说的这些方法外，QQ 的各种辅助功能大家也要多关注和研究，这其中大部分功能都可以辅助我们的推广工作。比如说以下几个：

QQ 签名：较之 QQ，签名上可以设置更多的文字信息，而且这些信息会在 QQ 空间、QQ 对话窗口等位置重点推荐。所以好好利用这里吧。

好友印象：好友印象这个功能刚出来时，笔者将大部分 QQ 好友印象都写了"推一把"的广告语，效果非常好。甚至很多朋友来问我，是不是花钱在腾讯上打了广告。

自动回复：有一些图片站是这样推广网站的：先申请一个 QQ 号，把资料全部设置成性感撩人的美女资料，然后在网络上到处留 QQ 号。当有人加这个 QQ 号时，就会发现全部是自动回复，回复的内容则是推荐去他的网站。

4.15 应用案例

案例 4-1

笔者有一名学员叫小 A，自建了一个工作室专为企业做增值服务。由于其资金有限，所以主要是通过网络拓展业务。小 A 他曾经尝试过很多低成本的网络推广方法，包括 QQ 推广、论坛推广、SEO 等，但是都没有取得理想的效果。为了找到原因，他参加了"推一把"网络营销学院的学习。

"推一把"学院网络推广课程的第一节，就是 QQ 推广。结果小 A 在听完课后的第二天，就兴致冲冲地对笔者说，他用学到的方法，一天时间就把学费赚回来了。原来小 A 以前做 QQ 推广时，只是一味地群发广告，收效甚微。而听了 QQ 推广一课后，当天晚上他就把 QQ 资料重新设置了一番，包括通过修改头像、名字、资料增加信任感，通过特殊字符提升 QQ 排名等。由于他之前已经加过许多群，所以当 QQ 排名上来后，第二天就有人主动邀他洽谈业务，并且签单。一直到现在，都还经常有人通过群来与他洽谈业务。

像小 A 这样的案例有很多。在《网络营销推广实战宝典》第一版上市后，有不少读者向我反馈，他们都通过 QQ 优化这个方法，获得了订单。

案例 4-2

"推一把"论坛有一位版主小 B，在论坛学习久了后，就想利用掌握的知识赚一点外快。小 B 在江浙一带，那里的小产品市场特别繁荣。所以他利用地域优势，整合了一部分当地的货源渠道，搭建了一个淘宝货源批发商城。

由于是利用业余时间操作，所以小 B 选择了相对较简单的 QQ 推广。他的操作方式很简单：先加入很多优质的淘宝 QQ 群，然后经常参与群内的讨论，帮助大家解决一些问题。最重要的是保持在群内的排名。通过这个方法，他在第一个月，就赚了 2 000 多元。

案例 4-3

我有一位朋友老 C，40 来岁，在北京某高校心理教育研究中心任对外合作部部长。该中心的主要任务是通过组织心理培训为学校创收。老 C 的主要工作就是宣传培训课程，对外进行招生。

由于此学校人员的年龄普遍偏大，对互联网不了解，所以他们最初采用的还是传统营销手段。比如打广告、发传单等。但是由于该领域竞争比较大，传统营销成本也比较高，所以并没有什么成效。后来他了解到网络营销的概念后，决定通过互联网拓展业务。鉴于他的年龄偏大，技术性强的方法操作起来有难度，所以他最终选择了 QQ 推广。

老 C 是个非常专注的人，只要决定做一件事，就会努力去研究与实践，结果很快老 C 就通过网络招到了一个学员。

当他通过 QQ 推广尝到甜头后，变得一发不可收拾，又将目光瞄向了其他 IM 工具，包括 MSN、飞信、阿里旺旺等。上次见到老 C 时，他告诉笔者已经加入了上百个 QQ 群、十几个 MSN 群，还有旺旺群、YY 群等。甚至他为了注册更多的飞信号（一个飞信号最多加 500 个好友），已经办理了 5 张手机卡。

当资源越聚越多后，他又开始深入挖掘这些资源价值，为自己也搞起了创收。因为参加心理培训的人年龄都偏大，条件都比较不错，所以老 C 就利用暑假时间，开办各种夏令营。由于之前通过各种 IM 工具已经积累了几万个优质的高端用户，所以夏令营的生源就有了保障。去年暑假期间，他的夏令营净赚了几十万元。

案例 4-4

QQ 推广的适用性非常强，笔者在这方面的案例也特别多，在这里讲个团购的案例。笔者两个不同地区的学员，用 QQ 营销都将其团购网站做到了本土第一。

先说第一个：这个学员的团购网站是加盟的某知名团购平台，作为其城市分站的形式推向市场。而这个学员在本地推出其团购网站之前，已经有好几家知名团购网站在当地开设了分站，而且做得都还不错。

理论上来说，这种情况下，就需要我们加大推广力度，奋起直追，但要命的是，这个学员的资金有限，不但起步晚，还没法和人家硬拼。

鉴于此，该学员进行资源整合，网络营销方法，主要用了 QQ。应该说，在这种情况下，选择 QQ 作为主要推广手段是明智的，第一，QQ 免费，适合缺少资金的情况下操作；第二，QQ 操作简单，不需要太多的人力；第三，QQ 的普及率高，覆盖的人群广；第四，团购发展初期，其使用对象多以 80 后、90 后群体为主，而这个群体在 QQ 上的活跃度也是偏高的。

方法确定后，他便开始组建团队。为了支持公益事业，也为了保证团队的稳定性，其与当地残联联系，招了四名残疾人。经常有人和笔者说，网络营销人员难招，有经验的太少了。其实对于执行层面的人来说，有没有经验无所谓，关键在于执行力。

团队组建完成后，他便开始工作，具体用的方法其实就是本节讲课的：每天添加本地的 QQ 群，然后在群里与大家互动交流感情，当交流的差不多时，开始植入广告，引导大家到团购平台来团购。

另外对于一些本地互联网上有一定影响力、手头有大量 QQ 群的群主，直接去建立关系谈合作，比如赞助一些优惠券，在他们的群里搞活动等等。

就是用这最简单的方式，这个团购网站后来者居上，在当地第一个突破了月百万元的销售额，而且之后一直处于领先地位。

至于第二个，就不细说了，因为第二个学员在参加笔者的培训时，学习了 QQ 营销，同时听笔者详细分享了第一个学员的操作方法后，回到老家，直接将这些方法复制，也做到了第一。

其实这个案例中用的方法，没有太多的技术含量，也没有太复杂的策略，如果要说关键点的话，就一个：执行力。但是越是简单的，反而越不容易被重视。

比如笔者接触过很多企业，他们在找策划公司做策划时或是审核营销人员提交的方案时，总是追求所谓高大上的策略，尤其是大公司。其实越是复杂的策略，可能越容易出问题，因为其环节多、不可控的因素就多。所谓大道至简，往往越简单的，越有效。像 QQ 推广，真的很简单，而且适用性还非常的强，甚至有的时候，照搬照抄都有效果。比如笔者另外一个学员，将上面案例说的方法运用到了他的淘宝店上（他的淘宝店是卖玉石的），结果两个月业绩翻了 4 倍。

实战训练：策划 QQ 营销方案

【实训目的】

1. 体验 QQ 营销的过程。

2. 具备初级的 QQ 营销策划能力。

【实训内容】

在×市有一家母婴店，在本地已经发展了 5 家分店。近两年，受互联网等各种因素的影响，实体店越来越难做，所以公司想通过互联网寻找突破口。

公司高层的初步想法是根据公司目标用户的特点，建立相关的 QQ 群，通过 QQ 群来增加用户的黏性以及拓展新的目标用户。但是由于公司里没有懂互联网的人，只是有一个大概的想法，所以现在需要你来帮助他将这个想法落地，细化成可执行的方案。

负责这个项目的只有一个人，但是公司每个月可以拿出 8 000 元的预算做支撑，这笔预算如何使用由你来决定。

【实训提醒】

1. 要考虑目标用户群数量问题，因为如果针对的用户数量很多，就要建多个群，群数量不同，维护起来的难度是不同的。

2. 要考虑 QQ 群是以什么样的形式去推出，比如就是单纯的会员交流群，还是上升一个高度，以一个社群的形式出现。比如×××俱乐部、×××课堂等。

注：社群是近两年互联网上流行的一种模式。简单的说社群就是一个组织，其表现形式往大里说可以是一个协会，往小里说可以是一个 QQ 群。像各种品牌的汽车车友会、同学会、各种俱乐部等，都属于社群的范畴。

3. 如果时间和条件允许，可以就把这个项目当成真实的项目，建一个群真实体验一下。

4. 建议以小组为单位，完成本次实训任务。

【实训思考】

1. 你建立的这些群如何命名？为什么？

2. 你准备通过什么方法来提升群成员的数量？

3. 你准备用哪些方法和手段来提升群内的活跃度和凝聚力？

4. 你准备如何管理这些群？有哪些具体的规则和手段？

5. 你准备用哪些策略和方法使群里的成员产生购买力？

6. 每月 8 000 元的预算应该如何花？花在哪儿？

思考练习

1. 以上面的实训项目为基础，画出整个的 QQ 营销流程图，包括 QQ 群的定位、名字、加人进群的手段、维护群的策略、管理的方法，以及实施过程中一些具体的注意事项和技巧等。

2. 结合以上实训项目，说说 QQ 营销要成功，最重要的关键点有哪些？

第 5 章
论坛推广

5.1　什么是论坛推广

以论坛、社区、贴吧等网络交流平台为渠道，以文字、图片、视频等为主要表现形式，以提升品牌、口碑、美誉度等为目的，通过发布帖子的方式进行推广的活动，就叫论坛推广。也被称之为发帖推广。

论坛叫 BBS。在网络之上 BBS 的英文全称是 Bulletin Board System，翻译为中文就是"电子公告板"。BBS 最早是用来公布股市价格等分类信息的，当时 BBS 连文件传输的功能都没有，而且只能在苹果计算机上运行。早期的 BBS 与一般街头和校园内的公告板性质相同，只不过是通过电脑来传播或获得消息而已。一直到个人计算机开始普及之后，有些人尝试将苹果计算机上的 BBS 转移到个人计算机上，BBS 才开始渐渐普及开来。

在中国，1991 年即有了第一个个人 BBS 站点，当时是通过调制解调器登录并发布帖子，但是用户极少。1995 年是中国 BBS 历史上最重要的里程碑，这一年，个人搭建的业余 BBS 网渐渐地形成了一个全国性的电子邮件网络 China FidoNet（中国惠多网）。这个网站的一些使用者现在已经是业界的精英，比如腾讯的 CEO 马化腾等。而第一个建立在全国公众网络（CERNET）上 BBS 站点——清华大学水木清华站也在该年正式开通。

之后，随着互联网的发展，特别是各种免费论坛程序的出现，BBS 逐渐成为互联网上最受欢迎的应用之一，并一直发展到今天。

5.2 论坛推广的几个阶段

由于论坛的历史悠久，所以发帖推广不仅是互联网上出现较早的一种推广手段，也是目前普及率比较高的一种方法。但是根据笔者的调查情况来看，有相当一部分的人，没有掌握这种推广工具的正确使用方法，导致成效不大。让我们一起来看一下通常学习和实践论坛推广时，要经历的几个阶段。

5.2.1 论坛群发器

所谓有得必有失，人类在享受高科技带来的便捷的同时，也让自己变得越来越懒。网络推广是个力气活，为了省力气，于是就有了各种群发软件。论坛方面也不例外，BBS 群发器早在八九年前就已经大行其道。相信运营论坛的朋友对此应该深有感触，甚至深受其害。虽然管理论坛的人讨厌它，但很多新手却对其喜爱有加。甚至很多新人将论坛推广直接理解成是论坛群发。

论坛推广在于质，不在于量。就算群发的数量再多，若是没效果还是等于做无用功。我们做推广也不是为了走个过场亮亮相，而是为了追求效果。单从这两点来说，用论坛群发工具做推广实在不是件很明智的事。因为群发出来的垃圾信息就像"过街老鼠，人人喊打"。谁能告诉我，有哪个论坛不删广告？不打击论坛群发器？如果真的有这样的论坛，那它得烂成什么样！在这样的论坛发信息有意义吗？

当然，还有一部分人用群发器是为了辅助 SEO，增加网站外部链接。对于他们来说，不管论坛好坏，只要不删除即可。但是外链还分质量好坏，留在这种垃圾论坛上的链接，效果甚微。而且具体操作的时候，还要注意规避风险，如果突然之间增加大量外链，很容易被搜索引擎惩罚的。

还有一种人，用群发工具是宣传一些违规信息。但他们是因为没得选，那些信息无法通过正常渠道推广，只能用这种手段。

所以在做推广的时候，不要盲目，不要看到人家用，就跟风随大流。关键要弄清楚自己的需求，要知道为什么要这样做。

5.2.2 手动群发广告

很多朋友发现了群发器的弊端：群发软件无法识别论坛的类型和板块主题，导致发的论坛不精准，而且不分析论坛和板块主题的乱发，导致账号经常被封，帖子几乎发一篇删一篇。于是他们开始改用人工操作，有选择性的去发。这也是目前比较主流的一种推广方式。

问题是虽然意识上升了，但本质还是没变，发送的内容还是广告。只不过是由群发器无节制地乱发广告变成了由人工去选择性的发。最后的结果还是被删帖、封ID，甚至直接封IP。

5.2.3　手动发软文

到了此阶段，才算是真正步入论坛推广的大门。能将发广告升级到发软文，证明营销意识已经越来越强。这个阶段的核心是"软文"，帖子发出去后会不会被删除，会不会产生效果，很大程度取决于软文的质量和力度。所以前面笔者反复强调，软文在网络营销中非常重要，一定要注意软文能力的提升。

除此之外，还要看发布的渠道是否精准匹配，以及相关论坛管理员的监管力度。通常越老的论坛，对于软文的敏感度越高。

5.2.4　边互动边发软文

虽然将广告换成软文会降低被删除的概率，但是在论坛中发完软文就走，不与坛友互动，效果还是会大打折扣。因为论坛推广的本质是互动，不是一个人自言自语。论坛的圈子文化决定了只有与论坛里真实的人产生互动，才会有效地将信息传递出去。

能达到这一境界的朋友，应该说对论坛推广已经有了深刻的认识，并具备了一定的经验。最重要的是证明他的执行力非常强，因为和坛友互动，并不是件轻松的工作。

5.2.5　真正的论坛推广

那到底如何做才是达到了最高境界呢？一切用效果说话。如果你的推广能同时达到以下标准，则证明你已经跻身顶尖高手之列。

第一，不被删除。这是基本条件，如果帖子发完即被删除，则一切都是空谈。

第二，吸引眼球。即使帖子不被删除，但是若没人看，还是在做无用功。所以内容质量是关键。好好练练你的"笔"吧。

第三，打动用户。帖子能吸引用户围观，但是触动不了用户那条神经也属失败。我们最终的目标是要影响用户的选择和行为。

第四，有人互动。若是大家都看帖不回帖，那帖子很快就会被淹没。没有机会被更多展示，自然影响的人群就非常有限。

第五，加精推荐。如果你的帖子能被论坛内的版主给予加精、加红，甚至推荐，那证明你的功力已经相当深厚了。

第六，有人转载。如果你的帖子能被用户主动转载到其他论坛或是网站，那恭喜你，这证明你已经大功告成了。

5.3 论坛推广的步骤

5.3.1 第一步：了解需求

前面说了那么多，下面开始进入正题，让笔者来一步一步为大家讲解如何操作论坛推广。

这第一步是先进行准备工作。我们先要弄清楚几个问题：

1. 了解目的

很多人在做推广时，根本不知道自己想要什么，听到人家说这个方法好，就盲目跟风上项目。最后没结果是必然的。在做任何推广活动之前，都先要明确目的。

首先要明确我们具体推广的产品是什么！是虚拟物品还是实物？是萝卜、土豆还是内裤或是胸罩？

其次要明确推广的目标是什么！是为了增加流量、注册量，还是增加品牌知名度，抑或是带动销售？

2. 了解产品

了解完目的后，还要了解透彻我们的产品，这样在后期的推广中，才可以将产品完美地展现给用户。我们要弄清以下几个问题：

我们产品的优势是什么？劣势是什么？

产品的用户是哪群人？

我们产品的亮点是什么？哪些亮点能够打动用户？

我们的产品能帮他们解决什么问题？

3. 了解用户

第三步是了解用户，只要把用户摸透了，才能做到有效推广。在网络营销中，用户是真正的核心。就好像你去追一个女孩子，如果不先把这个女孩子了解透，然后再"对症下药"，那一定很难把她追到手。以下是了解用户的几个途径：

用户聚集在哪些论坛？

用户在论坛里做什么？

用户喜欢什么样的话题？什么样的资源？什么样的内容？

用户群中最有共性的问题有哪些？哪些是最需要解决的？其中我们又能解决哪些？

4. 了解对手

所谓知己知彼，百战不殆。只有将竞争对手也了解透了，才能做到进可攻，退可守。

同样，我们也在推广前，也要摸透竞争对手。

竞争对手有没有做过类似推广？

如果做过，效果如何？大概如何操作的？

整个过程投入了多少的人力、物力？

其中有没有值得我们借鉴和学习的地方？

5.3.2 第二步：寻找目标论坛

当把上面的问题都想得清清楚楚、明明白白了之后，我们便开始寻找目标论坛。对于论坛的选择，要注意以下几个原则。

首先，目标论坛不一定越多越好。关键是质量，而不是数量。同时要量力而行，视自身的人力、物力而定。否则太多的论坛，反而应付不过来。

其次，目标论坛也不一定越大越好，有时候大论坛，监控的反而严。最关键的是论坛氛围要好，用户群要集中、要精准。比如我们要推广手机，那就只找手机类的论坛。

最后，尽量找内容源论坛。内容源论坛与前面说的内容源网站的含义一样，如果能在内容源论坛炒红一个帖子，会被大量的第三方论坛转载。

5.3.3 第三步：熟悉目标论坛

论坛确定后，先不要急于注册账号发广告，这是很不明智的做法。所谓国有国法，家有家规，每个论坛的特点和规则都各不相同。如果贸然行事，很容易被禁言封号。

首先我们应该先了解一下论坛的规则。要知道这个论坛的管理尺度有多大，允许做什么，不允许做什么。对于广告信息的监管力度如何，有无特殊说明。比如有些论坛，会设置专门的广告外链区。

其次要了解一下论坛内各板块的特点和差异。比如说每个板块的主题特色是什么，哪些板块最火，我们的信息和产品发到哪些板块最适合等。同样的内容发到不同的板块，效果可能会相差甚远。比如说发到 A 板块，可能会被删除帖子扣积分，而发到 B 板块，却有可能被加精推荐。

再次要了解一下论坛用户的特点是什么。即使同样主题的论坛，其用户群的喜好和风格也可能完全相反。所以我们要先了解透坛友们喜欢什么样的话题内容，喜欢什么样的主题和资源，这样才能投其所好，赢得用户。

5.3.4 第四步：注册账号，混个脸熟

现在到了关键的一步。想做论坛推广，首先要有账号，而且有时数量少了还不行，需要大量马甲集团作战。所以对于准备长期驻守的论坛，平常要注意多注册积累账号。而且

对于论坛来说，最重要的资源就是账号资源。假如你手头有大量各大论坛的高等级账号，那完全可以开公司接业务了。

注册账号时，千万不要用相同的 IP 大量注册。注册时还要注意以下四个要点：

1. 账号用中文，要有特色

前面介绍 QQ 推广时，曾和大家强调过名字的重要性。在论坛推广中账号名字也同样有着举足轻重的作用。

如果名字简单易记富有特色，并且具有亲和力，则能让论坛管理人员及坛友快速记住你。因为中国是人情社会，当大家对你产生足够的印象、特别是好印象时，即使纯粹的发广告，也会被网开一面。

尽量不要用晦涩难记的名字，特别是不要使用看起来像群发工具注册的广告 ID。比如说像"爪全日舟""花妖灼"一类的，连火星人都不明白是什么意思，怎么可能不被"特殊关照"？

最不推荐的是英文名或纯无意义的字母组合。像笔者创建的"推一把"论坛，目前已经有 8 万多会员，但是笔者能够记住的英文名字，不足 5 个。有些论坛老会员，都已经到了非常高的级别，但是笔者还是经常误以为他们是新人。

对于长期使用的主账号，建议大家实名，原理与本章"QQ 推广"一节中阐述的一样。

2. 及时完善个人资料

账号注册成功后，请第一时间更新完善论坛内的个人资料。比如性别、联系方式、个人介绍、性化签名等，越丰富越好，并且要显得真实，有亲和力。个人资料越是真实丰富，就越容易让大家对你产生好感与信任感。

其中最重要的为头像，用一张个性而富有魅力的图片做头像，会让大家对你的印象及好感度再升一步。如果能用真人照片最佳，切忌不要使用可能引起别人反感和抵触情绪的头像。

3. 让大家记住你

账号资料准备妥当后，先不要急于发广告，因为还需要一些前期的铺垫工作。先拿出一到几个星期的时间，在论坛里适当地活跃一下，提升等级，同时和版主及坛友混个脸熟。中国传统文化很讲究人情学和关系学，所以一定要先打感情牌。但是注意，单纯地为了互动而互动，为了等级而灌水是没意义的，关键是要融入。

快速融入新论坛最好的方法是制造话题或是适当的制造争议。比如发主题帖夸赞某某女会员（或版主）漂亮，索要她的资料甚至表示要追求她等。这样的帖子，往往都会引起非常大的反响，同时也会让大家快速的认识你和记住你。当然，要注意尺度的把握，不能把争议变成争吵。

5.3.5 第五步：准备内容

现在万事俱备，只欠东风，开始着手准备素材内容。这里重点强调两个问题。

1. 在产品卖点与用户需求中找平衡

推广帖子的内容不管怎么写，但是其具体切入点一定要在产品卖点与用户需求中找平衡，要既能将产品的亮点展现，又能满足用户的需求，将二者有机结合。

比如我们推广的是减肥产品，目标用户的需求中包括：安全、无毒、不反弹、纯天然、快速等。而我们产品最大的卖点是绿色安全不反弹，且三个月无效全额退款。那在操作时，则将产品的这个卖点及用户的需求和期待相结合，炮制文章。

如先用恐吓手法，向大家展示乱减肥的严重后果，然后再以知识普及的形式向大家阐述所谓快速减肥的弊端和害处，讲解不良减肥产品引起的不良反应及后遗症，以及如何安全健康的减肥等。在这个过程中，将产品一步一步引入。

这个方法说起来容易做起来难，可能有的朋友苦于不知如何在产品卖点与用户需求中寻找这种平衡。告诉大家一个方法：

大家拿出一支笔，然后先把产品所有的特色、优势、亮点写出来，并列优先级。然后再把目标用户与所有的需求、期望、需要解决的问题也写出来，也列好优先级。然后两相对比，看看这些卖点能帮用户解决哪些问题。先以解决优先级高的为主。能够抓住一个重要需求就足矣。

2. 吸引眼球和互动是关键

前面说过，论坛推广的本质是互动，所以内容一定要足够吸引眼球，同时能够引起用户的互动。具体的写作形式，除了结合前面"软文推广"一节中的内容外，针对论坛的具体特点再补充几条：

第一，娱乐题材。不管是什么类型的社区，往往最终都要回归娱乐。因为用户上网最大的目的是娱乐。过于严肃，而没有趣味的论坛，黏性往往都比较差。所以娱乐题材，是比较受坛友欢迎及关注的一类内容。具体表现形式可以是充满娱乐味的帖子，也可以是结合娱乐新闻、事件等吸引眼球。

第二，社会热点。热点新闻或是事件，都是全社会关注的焦点。如果能与这些热点有效融合，效果是非常明显的。比如 QQ 大战 360 期间，凡是论坛内出现与之有关的内容，坛友都反响热烈。

第三，引发争议。泡论坛最大的乐趣之一就是与人辩论，可以说争议是论坛最大的卖点。此类内容最容易触动用户的神经，也最容易吸引用户参与互动。笔者曾经推广过一个新上线的手机社区时，走的就是争议路线。其中一篇题为《百度网友评出十大最烂最恶心手机》的论坛推广帖，当天就为我们的新社区带来了一百多个注册用户。

第四，产生共鸣。对于能够让用户内心深处产生共鸣的内容，都会被热捧。比如网络上 80 后怀旧一类的帖子，经久不衰。笔者创建的"推一把"论坛中，也经常有人跑来推广。其中比较成功的一个是某网校的推广帖，其标题为《80 后毕业生十大尴尬之事》，走的就是此路线。由于该帖说出了 80 后的痛处与心声，使人看完后感同身受，坛友回复异常踊跃。

第五，分享互助。在任何时候，如果你愿意帮助别人，或是将好东西与大家分享，都会取得大家的信赖与认可。论坛推广也一样，如果能在论坛里经常帮助用户解决问题，或是分享一些好的资源、经验，必将取得佳绩。

5.3.6 第六步："马甲"来炒

即使内容再好，也有可能受冷落。所以我们要做好两手打算，提前准备好充足的马甲。一旦帖子没人关注，赶紧上马甲，先自行制造话题。

具体操作时，马甲也不要只是一味回复一些"顶""路过"之类没有营养的话，要提前设计好对白，且对白要有看点、要能激发用户的参与热情。

以上就是论坛推广主要的六个步骤。除了以发帖的形式推广外，还要利用一切可利用的资源进行辅助。比如说在平常与坛友的互动聊天中，融入广告信息；直接通过论坛内置的站内短信功能，给用户推荐产品；在签名当中插入广告等。

5.4 应用案例

刚刚笔者和大家提到曾经推广一个手机社区的实操案例，下面详细和大家介绍一下操作的过程，希望能给大家一些启发。

当时这个社区刚上线，投入了不少的人力和物力，但是做了几个月，却一直没有起色。每天的注册用户仅二三十人，每天发帖量仅 100 个左右。由于当时资金全部投入到了产品开发等环节，在推广方面没有什么预算，所以希望笔者能够在不花钱或是少花钱的情况下，进行推广。鉴于此情况，笔者用性价比比较高的"论坛推广"进行操作。

按照论坛推广的步骤，笔者首先开始分析该社区的特点，但是发现该社区真的没什么优势和特色。不过没关系，特色是有办法弥补的。这个暂且搁置一旁。

接下来分析目标用户群。表面上看，手机社区的目标用户很宽泛，只要有手机的人，都是目标用户。但实际上并不是如此。有手机的人，不一定上社区。笔者经过深入分析发现，喜欢上手机社区的人以年轻人为主，他们比较有时间、有精力，喜欢追逐潮流，玩转数码产品。其中又以智能、娱乐型手机用户居多，因为此类手机可玩的东西比较多。

再来分析一下用户的行为。经过调查与观察发现，这些用户上手机社区，主要是以下载各种资源为主，比如歌曲铃声、主题背景、游戏、电影视频、刷机包等。

经过以上分析调查后，笔者马上向社区管理团队提出一个需求：马上开始充实论坛的内容，在最短时间内，将论坛内的资源丰富起来。否则即使通过推广带来用户，也留不住用户。

把论坛自身缺乏特色和黏性的问题解决后，继续分析目标用户。上面仅是分析了他们在论坛中的行为和需求，接下来还要分析他们的特点。那年青人有些什么特点呢？最重要的就是这几个关键词：愤青、冲动、热衷游戏、追逐明星等。那笔者决定从用户这些性格上的特点入手，内容上主打争议牌。用争议去吸引他们。

接下来笔者开始筹备内容，当时一共策划了十几篇帖子，其中以《百度网友评出十大最烂最恶心手机》一文最为成功。由于该文列出的十款手机都是比较有代表性的机型，特别是其中一款叫"小兔"的手机是很多年轻人的最爱，所以此文发到其他论坛后，反响强烈。当天就为我们的新社区带来了100多个注册用户，当天的发帖量逼近1 000大关。而且这篇文章的影响力，持续了1个月。

此推广项目一共持续了1个月，最后算下来，一共才花费了不到500元钱。费用的主要支出为兼职费。

实战训练：通过论坛推广本学校

【实训目的】

1. 体验论坛推广的过程。

2. 具备初级的论坛推广能力。

【实训内容】

1. 本次的推广任务是推广自己所在的学校。具体推广的目标，由任课老师根据本校的实际情况和需要来制订。比如可以是围绕招生来推广，也可以是针对学校的品牌品牌度和形象来推广，还可以是围绕学校的口碑来推广。

2. 具体的帖子内容和主题，由老师带领大家一起进行头脑风暴来撰写。建议围绕我们的推广目标，撰写不低于5篇的内容。

3. 每个人在10个不同的论坛发布内容。

【实训提醒】

1. 在策划帖子内容和主题时，建议以小组为单位来完成。可以把全班人员分成若干小组，每个小组出一篇帖子。但发布帖子时，是以个人为单位完成，每个人要至少在 10

个不同的论坛发布内容。具体发哪篇，自行决定。

2. 注意，尽可能发在那些用户数多、活跃度高、相关性强的论坛。

3. 帖子发布后，48 小时内不被删除，才算成功。

【实训思考】

1. 如何找到相关的、质量高的论坛？

2. 什么样的内容不容易被删除？

3. 在具体发布时，如何做才不容易被删除？

思考练习

结合以上实训项目，说说论坛推广的关键点有哪些？具体操作时有哪些注意事项和技巧？

第6章
新闻营销

6.1　什么是新闻营销

新闻营销是指企业在真实、不损害公众利益的前提下，利用具有新闻价值的事件有计划地策划、组织各种形式的活动，借此制造"新闻热点"来吸引媒体和社会公众的注意与兴趣，以达到提高社会知名度、塑造企业良好形象并最终促进产品或服务销售的目的。

新闻营销通过新闻的形式和手法，多角度、多层面地诠释企业文化、品牌内涵、产品机理、利益承诺，传播行业资讯，引领消费时尚，指导购买决策。这种模式非常有利于引导市场消费，在较短时间内快速提升产品的知名度，塑造品牌的美誉度和公信力。（摘自百度百科）

新闻营销主要具有以下几个特点。

1. 隐蔽性

由于新闻营销是以新闻的方式进行包装的，所以普通消费者很难看出其背后的真正目的是广告。他们不但不会反感，反而会主动去接受这些信息。

2. 权威性

权威性是媒体自身的重要特点之一，而企业通过新闻的方式进行宣传，就可以借助媒体的这个特性，增加企业及产品的说服力。

3. 客观性

新闻都是站在第三方的角度进行报道与分析的，其客观性毋庸置疑，而通过新闻的手法做推广，用户也会认为其内容客观可信，愿意接受。

4．传播性

媒体是传播效果最好的工具平台，特别是有了互联网之后，媒体的传播力度进一步被放大。通过各种媒体平台进行宣传，企业的信息会被无限传播。如果大家经常关注百度搜索风云榜，就会发现一个规律：在实时热点中上榜的最新搜索热词，往往都是头一两天媒体大肆报道的新闻中提到的关键词。

5．连锁效应

如果新闻策划得好，还会引发一系列的连锁反应。大部分事件营销，都是由新闻事件引起的，或者说新闻是事件营销的重要辅助手段。除此之外，口碑营销、病毒营销、软文营销、品牌营销都需要新闻的支持与辅助才能达到效果最大化。

6.2　新闻营销的要点

关于新闻稿的具体写法，请看 7.4 节"如何写新闻类软文"的内容。在这里主要和大家强调一下操作新闻营销时需要注意的几个要点。

6.2.1　明确目标

制造新闻不是企业的目的，新闻的背后是为了达到某个目的。所以在进行新闻营销前，一定要明确营销目标，一切新闻都应该围绕目标来策划，不达目的的新闻策划对企业没有意义。比如通过新闻进行危机公关、提升品牌知名度、炒作事件、促进销售、提升企业美誉度等。

6.2.2　途径必须是大众媒体

尽可能地选择大众媒体，或者选择传播范围广的媒体进行营销。只有这些媒体，才能扩大新闻传播范围，引起轰动效应。一个小众媒体或传播面很窄的媒体，是很难达到预期效果和目的的。

6.2.3　新闻客观公正

虽然我们制造新闻是为了营销推广，但是新闻一定要以媒体的立场客观、公正地进行报道，用事实说话。也只有这样，才能造成新闻现象和新闻效应。

6.2.4　遵守新闻规律

要遵守新闻规律，切忌不要造假新闻、伪新闻或不是新闻的新闻。新闻一定要经得起推敲。比如在 2009 年的经济危机中，有媒体报道称，有着"苹果之乡"美誉的某县，因苹果销售渠道不畅，农民拿着市价六七元一斤的苹果去喂猪。这条新闻发布后，在社会上引起了强烈的反响，后经有关方面查实，这个消息为虚假新闻，是该县为了促销而制造的。结果不但没有达到宣传的效果，反而给其带来了不良影响。

6.2.5 不能产生负面影响

新闻是把双刃剑，运用得好，会给企业带来无限好处；而运用得不好，也同样会产生负面影响。所以我们在策划每一个新闻时，都应该反复推敲、研究细节，从读者的角度去审视新闻内容，确保每一分营销传播费用都为品牌做加法，而不能产生负面效应。

6.2.6 持续性新闻

一个好的新闻策划，不应该是"一锤子买卖"，一次报道之后就没了下文，而是应该围绕主题层层推进，不断"产生"新的事件和新的角度，以"组合拳"的方式进行"新闻轰炸"，从而更好地达到目的。就像经典小说一样，一波三折，曲折离奇，这样才能吸引读者的注意力，给用户留下深刻的印象。

比如很多企业热衷于通过公益事件制造新闻，但是在捐了钱、捐了物之后，往往在第二天的报纸或电视上露一下脸就没了动静，这不能称之为新闻营销。从感情上说，我们尊敬这些企业家无私奉献的精神，但从营销角度来说，这些企业家很失败。

6.2.7 深入了解媒体特性

许多人认为在没有媒体关系的情况下，想免费被媒体关注与报道很难，其实不然。作为一名媒体工作者，想天天采写到优质的新闻并不容易，这一点从各大媒体"有奖征集新闻线索"的活动中就可知晓。

如果策划出来的新闻符合媒体的需求，那么他们不但会免费为你发布，甚至还会感谢你。反之，如果策划出来的新闻质量低劣，那么即使花钱，媒体也不会报道。

那么如何才能达到让媒体主动关注报道的效果呢？一个大的前提就是要深入了解媒体的特性，投其所好，根据他们的需求策划相应的新闻。比如媒体最近关注的是创业话题，重点是挖掘一些创业故事，那么我们就可以将企业创业初期的一些故事贡献出来；再比如每年三月，媒体普遍关注的是公益，那么我们就借这个机会组织员工进行一些公益活动，以此来引起媒体的关注。

做新闻营销时，不要把媒体当成媒体，要把其当成一个特殊的用户，这个用户的需求就是各种优质新闻。也不要把新闻当成新闻，要把其当成一件特殊的产品，根据用户的需求来挖掘产品。

6.3 新闻营销的借势策略

新闻营销，顾名思义，就是要通过策划各种新闻来达到营销的目的。而策划的新闻主要有两种：一种是"借"新闻；另一种是"造"新闻。先来说说 "借"新闻。这个"借"，主要是通过借助各种现成的素材制造新闻效应。能够借的东西，主要有以下几种。

6.3.1 名人

根据马斯洛分析的人的心理需求学说：当购买者不再把价格、质量当作购买顾虑时，利用名人的知名度去加重产品的附加值，可以借此培养消费者对该产品的感情、联想，来赢得消费者对产品的追捧。

这个名人可以是影视明星、体育明星、文化名人、社会名人等，具体要看企业的需求、资源和时机。名人策略是企业最常用的策略，不管大企业还是小企业，都会寻求各种明星、名人进行代言，或者让其成为该企业的形象大使，然后围绕名人，制造大量新闻，引起媒体及消费者的注意，以达到提升品牌知名度、提升销售的目的。

著名威客网站"猪八戒威客网"上线之初，恰逢 2005 年的"超女"正火，于是它便围绕"超女"策划了一系列新闻，令其在短期内迅速提升了知名度。比如李宇春势头正猛时，媒体都在挖与她有关的新闻。这时候猪八戒马上策划出一条新闻，大意为：

一位资深"玉米"（即歌手李宇春的歌迷）在猪八戒网上悬赏 500 元为李宇春设计一条裙子，因为他发现春春（歌迷对李宇春的爱称）不穿裙子的根本原因是因为她没有一条合适的裙子。此前，在猪八戒在线悬赏平台上，还出现过悬赏 1 000 元为李宇春设计生日文化衫，要在李宇春生日当天送作礼物的任务。

由于这条新闻趣味十足，而且是与当时最火的人物李宇春有关，自然备受媒体追捧，效果十足。

6.3.2 体育

这是男人最关心的话题，而对于一些重大的体育赛事，还将吸引全社会乃至全球的目光。企业通过赞助、冠名等手段，将借助这些体育活动的品牌效应获得无限商机。世界杯、奥运会、亚运会等，都是近年来企业角逐的热点。比如 2004 年雅典奥运会刚刚结束，一场争夺 2008 年北京奥运会品牌赞助商的大战就拉开了帷幕，为了在奥运会这个最大规模的体育盛事上分一杯羹，世界 500 强选手进行了激烈的较量，因为 2008 年的北京不仅仅意味着奥运会，更意味着拥有 13 亿人口的中国庞大市场。

6.3.3 自然事件

在 2008 年汶川地震中，王老吉捐款 1 亿元，因而成为很多网友心目中的偶像。借助汶川大地震，王老吉在产品上市的推广上做足了功夫。"怕上火，喝王老吉"一时间成为最流行的广告语。因此王老吉不仅赢得了品牌推广，还于 2008 年盈利 120 亿元，比 2007年超营 30 亿元。王老吉的此次营销活动，也被行业内人士奉为经典。

像以汶川地震为代表的各种自然事件，都是全社会关注的焦点，而通过借助这些事件，也会赚足消费者的目光。

6.3.4 社会事件

凡是在社会大事件背后都蕴藏着无限的商机，比如曾经万众瞩目的"神五""神六"升天背后，就成就了多家企业的辉煌。

在"神五"事件中，蒙牛表现得最为机灵。早在 2003 年"神五"升天之前，就抢先打出"中国航天员专用奶"这一醒目宣传语来吸引眼球。在"神五"上天的当天晚上，又以"航天"主题在央视大打广告，创造了一个营销的神话。蒙牛这一系列举措，也获得了丰厚的回报。其 2003 年上半年的销售额就超过了 2002 年全年，达到了 21.7 亿元。蒙牛的这一策划，被营销界评为 2003 年十大成功营销案例之一。

在"神五"中蒙牛抢了头啖汤，在"神六"中众企业更是摩拳擦掌，而且营销手法也越来越多样化，除了硬性广告外，在新闻报道中企业的身影更是频频出现，其中最成功的当属"飞亚达"。在"神六"上空的这段时间，关于"神六"的任何消息都不会被媒体放过，哪怕是鸡毛蒜皮的细节。而飞亚达正是聪明地利用了这一点，成功地将自己为"神六"宇航员提供航天专用手表的事实大肆渲染出去。"中国也能制造自己的航天专用表！"——飞亚达的高质量，随着一条条醒目的新闻，深深地刻进了消费者的心中。

6.3.5 娱乐

娱乐是永恒的热点，各种八卦新闻也是人们茶余饭后最常谈论的话题。既然大家如此热衷于娱乐事件，那么利用各种娱乐节目进行营销，自然会取得不菲的回报。

比如在电影《疯狂的石头》中，一句"别摸我"令宝马的形象深深地印在了中国消费者的脑海里。当然，也要注意结合的方式和角度，同样在电影《疯狂的石头》中，班尼路就因为剧中笨贼的一句"牌子啊，班尼路！"而毁了形象。

6.3.6 挑战

在古代，一些英雄好汉往往喜欢用打擂台的方式来闯名号，树立江湖地位，而到了现代，此法同样适用。

比如在 2009 年，媒体上爆出一封牛气的"挑战书"，代表泰拳实力的 5 大拳王——神目杀、鬼见膝、魔术锥、拳灭风、屠龙肘，挑战少林功夫。此新闻一出，在中国武术界和普通市民中引起了轩然大波。正当网民们愤怒于泰拳 5 大高手的挑衅言论，热议中国功夫与泰拳谁更厉害之时，比赛的真实面目才逐渐清晰，原来是大赛为了宣传而进行的新闻炒作。

再比如被誉为"反伪科学斗士"的司马南，也是因为挑战伪科学，揭露伪气功、假神医而成名的。

还有交大铭泰杀毒软件也曾利用此方法进行过营销。一次是与瑞星试比高，下挑战书比赛杀毒能力；另一次是虚拟了一个目标，要做吉尼斯世界大全。由于事件本身具有轰动性，引发了媒体的密集报道。

越来越多的企业开始重视新闻营销，特别是一些大企业已经走在了前面。

比如乳制品企业伊利就是个中高手，在近几年国内的重大赛事与各种社会事件中，借势做了一系列新闻，例如"伊利荣获'首都阅兵村服务保障单位'唯一乳品企业""伊利奶粉帮助妈妈们轻松逛世博""伊利集团荣获'中国企业营销信息化奖'""为阅兵村提供乳品支持伊利受到表彰""伊利工业旅游亮相第十一届中国国际旅游交易会""中国体育代表团：感谢伊利提供营养源支持""伊利助力中国体育健儿征战亚运会"等。通过这些新闻我们不难发现，伊利已经将新闻营销作为一项系统工程来操作，并从中获得了丰厚的回报。

6.4 新闻营销的造势策略

刚刚说了"借"，再来说"造"。所谓"造"新闻，就是指围绕目标，结合各种有利条件展开，发挥想象力，挖掘自身素材。基本上就是无中生有，小事化成大事，让企业新闻变成社会新闻，每个企业都应该把自己当成媒体发布中心。我们可以从以下几个方面去"造"新闻。

6.4.1 造人

在刚刚说过的借势策略中，强调了名人攻略，但是名人效应固然好，却只是"借"，东西还是别人的。如果企业能够造出一些属于自己的名人，将是美事一桩。许多企业力推企业创始人或老总，就是基于此目的。通过将企业高层打造成行业名人、商业领袖的方式，来带动企业的发展。

除了推动老总外，也可以从员工或用户中挖掘名星。比如天涯社区之所以能够以"全球最具影响力的论坛"闻名于世，能够稳坐中文论坛老大的位子，很大原因是从天涯中走出了竹影青瞳、流氓燕、芙蓉姐姐、二月丫头等一大批网络红人。天涯在成就了这些网络明星的同时，也成就了今天的地位。

6.4.2　造事

事件营销是近两年非常受追捧的一种营销手段，而实际上事件营销最早就是从新闻演变而来的。早期的事件营销，也被称之为新闻事件营销。当企业策划的新闻事件足够创新和新奇，能够让媒体和社会感到很有新意并保持高度关注时，就会演变成事件营销。

我们在操作新闻营销时，制造新闻事件就是一种很重要的策略，因为好的事件不仅能够造成新闻效应，还可以引发事件营销。所以企业在策划新闻时，一定要突出一个"新"字，只有创新才能吸引人，只有足够新奇才能保持公众对企业的关注，这也是新闻策划的基本支点和出发点。

比如2008年除夕夜，电视中播出了著名毛纺品牌"恒源祥"的12生肖贺岁广告，在长达1分钟的广告中，画外音从"恒源祥，北京奥运赞助商，鼠鼠鼠"，一直念到"恒源祥，北京奥运赞助商，猪猪猪"，把12生肖叫了个遍。其单调创意和高密度播出，遭到许多观众炮轰，网民恶评如潮。关于此事件，网络上出现了海量的评论，百姓争相传播，媒体更是大力跟进，恒源祥的品牌知名度得到了空前的高涨。

广告营销界对于恒源祥此举也是褒贬不一，对于其中的是非曲直，我们在此不做评论。但是仅从新闻营销的角度来说，恒源祥的这个广告无疑是成功的。因为别人投放电视广告，仅是广告；而恒源祥投放完了广告，还演变成了新闻营销、事件营销。

其实在此事件之前，恒源祥的各种奇招就不断，比如招聘员工时要求是左撇子、高薪招聘党委书记等。从中我们不难看出，恒源祥很注重营销上的创新，恨不得将企业的每一次活动都变成新闻。

6.4.3　造活动

相对于其他形式手法，通过活动造新闻是相对比较容易的。比如常见的发布会、公益活动、慈善活动等，这些都可以令公众和媒体对企业投来关注的目光。而在活动中，邀请记者现场参与，自然也就产生了相应的新闻。

1.　发布会

发布会是最常见的一种活动形式。比如企业有重大变革和举措时，举行的新闻发布会；企业有新产品面世时，举办的新品发布会等。只要是企业最新的关于产品、技术、事件、活动等方面的消息，都可以通过发布会的形式来吸引媒体进行宣传报道，并最终传递给目标群体。

2. 行业展会

各种各样的行业展会都是媒体关注的焦点，比如比较著名的广交会等。而企业在力所能及的范围内，可以考虑多参加各种与企业相关的展会，以此来制造新闻。

3. 行业沙龙/研讨会/年会

在有条件的情况下，企业可以与相关部门、行业协会、相关团体组织合作举办各种形式的行业年会，比如康盛创想举办的站长大会、计世集团举办的 IT "两会"，每届都会成为媒体关注的焦点。当然，举办年会的难度较大，在条件不允许的情况下，也可以退而求其次，行业研讨会也是一个不错的选择，或者再简单一些，举办系列的行业沙龙，这些活动都可以起到一般宣传所达不到的良好效果。

4. 促销活动

虽然促销行为很商业化，但是好的促销活动也会引起媒体关注。比如各大商场年庆时的促销打折活动，都会被重点报道。如果促销手段再具有一定的创新性与趣味性，效果会更好。

5. 领导关怀

如果有可能，可以主动邀请政府领导来视察企业，或者邀请各类团体来进行参观。此类活动的影响面非常广，能够极大地提升企业的形象与地位。

6. 公益活动

企业积极组织和参与各种公益活动，不仅能够回馈社会、回报大众，更能起到新闻宣传的作用。公益活动的内容包括社区服务、环境保护、知识传播、公共福利、帮助他人、社会援助、社会治安、紧急援助、青年服务、慈善、社团活动、专业服务、文化艺术活动、国际合作等。常见的形式如义务植树、义务大扫除、青年志愿者、献血、捐款、捐物等。

公益活动是目前社会组织特别是一些经济效益比较好的企业，用来扩大影响、提高美誉度的重要手段。

6.4.4 造概念

在信息高速发展、时代高速变化的今天，媒体及公众对新生事物保持着高度的敏感与关注。而企业若能够围绕自身的特点和优势，适当地造一些概念出来，自然也会受到追捧。

这方面最典型和最成功的当属著名保健品牌"脑白金"。脑白金的有效成分其实就是通常所说的褪黑素，又称松果体素，它是人脑和动物脑中的松果腺自然分泌的一种激素。如果这么解释，这个产品一点都不神秘，但是史玉柱的成功之处在于，将这些普通概念加以提炼和包装，推出了"脑白金"这个全新的概念。

除了产品本身的概念外，"脑白金"在推广过程中，又重点强调和打造了送礼新概念，

"今年过年不收礼，要收只收脑白金！"这句广告语一时家喻户晓。应该说这个概念塑造得非常成功，久而久之，消费者在选购礼品时就有了一种错觉，那就是，这年头送礼恐怕只能送脑白金了；而且还塑造了一种潮流错觉，让人感觉，送脑白金是一种时尚，于是又有一部分人追随；同时又渲染了一份亲情在里面，这年头，老人不缺吃不缺穿的，恐怕要关心的就是他们的健康了。"送礼送健康"这个概念真的是直指人心。

6.4.5　造争议

争议是新闻营销中最大的卖点之一，争议越大，媒体与公众越关注。比如凤姐、小月月等网络红人，皆是因争议而成名。再比如因"老板喝涂料"而一炮打响的富亚涂料，最早就是因为要拿小动物做实验，因此备受争议，继而受到了媒体与社会的关注，造就了其品牌。

最近几年来最火的电影，非《阿凡达》莫属，导演詹姆斯·卡梅隆继《泰坦尼克号》之后，又为大家打造了一场视觉盛宴。而随着《阿凡达》在全球范围内的火爆，影片中潘朵拉星球那亦真亦幻的美景，也成为人们心目中向往的圣地。特别是其中悬浮于半空的"哈利路亚山"更是备受追捧。

导演詹姆斯·卡梅隆说，"哈利路亚山"原型来自中国黄山。张家界武陵源人邓道理发表《明明是张家界，〈阿凡达〉导演偏说是黄山》一文，炮轰卡梅隆"张冠李戴"。帖子一出，舆论哗然。黄山与张家界关于谁是"哈利路亚山"的原型之争正式拉开帷幕。

随后，张家界又高调宣布要将"南天一柱"（又名乾坤柱）更名为热播的影片《阿凡达》中的"哈利路亚山"。此次更名再一次引起轩然大波，社会上争议声不断。就在这些争议中，张家界的声望被推向了一个新的高度，其宣传效果和轰动效应不言而喻。

但是注意，这个争议一定是可控的，不能对企业品牌造成负面影响。

6.4.6　造价格

经济是一个国家的命脉，而物价问题又是影响宏观经济的重要因素，因此价格问题是新闻媒体一个永恒的话题，牵动着媒体与广大消费者的神经。像各大厂商之间的价格战一直是社会关注的焦点，是媒体争相报道的对象。虽然从表面上看这些企业大幅降价利润有些损失，但是由于媒体的炒作，使这些本来名不见经传的企业成为了知名企业，销售额得到大幅提升，利润得到了增长。

除了价格战外，通过推出各种天价产品和低价产品也会引起轰动效应，不仅会起到宣传效果，还会奠定行业地位。比如兰博基尼跑车之所以备受追捧，和其天价不无关系；再比如印度打造的超低价手提电脑也引起了全球的关注，使其在世界舞台上大放异彩。

企业想做好新闻营销，关键是要把自己当成媒体，要学会从企业中不停地挖掘和制造新闻，并且把其当成一项长期和系统的工程来进行，这样才能获得丰厚的回报。

6.5 新闻的发布

不管是"借"的新闻，还是"造"的新闻，最终都是要通过媒体发布出去。但是不管发布的渠道与方式如何，都离不开以下几种形式。

6.5.1 人脉关系

在新闻营销中，人脉非常重要，如果能够拥有丰富的媒体关系，将会让工作事半功倍。所以广交豪杰、积累人脉是营销人员基本工作之一。关于人脉的建设，在后面的整合运用中会有详细阐述。

6.5.2 报料投稿

如果新闻足够好，可以直接投稿，或者以提供新闻线索、报料的形式传递给媒体。其实有的时候，通过普通用户的身份向媒体投递新闻，反而会收到出奇不意的效果。

6.5.3 外包

社会上有许多专业的营销机构，它们都能够帮助企业进行新闻的投递，其效果与性价比要比企业亲自操作好得多，最重要的是可以为企业节省大量的精力与时间。不过注意，此类公司很多，鱼龙混杂，所以找外包公司时，要货比三家，仔细了解这些公司的背景与实力。

6.5.4 资源互换

对于一般的新闻，通过资源互换的形式进行推送也是一个不错的选择。对于一些互联网网站，这是建立新闻渠道的主要方式。

6.5.5 引起媒体主动关注

就如前面在"新闻营销的要点"中所说的，想引起媒体主动关注与报道，就要先了解媒体的特性，能够制造出媒体感兴趣的新闻才能达到此目的。比如前面提到的猪八戒威客网的案例，它之所以能够被媒体主动报道，就是因为其围绕李宇春策划的一系列新闻正好迎合了当时媒体的需求，而那时媒体对于与"超女"有关的新闻也是高度关注。

其实媒体并不是高高在上、遥不可攀的，在优质新闻面前，媒体也会失去抵抗力，甚至个别不良记者，还会为了追求所谓的大新闻，投机取巧。比如曾经轰动一时的"纸馅包子"新闻，就是某电视台工作人员为了追求轰动效应而炮制的假新闻。所以，若是企业能够为媒体奉上味美的新闻大餐，自然会受到青睐，达到双赢。

但是注意，企业要严格遵守新闻制度与规律，站在客观、公正的立场上策划新闻，不做有损公众与消费者利益的事情，否则将会适得其反，被公众所唾弃。比如微软的新闻宣传就是忽视了与政府和公众的有效沟通，因此遭受到美国政府与大众传媒的口诛笔伐，最终以其垄断市场为由，将其拆分。

6.6　成功的标准

新闻营销达到什么境界才算成功呢？本来笔者想就这个问题好好与大家探讨一下，但是发现百度百科里已经给出了非常经典的答案，所以借花献佛，在这里和大家分享一下。

6.6.1　初级境界，变亮点为焦点

任何新闻营销都有其明显的商业目的。在目的基础上，发散性地创造一些想法，这种带有极强的功利性的点子，往往只是一个亮点、思想的火花，所以你要把它变成新闻焦点。通过新闻营销的程序进行推广，形成阶段性的新闻事件，聚焦目标受众的眼球，这是最重要的。

6.6.2　中级境界，变焦点为卖点

什么是卖点？当然就是产品卖出去的理由。新闻营销的目的就带有销售任务，所以在新闻中最好能把产品嵌入其中，潜移默化地粘贴在新闻中，润物细无声地打动消费者。其实，无论是直接来自产品特性还是事件的间接推动，达到销售才是终极目的。不过，在新闻营销中产品卖点和新闻卖点的结合更微妙和巧妙，与一般的广告推广相比更含蓄、深入。当然，在事件中完全可以把广告推广和新闻营销进行整合，相互推动。

6.6.3　高级境界，变卖点为记忆点

新闻营销的作用如果仅仅是为了轰动，那么不如裸奔会更现实一些。因为新闻营销需要影响长久，为企业不断跨越台阶进行长远的铺垫。所以，如何将事件的热点变为消费的记忆点就显得尤为关键了。在实践中，通过某些新闻（不论采取哪些新闻营销手法），让媒体和公众对企业和产品产生良好的印象，从而提高企业或产品的知名度、美誉度，树立良好的品牌形象，并在达到销售的同时，更要达到长久或者很长一个阶段对企业和产品具有良好的认可，才是最高的境界。

实战训练：策划一次简单的新闻营销

【实训目的】

1. 体验新闻营销的过程。

2. 具备初级的新闻营销策划能力。

【实训内容】

1. 学校要为新学期的招生工作做准备，进行一些新闻方面的铺垫。

2. 本次新闻营销的预算为 1 万元。

3. 本次推广的目的是为了：第一，能够吸引一部分家长和学生的注意，让他们对我们的学校产生兴趣；第二，让学生和家长在百度搜索学校名字时，能够看到有关学校背景实力的介绍。

4. 针对以上需求，策划一个简单的新闻营销方案。方案要包括营销的目标、具体的新闻篇数、类型、具体的标题、要投放的媒体列表、具体的预算。

【实训提醒】

1. 建议以小组为单位来完成本次实训任务。

2. 如果不知道方案的格式或形式，可以到相关网站（比如百度文库）借鉴其他成熟的方案。

3. 你可以把这个项目完全当成真实的项目进行操作。比如像真实的项目一样，也寻找相关的营销公司，进行正常的询价、咨询，甚至是面谈等。

【实训思考】

1. 应该选择什么样的媒体进行媒体投放？

2. 通过什么方法能够快速找到这些新闻投放渠道的联系人？

3. 同样是 1 万元预算的情况下，如何提升投放的效果？比如投放到更多的媒体，或是让更多的人看到？

思考练习

1. 以上面的实训项目为基础，画出新闻营销的流程图，包括实施过程中一些具体的注意事项和技巧等。

2. 结合以上实训项目，说说新闻营销要成功，最重要的关键点有哪些？

3. 说说你选择媒体的策略，比如是选择知名大媒体（但是费用高），还是选择一些知名度不高的小媒体（费用便宜）；是追求媒体的数量，还是追求媒体的质量；或是其他什么策略，并说明理由。

第7章
软文营销

7.1 什么是软文营销

所谓软文营销，就是指通过特定的概念诉求，以摆事实、讲道理的方式使消费者走进企业设定的"思维圈"，以强有力的针对性心理攻击迅速实现产品销售的文字模式和口头传播。比如新闻、第三方评论、访谈、采访、口碑。软文是基于特定产品的概念诉求与问题分析，对消费者进行针对性心理引导的一种文字模式。从本质上说，它是企业软性渗透的商业策略在广告形式上的实现，通常借助文字表达与舆论传播使消费者认同某种概念、观点和分析思路，从而达到企业品牌宣传、产品销售的目的。（摘自百度百科）

软文是最重要的营销推广手段之一，不仅是因为它效果出众，更关键的是，它是论坛炒作、博客营销、新闻营销、事件营销等众多手段的基础，这些方法相互配合使用，组合出击，效果会大幅提升。

对于一名优秀的营销人员，一定要学会"写"，要善于运用软文工具。

下面和大家分享一个经典的软文营销案例，通过这个案例，相信大家会对软文推广与软文营销的关系理解得更为深刻。

应用案例：脑白金的软文营销

说到软文，有一个人必须要提，他就是非常具有传奇色彩的人物史玉柱。史玉柱的经历真的很传奇，他曾经是莘莘学子万分敬仰的创业天才，仅靠 4 000 元起家，在 5 年时间内跻身财富榜第 8 位；也曾是无数企业家引以为戒的失败典型，一夜之间负债 2.5 亿元。当所有人都以为他会因此一蹶不振时，他却又靠"脑白金"东山再起，以区区 50 万元人民币，在短短的 3 年时间里就使其年销售额超过 10 亿元，令业界称奇。

在"脑白金"骄人业绩的背后，软文营销功不可没。史玉柱是个营销天才，总能想出很多奇招、妙招，软文炒作就是他营销脑白金时的一大创新，也是脑白金市场导入阶段最主要的营销手段。而在脑白金之前，人们从来没有想过文章可以这么用。脑白金巨大成功的背后，让人们找到了软文营销的秘密。所以从很大程度上可以说，"软文"是由史玉柱发明的。

下面让我们一起来看一下脑白金的软文营销是怎么做的。

脑白金上市之初，首先投放的是新闻性软文，如"人类可以长生不老吗""两颗生物'原子弹'"等。这些软文中没有被植入任何广告，只是在大肆渲染身体中一种叫作"脑白金体"的器官。人都具有猎奇心理，而且人们对与自身利益有关的东西总是最关心的，所以这些带有新闻性质的软文马上受到了用户的关注。这些软文更是像冲击波一样一篇接着一篇，不停地冲击着用户的眼球。在读者眼里，这些文章的权威性、真实性不容置疑。虽然这些文章中没有任何广告痕迹，但是脑白金的悬念和神秘色彩却被成功地制造出来。

人都是恐怖死亡的，也都渴望长生不老，而这时候在新闻报道中反复提到一种叫作脑白金的物质，说它可以帮助延年益寿时，人们坐不住了，禁不住要问："脑白金究竟是什么？"消费者的猜测和彼此之间的交流使"脑白金"的概念在大街小巷迅速流传起来，人们对脑白金形成了一种企盼心理，想要一探究竟。

当通过第一阶段的软文成功引起人们关注，让大家对脑白金充满期待后，紧接着跟进的是系列科普性（功效）软文，如"一天不大便等于抽三包烟""人体内有只'钟'""夏天贪睡的张学良""宇航员如何睡觉""人不睡觉只能活五天"等。这些文章主要从睡眠不足和肠道不好两方面阐述其对人体的危害，并指导人们如何克服这些危害。同时在这个过程中，再次将脑白金的功效融入其中，反复强调脑白金体的重要性。

因为这些文章没有做广告，而是用摆事实、讲道理的方式科普知识，告诉大家如何活得更健康、更长寿，所有文章都是以理服人，所以读者看了后心悦诚服。

下面我们就来看一下其中非常经典的一篇《两颗生物"原子弹"》是如何写的。

两颗生物"原子弹"

本世纪末生命科学的两大突破，如同两颗原子弹引起世界性轩然大波和忧虑：如果复制几百个小希特勒岂不是人类的灾难？如果人人都能活到 150 岁，且从外表分不出老中青的话，人类的生活岂不乱套？

一、"克隆"在苏格兰引爆

苏格兰的一个村庄，住着一位 53 岁的生物科学家，他就是维尔穆特博士。这位绅士温文尔雅，慢声细语。年薪仅 6 万美元，他培育一头名叫"多利"的绵羊，为此他本人获得的专利费也不会超过 2.5 万美元。但这头绵羊和脑白金体的研究成果一样，形成世界性的冲击波。

从总统至百姓无不关注培育出"多利"的克隆技术，克林顿总统下令成立委员会研究其后果，规定 90 天内提交报告，并迫不及待地在他的白宫椭圆形办公室发布总统令。德国规定，谁研究克隆人，坐牢 5 年，罚款 2 万马克。法国农业部长发表讲话：遗传科学如果生产出 6 条腿的鸡，农业部长可就无法干了。

"多利"刚公诸于世，《华盛顿邮报》即发表《苏格兰科学家克隆出羊》，美国最权威的《新间周刊》连续发表《小羊羔，谁将你造出来》《今日的羊，明日的牧羊人》……

美国广播公司晚间新闻发布民意测验 87%的美国人说应当禁止克隆人，93%的人不愿被克隆，50%的人不赞成这项成果。

二、"脑白金体"在美利坚引爆

脑白金体是人脑中央的一个器官，中国古代称之为"天目"，2000 年前印度就称之为"第三只眼"。近年美国科学家们发现，它是人体衰老的根源，是人生的生命时钟。这项发现如同强大的冲击波，震撼着西方国家。《华尔街日报》发表《一场革命》；《新闻周刊》居然以《脑白金热潮》为标题，于 8 月 7 日、11 月 6 日封面报道，阐述补充脑白金的奇迹：阻止老化、改善睡眠……

美国政府 FDA 认定脑白金无任何副作用后，脑白金在美国加州迅速被炒到白金的1 026 倍。不过在规模生产的今天，每天的消费仅 1 美元，在中国不过 7 元人民币。

美国西北大学教授格利塔在电视新闻中感叹："美国人为它疯狂了！"

脑白金体的冲击波迅速波及全球。日本《朝日新闻》、NHK 电视大肆报道，中国台湾地区的人从美国疯狂采购脑白金产品。中国香港地区有关部门不得不出面公告：奉劝市民服用脑白金要有节制。

中国大陆也不例外，1998 年 4 月 5 日中央电视台《新闻联播》播放《人类有望活到150 岁》，详细介绍脑白金体的科技成就，《参考消息》等各大媒体也都相继报道。中国部分城市已经出现脑白金热潮的苗头。

在美国，不少人撰文表示对脑白金体成果的担忧。如果人人都活到 150 岁，从外表分不出成年人的年龄，会出现许多社会问题。

三、什么是克隆

克隆是"clone"的音译，含义是无性繁殖。在传统的两性繁衍中，父体和母体的遗传物质在后代体内各占一半，因此后代绝对不是父母的复制品。克隆即无性繁殖，后代是完全相同的复制品。

复制 200 个爱因斯坦和 500 个卓别林，是件大快人心的事。但如果复制 100 个希特勒，实在令人担忧。50 多年前纳粹医生约瑟夫曾研制克隆技术为了复制希特勒，幸亏没有成功。"克隆"对伦理道德的冲击更大：如果复制一个你，让你领回家，你太太和女儿应该如何称呼"他"。

世界级大药厂发现了克隆的巨大商机。美国商业部预测，"2000 年克隆生物技术产品的市场规模将超过 500 亿美元"。克隆技术主要用来制造保健品，国外许多媒体认为美国商业部的预测太保守，如同 20 世纪 50 年代美国商业部的预测："2000 年，全球的计算机数量将高达 80 台"。

四、什么是脑白金体

人脑占人体的重量不足 3%，却消耗人体 40% 的养分，其消耗的能量可使 60 瓦电灯泡连续不断地发光，大脑是人体的司令部，大脑最中央的脑白金体是司令部里的总司令，它分泌的物质为脑白金。通过分泌脑白金的多少主宰着人体的衰老程度。随年龄的增长，分泌量日益下降，于是衰老加深。30 岁时脑白金的分泌量快速下降，人体开始老化；45 岁时分泌量以更快的速度下降，于是更年期来临；60～70 岁时脑白金体已被钙化成脑沙，于是就老态龙钟了。

如果想尝尝年轻时的感觉，脑白金的确能让人过把瘾。

美国三大畅销书之一的科学专著《脑白金的奇迹》根据实验证明：成年人每天补充脑白金，可使妇女拥有年轻时的外表，皮肤细嫩而且有光泽，消除皱纹和色斑；可使老人充满活力，反映免疫力 T 细胞数量达 18 岁时的水平；使肠道的微生态达到年轻时平衡状态，从而增加每天摄入的营养，减少毒素侵入人体。

美国《新闻周刊》断言"补充脑白金，可享受婴儿的睡眠"。于是让许多人产生了误解，以为脑白金主要用于帮助睡眠。其实脑白金不能直接帮助睡眠。夜晚补充脑白金，约半小时后，人体各系统就进入维修状态，修复白天损坏的细胞，将白天加深一步的衰老"拉"回来。这个过程必须在睡眠状态下进行，于是中枢神经接到人体各系统要求睡眠的"呼吁"，从而进入深睡眠。

脑白金可能是人类保健史上最神奇的东西，它见效快，补充 1～2 天，均会感到睡得沉、精神好、肠胃舒畅。但又必须长期使用，补充几十年还要每天补充。

五、热点问题

据中国《参考消息》、中国香港《明报》及美国几大报刊综合出以下人们最关心的问题及答案：

- 可以克隆人吗？答：可以。
- 可以克隆希特勒吗：答：理论上可以。
- 死人可以克隆吗？答：不。
- 女人可以怀有"自己"吗？答：可以。
- 克隆人合法吗？答：法国合法，英国、德国、丹麦不合法。
- 西方国家总统每天补充脑白金吗？答：许多媒体曾如此报道。
- 补充脑白金，人可以长生不老吗？答：不，只能老而不衰。
- 成年人可以不补充脑白金吗？答：可以，如果对自己不负责的话。

- 美国5 000万人为什么因脑白金体而疯狂？答：他们想年轻。

在脑白金的这些软文中，新闻性软文共5篇，科普性软文近10篇。脑白金产品每到一个城市，都会先选择当地2～3种报纸（偏重于党报）作为这些软文的主要刊登对象，并且会在两周内把新闻性软文全部炒完。

除了时间限制外，文章的刊登方法还非常讲究。

（1）软文肯定不会登在广告版，通常会选择健康、体育、国际新闻、社会新闻版（因为这些版的阅读率高）。

（2）选择通版是文章，没有广告的版面进行投放（这样读者看起来舒服）。

（3）不与其他公司的新闻稿出现在同一版面（以免读者被其转移视线，受到影响）。

（4）文章标题要大而醒目，文中的字体字号与报纸整体风格一致（让读者看不出炒作的痕迹）。

（5）每篇文章都要配上相关的精美插图（图文并茂，增加可读性）。

（6）每篇软文均是单独刊登，不与其他软文同时出现（防止一下投入太多，读者消化不完）。

（7）不附热线电话、不加黑框（消除一些广告痕迹）。

（8）每篇文章都配上相应的报花，如"焦点新闻""专题报道""热点透视""环球知识""焦点透视"等（让读者以为是正常的新闻报道）。

（9）最重要的，也是最画龙点睛的一笔，在炒完一轮软文之后，以报社名义郑重其事地刊登一则启事，内容如下：

启事（样本）

敬告读者：

近段时间，自本报刊登脑白金的科学知识以来，收到大量读者来电，咨询有关脑白金方面的知识，为了能更直接、更全面回答消费者所提的问题，特增设一部热线：××××××××，希望以后读者咨询脑白金知识打此热线。谢谢！

××××报社

××年×月×日

此举非常巧妙，真的是画龙点睛，实际上留的是脑白金公司的销售电话，但却让读者以为是报社的电话。在毫无戒心的情况下，源源不断的潜在用户主动送上门，脑白金也因此赚得盆满钵盈。

史玉柱本人还把这些软文营销的要点总结成了80字诀，读来颇有意思：

软硬勿相碰，版面读者多，价格四五扣，标题要醒目，篇篇有插图，党报应为主，宣字要不得，字形应统一，周围无广告，不能加黑框，形状不规则，热线不要加，启事要巧妙，结尾加报花，执行不走样，效果顶呱呱。

7.2 软文营销的特点

从上面的案例我们可以看出，脑白金的每一篇软文都没有植入广告（这点和软文推广完全不同），但是这些文章组合到一起，却获得了巨大的成功。下面让我们一起来了解一下软文营销的特点。

1. 本质是广告

软文的本质，就是广告，这是不可回避的商业本性。所以不管大家的软文如何策划和实施，最终一定是要能够达到相应的效果，否则就是失败的。

2. 伪装形式是一切文字资源，使受众"眼软"

所谓软文，这个关键点一是"软"，二是"文"。也就是说，软文的内容一定是以文字为主，包括各种文字形式，比如新闻资讯、经验心得、技巧分享、观点评论、思想表达等。通过这些文字，使受众的"眼软"，只有让用户的眼光停留了、徘徊了，才有机会影响到他们。

特别是语言文字，要照顾到目标受众的阅读能力与理解能力，要浅显易懂、形象生动、贴近生活，让用户读起来有共鸣感。切忌不要把软文当成散文、诗歌来写，笔者就经常见到这样的软文：文笔非常有功底，辞藻修饰非常华丽，行文优美似散文。问题是我们写的不是文学作品，也不是给文学爱好者看的，这种脱离生活的软文只会曲高和寡，没有回应，自然谈不上带动产品销售。

像发布在网络上的软文，越口水越好，要多运用网络语言，因为网络文化的特点就是草根、快餐。各位看官可以上网看一下，网络上流行的小说和文字，写得都非常一般，甚至被人批评为"中学生的作品"。而那些被文学界奉为精品的文章，反而被冷落。

3. 宗旨是制造信任，使受众"心软"

软文的内容不是瞎写，一定是有目的的写，而不管什么形式的软文，终极目标一定是相同的，那就是通过这些文字，在用户中间制造信任感；通过这些文字，打动用户，使受众"心软"。只有用户看完你的文章后，相信你了，才会付诸行动。

什么形式的文章，最容易打动用户，能使用户产生信任感？答案就是能够对用户起到帮助作用的文章。比如通过文章，用户解决了问题、学到了新知识等。所以软文内容一定要真实、真诚，经得起推敲，内容要实在，要能够帮助用户解决问题，应该以干货为主，切忌有虚假信息或糊弄受众。

4. 关键要求是把产品卖点说得明白透彻，使受众"脑软"

光是让用户相信你了，还不行，还需要在文章中把产品卖点说得明明白白、清楚透彻；

否则用户搞不清楚状况，还是达不到最终的目的。所以就需要我们深入了解产品特点，并将这些卖点通过文字完美地演绎出来，使受众在了解到这些卖点后"脑软"。

这里有个重要的技巧，就是将产品功能形象化。有位广告大师曾经说过："不要卖牛排，要卖滋滋声。"只有赋予产品生动的形象化描述，让用户看完文章后有如身临其境的感觉，才会达到出奇不意的效果。比如木竭胶囊上市时有一篇《8000万人骨里插刀》的软文，形象地指出了骨病人群的痛苦："骨病之痛苦，连患者亲友都不忍目睹，常见患病的人突然间倒吸几口冷气，牙缝间丝丝作响——骨刺又发作了！俗话说：得了骨病犹如骨里插刀……"这种丝丝入扣的形象描述，深刻地勾画出了患者的痛苦，即使健康的人读了，也会体验到那种痛楚。

再比如保健品批文中，大都会用到"益肾补气""抗氧化""免疫调节"温阳补肾"等字眼，但是这些词汇一不形象，二不生动，而且这些专业术语，一般人也很难明白。这样写，很难引起消费者的共鸣，更不要提什么效果了。但是如果我们用"洗血""洗肺""洗肠""通便秘""排肠毒"等生动形象的词汇后，产品的功能与卖点马上跃然纸上，让有相关症状的人读后禁不住想跃跃欲试。

5. 着力点是兴趣和利益

用户对什么样的内容最感兴趣？不同的行业、用户群，具体的答案不尽相同，但是有一条最本质的规律肯定是一样的，那就是不管什么情况、什么行业、什么样的用户，一定对与自身喜好和利益有关的内容最感兴趣。所以深入研究用户需求，是每一位营销推广人员都必须做足的功课。

比如前面举的脑白金案例，它之所以获得巨大的成功，很重要一个原因是，其所有软文都抓住了人类最本质的一个需求，或者是人性的弱点，那就是人都恐惧死亡，都渴望长生不老。面对死亡，没有几个人能够保持内心的平静。所以当人们看到媒体大肆报道一种叫作"脑白金"的物质可以帮助人们延年益寿时，很多人就坐不住了。

7.3 软文营销的策略

7.3.1 新闻攻略

人都有猎奇心理，也都渴望了解新事物、学习新知识，所以新闻性软文非常容易得到人们的关注。操作时注意，新闻性软文一定要突出一个"新"字，文章中的内容一定是人们所不知道的、不了解的、不熟悉的，比如新鲜事、新鲜的观点、新鲜的事物、新鲜的知识、新闻的话题等。文章的形式要符合新闻写作规范，发布的媒体及具体的板块，也应该是正规新闻栏目，千万不要发到广告版。

7.3.2　概念攻略

万物都是相通的，网络营销也是如此，不同的营销与推广方法之间都有很多共性，理念和策略都适用，只不过具体的表现形式不同罢了。比如概念攻略，在上一节"新闻营销"中提过，而在软文营销中同样适用。对于有用的新生事物，人们总会不惜一切代价去了解、学习和尝试，而这也是概念攻略的精华之所在。

就像前面说的脑白金软文，其成功因素中的关键一条就是打造出了"脑白金体"和"脑白金"的概念，并且让大家对其产生无限向往。而实际上，与"脑白金体"和"脑白金"对应的就是平常说的"松果体"及其分泌物"褪黑激素"。如果脑白金上市之初直接通过后两者进行宣传，肯定不会有这么神奇的效果，因为人们对它们已经非常熟悉和了解了。

打造概念时注意，这个概念一定是与目标用户息息相关的，要高度符合用户需求，能够引起受众强烈的关注与足够的重视；否则不管概念包装得多么漂亮，都是在做无用功。

7.3.3　经验攻略

经验分享型软文是最容易打动用户和影响用户的软文类型。此类软文的策略主要是利用了心理学中的"互惠原理"，通过免费向受众分享经验，免费给予帮助，以达到感动用户的目的。

由于此类文章的形式都是无偿给予的，用户在观看时，没有任何心理负担，且是抱着主动学习的态度阅读的。所以软文中的信息更容易被用户接受和认同，甚至用户在看完文章后，还会主动帮助进行口碑传播。

注意：在运用这种策略时，一定是无偿分享宝贵的经验，不能用一些人人皆知的东西糊弄用户。而且，这些经验一定是能够对用户有所帮助的，要有很强的实用价值。

7.3.4　技术攻略

一提到"技术"二字，人们的脑海中就会浮现出诸如"专业""高深""高品质""精湛""靠谱"等字眼，所以如果走技术路线，则更容易获得用户认可。特别是一些创新型技术，还会受到媒体的热捧。比如机器人一直是全人类的梦想，如果哪家公司能够在该领域取得突破性的进展，媒体就会争相报道，因为这些技术将推动社会的进步，媒体的特点决定了他们必将关注这些事。事实上，在机器人领域，日本已经取得了许多成果，每次他们有新的技术和产品时，都会得到全球媒体的关注。

在软件行业，特别是杀毒软件领域，最喜欢用技术策略。杀毒软件厂商会经常发布一些技术型文章来衬托其产品的先进性与优越性，比如分析杀毒软件的杀毒原理是最常用的套路。

注意：此策略的关键是通过技术层面的东西去打动用户，因此其中提到的技术，不能是伪技术，要真的是具有一定的先进性，能够真正帮助用户解决一些实际问题的技术。而且在向用户描述时，不要过于高深，要用一些浅显易懂的语言和例子，让用户明白其大概原理，了解其能够为自己带来什么。

7.3.5　话题攻略

话题是最容易在用户中引起口碑效应的策略，因为只有足够热的话题，用户之间才会自发地谈论与传播。想获得足够热的话题，比较好的方式有两种：一是围绕社会热点制造话题；二是针对用户的喜好与需求引发争议。比如在 2008 年汶川地震时，王老吉捐款 1 亿元，然后在这个大的社会热点话题之下，制造了"封杀王老吉"这个具体的小话题，再通过一系列的营销举措，把中国网民的爱国情绪和同胞情深渲染到极致，一举确立了王老吉品牌非常积极和正面的形象。

注意：在制造话题时，要注意话题的可控性，特别是制造争议话题时，不能引发用户对产品的负面情绪，一定是对产品形象做正面引导。

7.3.6　权威攻略

对于权威的东西，人们总会情不自禁的信服与顺从，因为在我们刚出生时，对权威的敬重感就已经深深根植于心中。所以，树立权威是软文营销的一种策略。比如大公司生产的产品，我们会不假思索地肯定其品质；对于大商场销售的产品，我们也从不怀疑它可能会是假货。

我们可以围绕企业背景打造权威，通过好的企业背景会很快建立起权威性。比如奇艺网上线之初，便获得了高度关注，原因就是它是由百度公司投资创办的。如果我们的企业没有这样的好背景，那么可以通过一些后天的方式弥补，比如通过各种合作形式，挂靠到权威部门或大公司旗下。

除了企业背景外，还可以围绕产品打造权威性。比如产品的技术特别先进、品质特别好，都可以奠定其权威地位。比如著名杀毒软件卡巴斯基，在进入中国市场初期，就是先通过技术打造其产品的权威性，以此快速奠定了在国内市场的地位，获得了用户的认可。

除了企业和产品外，还可以通过名人打造权威性。比如创新工场，虽然是一家新公司，但由于其是由前谷歌公司全球副总裁兼大中华区总裁李开复先生创建的，所以没有人敢轻视它，因为李开复老师的权威性不容置疑。当然，不是每家企业都有这么强的牛人，而且牛人也是从菜鸟进化出来的。所以我们可以自己打造牛人，比如将企业老总打造成领军人物，就是最常用的一种方法。

7.4　如何写新闻类软文

软文之所以越来越受到企业的青睐，一是因为受众对信息的敏感度越来越高，使得传统硬广告的效果越来越差；二是因为在广告效果下降的同时，广告费用却不断上涨，企业不得不尝试其他性价比更好的营销手段。由于软文在不影响用户体验的基础上还能够达到既定的广告效果，自然备受推崇。

不同的企业，背景和需求各不相同，使得软文的表现形式多种多样，但是万变不离其宗，不管如何变化，总有规律可循。根据传播渠道及受众的不同，软文大体可以分为三类：新闻类软文、行业类软文和用户类软文（产品软文）。下面先一起来了解一下针对媒体的软文。

新闻类软文是软文发展初期常用的手法，也是最基本的一种软文形式。此类软文的形态主要以新闻报道为主，比如常说的媒体公关稿、新闻通稿或新闻公关稿即属于此范畴。当企业有重大事件、相关活动、新产品发布等动态时，都会通过新闻的形式进行预热或曝光。

此类软文的写作手法可以归纳为三类。

7.4.1　新闻通稿

新闻通稿是公关与营销界人士耳熟能详的一个词，它原本是新闻媒体中的术语，指的是媒体在采访到一些重要新闻后，以统一的文章方式发给全国需要稿件的媒体。后来，很多企业在对外发布新闻时，为统一宣传口径，也会组织新闻通稿，以提供给需要的媒体。

由于新闻通稿来源于传统媒体，所以它的写作形式也同传统媒体一样，有消息稿和通讯稿。简单地说，消息稿就是先对整件事进行一个简要而完整的说明，要包括整个事件。通讯稿则是对消息内容的补充，可以是背景介绍，也可以是事件中的一些花絮、具体的人或故事等。

新闻通稿涉及的技巧相对来说较少，基本上只要文字流畅、语言准确、层次清晰、逻辑性强，能把事情表述清楚，表达完整即可。比如下面的范例：

×××网北京 10 月 12 日电（记者××）第八届中国国际网络文化博览会将于 10 月 21 日至 24 日在北京展览馆举行。

文化部文化市场司副司长庹祖海在 12 日的新闻发布会上表示，网博会为促进我国网络文化健康的发展起了重要的推动作用。他还透露，在本次的网博会上将会详细阐释 8 月开始正式实施的《网络游戏暂行管理办法》相关内容。

作为承办单位，中国动漫集团党委副书记孙盛军详细介绍了本次展会的状况：本次展会共设 7 大展厅，约 3 万平方米，可同时容纳几万观众进场参观，特装展位共计 40 多个，最大面积展位均被众多知名大企如盛大、九城、巨人等竞得。同期的主题活动及论坛会议也各有千秋，包括中国网络文化高峰论坛、中国网络游戏行业峰会、中国网络音乐峰会、中国网游海外高峰论坛。

此外，本届网博会的国际性明显，将会有来自俄罗斯、新加坡、菲律宾等国家和地区的厂商参加本次网博会。同时，动漫舞台剧作为一种全新的表现形式，使众多优秀的动漫作品通过舞台表演得以全新地展示，评选出最终的中国网络 COSPLAY 之星，并将于 11 月在韩国 G-STAR 展会上进行比赛。

中国国际网络文化博览会由文化部、科技部、工信部、广电总局、新闻出版总署、国务院新闻办公室、共青团中央、北京市人民政府联合主办，中国动漫集团有限公司承办，是我国"十一五"文化规划重点扶持项目，也是国内最具影响力的网络文化盛会。

7.4.2　新闻报道

由于新闻通稿的形式简单，且都由企业人员自己操刀，所以在宣传效果上不够深入，仅能起到一个广而告知的作用。若要达到进一步的效果，比如促进产品的销售等，就显得力不从心了。为了达到更高层次的目标，我们就需要用更复杂的新闻工具——"新闻报道"。

此类软文都是以媒体的口吻、新闻的手法对某件事情进行报道，甚至直接聘请真正的记者操刀。文章完成后，也会与正常的新闻报道一样，发布到相关媒体的新闻栏目。由于其夹杂在的新闻中间，且完全用新闻体组织正文结构，让人防不胜防，对于非专业人士，根本无从分辨。在此向大家分享一篇被称为"软文模式范本"的经典案例。

曝光"洗之朗"热销背后

如何改变人们的便后清洁方式？如何实现以洗代擦？一种名为洗之朗的产品近日在西安悄然兴起。

据悉，"洗之朗"学名智能化便后清洗器，是一种安装在马桶上用于便后用温水清洗的家用电器。洗之朗最早源于日本，目前在日本家庭的普及率已高达 90%。这种电器能够在人们方便之后，通过按键实现温水冲洗下身，它代替了传统的纸擦方式，更卫生、更科学。

为此记者采访了家住紫薇花园的牛先生。在记者问及使用体会时，牛先生说："起初孩子说日本人都使用这个产品，要往家里的马桶上安装洗之朗。我曾坚决反对，总以为不习惯。但几天下来对使用后的效果不得不折服。我有痔疮，而且家中还有高龄老人，对洗之朗的使用体验都感到很满意！"

某商场导购向记者说："洗之朗上市之初，只有一些经常出国的人一看就知道洗之朗是什么，会毫不犹豫地购买它，因为他们在国外时就普遍使用洗之朗，对洗之朗的使用效果有切身体会。"导购还告诉记者："目前购买洗之朗的人，不仅仅是前卫的时尚人士，普通市民也越来越多，大家已经认识到了洗之朗对生活的重要性。"

据商场负责人讲，洗之朗上柜以来很受顾客欢迎，总是能吸引好多客人，这是我们上柜之初没有预料到的，而且销量也在迅速上升，这个产品的前景非常不错，将来肯定会成为家用电器的消费热点。某建材、洁具销售商也对记者说："销售洗之朗，我并没有要求一开始就能卖多少台。我做代理销售十几年了，对一个产品的市场前景非常重视，洗之朗虽然是个新产品，但将来肯定会成为家庭必备的电器。目前它在西安已经达到了家喻户晓的地步，在3～5年内肯定会迅速普及，成为城市家庭的必需品。"

记者在家居超市采访的短短几十分钟里，洗之朗竟然卖出了5台，消费者对这个刚上市的新产品为什么如此青睐？

在开元商城一次购买2台洗之朗的王女士对记者说："我在日本留学时一直用洗之朗，已经习惯了便后水洗，洗比擦不但干净、卫生，而且很舒服、很方便，是女性预防病菌感染的好产品。"王女士的先生抢过话头说："她一听说洗之朗在西安上市，就嚷嚷着买，顺便也给老人买一台。反正也不贵，才一两千元钱，比国外便宜了好几千元钱。"

据调查，洗之朗在1995年至1998年，一台进口的产品在北京和上海售价一般在15 000元左右，国产的"洗之朗"的价格也普遍在6 000元左右，虽然有过漫长的市场培育，但其昂贵的价格让普通老百姓望而却步，购买者也多为当时的"有钱人"。当然，人们对卫生习惯与身体健康没有足够认识，也是推广的另一障碍。在2003年之前的两年内普遍降价50%左右，最早卖五六千元的产品目前也仅卖到不足3 000元。记者发现，洗之朗产品售价最低的是良治洗之朗，有一款机型仅售980元，这能不让市民动心吗？

良治洗之朗生产厂家的营销副总肖军告诉记者：我们很重视市场需求，虽然目前我们的工作重点是生产研发，但是我们对洗之朗的市场前景非常看好，我们将凭借科学有效的营销手段、精工的日本技术、优势的价格推广市场，我们的定位就是以高品质产品设计满足广大消费者的潜在需求。

截至记者发稿前，良治洗之朗安装预约已经排满三个工作日，热销局面还在不断升温。

7.4.3　媒体访谈

凡客诚品（VANCL），是最具影响的互联网时尚品牌之一。在一个月之前，我从来没有想过要成为凡客的顾客。因为出于职业敏感性，我对广告产品有一定的抵触心理，特别是面对凡客铺天盖地的广告和软文时，我决定避而远之。但是在半个月前，看了一篇关于凡客诚品CEO陈年的访谈后，我毅然决然地成为了VANCL的用户。因为我被访谈中陈年的精神及凡客的理念所打动。

相对于新闻通稿的公式化语言及新闻报道的说教式、单向灌输式内容而言，媒体访谈这种形式更容易让人接受，它由一般新闻的单向灌输向渗透式、感召式、互动式转变。企业与媒体通过访谈聊天的形式表达出来的内容和理念，更具亲和力、吸引力和感染力，能够做到以理服人、以情动人。

就如上面的例子，为什么媒体上对于 VANCL 大篇幅的赞扬、华丽的业绩数据展示，我一律视而不见，而一篇小小的访谈却打动了我呢？原因就是后者有血有肉，能够让我近距离地感受到这个企业和企业中的人，而不是冷冰冰的新闻稿或数字。

7.5 如何找新闻点

以上就是新闻类软文的三种主要表现形式。但是一篇新闻类软文要成功，仅具备形式与内容还不够，还要具备新闻亮点。这就需要企业深入挖掘自身的新闻素材，彰显新闻价值。而这恰恰也是最令人头疼的问题。其实解决这个问题并不难，如果我们能够以媒体的视角，用媒体的眼光来审视企业内部，那么就会惊奇地发现处处是亮点。通常在企业中，容易挖掘到新闻亮点的地方主要有以下 7 个。

7.5.1 产品

对于有价值的新产品，本身就有可能成为一个大新闻，甚至会成为轰动全球的大新闻。比如 "印度要造百元电脑" 的新闻，曾在全球 IT 界红极一时。通常能够产生新闻效应的产品，都是能够改变人们生活或给人们生活带来便利的产品。所以要想让自己的产品也产生新闻效应，就需要以新闻的角度去审视自己的产品，去挖掘产品中的亮点，要明确自己的产品能够影响哪些人，能够让谁受益，它的与众不同之处在哪里。

7.5.2 服务

"顾客就是上帝"，可是 "上帝" 却越来越不好伺候了。现在的消费者在选购产品时，越来越关注产品的软实力。比如消费者到商场选购家电时，除了关注产品本身的价钱、质量以外，还尤为关注售后服务的范围、时间和内容，而这些往往是影响最终选购的关键。只要是用户关注的地方，一定有亮点。所以，如果我们的服务质量过硬，甚至有一套独特的方法，那么完全可以大张旗鼓地宣传。这不仅仅是在做新闻，更是对用户的一种关怀。

7.5.3 技术

科技改变世界，人类之所以能够成为地球的主宰，在很大程度上在于人类懂得创造和发明。所以，对于技术的追求是人类进步的源泉。同样，如果我们的企业有足够的创新或先进的技术，那么必将成为媒体追逐的目标。

7.5.4　文化

企业文化也是企业的重要组成部分之一，比如一些成功企业的经营理念、管理方法等都是人们关注的焦点。媒体对于此类话题的关注度也越来越高，对于好的素材，往往都会进行深入报道。所以，如果我们的企业文化比较与众不同，具有足够的特点，那么就把它充分展示出来吧。

7.5.5　事件

对于企业，往往本身并不引人注目，但是企业中发生的一些事却亮点十足。比如曾经联想收购 IBM、吉利收购沃尔沃，都占据了大量的媒体头条；再比如互联网历史上里程碑事件：QQ 与 360 之战，更是轰动一时。当然，不是所有的企业都经常有大事发生，如果实在没有事件，那么也可以制造一些事件出来。具体的可以关注第 14 章中的"事件营销"。

7.5.6　活动

对于有特点、有意义、有影响的活动，大都会引起媒体的关注和报道。在这方面，一些大的公司和企业已经做得非常深入。在这里提醒一点，企业在策划活动时，一定要提前策划出足够的亮点，为媒体准备好充足的素材。

7.5.7　人物

一个企业能够做大、做强，走向成功，其中必然有一些人发挥着重要作用，而往往这些人物身上都具有一些常人所不具备的特点，这些都是新闻点、亮点。其实普通大众，也都渴望了解这些成功人士背后的故事，那么挖掘成功人士背后的故事不仅能够满足新闻宣传的需求，更能为企业的对外形象注入人性化的一面。

这也是为什么现在的企业在成功后，老总都喜欢不停地抛头露面，甚至著书立传的原因。

7.6　如何写行业类软文

行业类软文，就是指面向行业内人群的软文。此类文章的目的通常是为了扩大行业影响力，奠定行业品牌地位。一个企业的行业地位将直接影响到其核心竞争力，甚至会影响到最终用户的选择。比如，当我们为企业建站时，一定愿意选择与那些行业知名度高且具有一定影响力的公司合作。

根据经验，行业类软文从以下 5 点去切入，更容易建立知名度和影响力。

7.6.1　经验分享

此类文章以传播知识与经验为主，实际上是利用心理学中的"互惠原理"去感染人、影响人，继而建立品牌地位。在这里简单解释一下互惠原理。

中国有句俗语，叫"吃人嘴短，拿人手软"，任何人在接受了别人的馈赠后，都会想着要回报对方。这是全人类基因中一个共同的特质。假如说，正在读本书的你，有一天来到北京，恰巧在公交车上遇到了素不相识的我，通过交谈后，发现我们是老乡，而且你是第一次来北京，人生地不熟的，无依无靠，于是我义务地当起了向导，不仅帮你安顿好住宿，请你吃饭、出游，甚至还帮你解决了工作问题。这时，你会怎么样？肯定是把我当成非常好的哥们，并且总想着要好好地回报我，因为你认为我免费给予你太多了。而对于我，可能只是举手之劳。

好的公关、营销和销售人员，都善于利用心理学中的一些原理做工具，去为自己服务。而互惠原理就是其中常用的一条。

经验分享型软文也是基于此原理，在你分享经验的同时，其实也是在免费给予读者知识，帮他们少走弯路、解决问题。而读者免费接受了你的馈赠和帮助后会如何？肯定是想着回报你。但是他们又不认识你，那他们该如何回报你？那只能是回报给你口碑，向身边的朋友、同事、同行去推荐你、赞美你。在这个过程中，你的知名度与影响力自然就建立起来了。

7.6.2　观点交流

如果说经验分享型文章是以知识服众，那么观点交流型文章就是以思想取胜。而且相对于前者来说，此类文章更好写，不需要有太多的经验，只要有思想、善于思考和总结即可。此类文章通常都是以独到的见解、缜密的分析、犀利的评论为主，让读者从心理上产生共鸣，继而建立品牌地位和影响力。

大家可以随便打开一些行业网站内的专家专栏，很多文章都是以此为主的。

对于那些不擅长写软文的朋友，在这里告诉你一个捷径：你可以围绕某篇具体的文章进行评论，对其内容加以点评、修正与补充，最后以此组织成文章。

7.6.3　权威资料

无论哪个行业，几乎都有一个共同的需求，就是迫切需要各种行业调查数据、分析报告、趋势研究等资料。比如 CNNIC 每次发布互联网调查报告时，大家都对其趋之若鹜。甚至有些行业报告，千金难求。若我们有条件进行一些分析调查、数据研究等工作，或者有条件搞到一些独家的资料，那么完全可以发布一些基于这些数字、报告的软文，必将大受欢迎。

7.6.4　人物访谈

对于不擅长玩笔杆子的人，"写"是一件比较痛苦的事情，如何从痛苦中解脱，并能达到相应的效果呢？在这里分享一个终极的解决方案，那就是"人物访谈"。简单地说，就是针对行业内的名人进行访谈，然后将访谈内容整理成文章发布。这么做，第一个好处是不需要你自己组织大量的内容，只要邀请好访谈嘉宾，准备好问题即可，甚至问题都可以让听众帮你想；第二个好处是在访谈的过程中，还可以让自己积累到许多优质的人脉资源与媒体资源；第三个好处就是能够快速奠定行业品牌与影响力。

提到访谈，可能很多人会觉得比较遥远，感觉访谈应该是媒体的"专利"。在以前确实如此，我们普通人是根本无法组织和策划这样的访谈活动的，因为缺乏平台。但自从有了互联网之后，这种不可能就变成了可能。只要你有一个小小的QQ群，就可以打造一个专属的访谈节目。在这里说一个真实的成功案例。

我有一位朋友，叫老K，真名管鹏。相信互联网圈的很多朋友对这个名字都不陌生，他是圈内知名人士，目前担任炎黄网络副总经理。老K之所以能在圈内如此出名，将炎黄网络的业务搞得如此红火，在很大程度上是因为他的"安徽站长访谈"。

老K所在的炎黄网络是一家IDC公司，众所周知，IDC行业竞争异常激烈，而且此类公司尤其看重行业地位与影响力。所以老K便组织了一个安徽站长访谈的活动，访谈的平台就是QQ群。访谈每期都会邀请一位业内的知名站长（以安徽本土站长为主）来分享其成功经验。同时利用访谈，老K还整合了许多优质的媒体资源——他邀请了许多业内的知名网站做支持媒体，作为条件，支持媒体需要及时发布每期的访谈实录，而作为回报，在每篇访谈文章中，都会推荐和宣传这些媒体网站。

目前安徽站长访谈已经成功举办了近百期，在这个过程中，老K与炎黄网络的品牌知名度与影响力一点一点被奠定起来，甚至这个访谈平台本身也成了品牌。

7.6.5　第三方评论

以上四点，主体都是自己，需要企业亲自操刀。但是从自己嘴里说出来的东西，总会显得不客观。所以最后一种方法就是邀请第三方人士上阵，让他们从客观的角度去评价我们。邀请的对象，最好是在业内具有一定知名度和影响力的名博、名人，如果实在邀请不到这样的人，那么也可以自己操刀，成文后以第三方的名义发布。

评论的内容，也不一定非要限于正面的，负面的也可以。但是注意，如果是负面评论，最后一定要能够再给圆回来。其实有时候，负面内容的传播效果要比正面的好。所谓"好事不出门，坏事传千里"，受众往往更愿意关注一些负面的消息。

比如业内某著名视频网站，上线初期推广时，主要用的就是此策略。当时打开相关的网站，铺天盖地的全是该网站的负面新闻和文章，这些话题吸引了大量不明真相的群众围观，并围绕这些话题展开讨论。甚至一些博主、写手受此气氛感染，还自发撰写各种评论、文章。该网站又引导这些群众和博主，分成正反两方进行辩论。而吵着吵着，这个网站就被"吵"火了。

7.7　如何写用户类软文

用户类软文，是指面向最终消费者或产品用户的文章，大家经常提到的产品软文即属于此类。这类软文的主要作用是增加在用户中的知名度与影响力，赢得用户好感与信任，甚至引导用户产生消费行为。

这类文章的表现形式多样，但基本原则只有一条：以用户需求为主，具有阅读性。从具体表现形式和手法上来看，此类软文可以分为 12 种类型，具体如下。

7.7.1　知识型

随着互联网的深入人心，大家越来越喜欢上网获取信息、学习知识。而知识型软文，就是以传播与企业或产品相关的知识为主，而在传播知识的同时，将广告信息有机结合。比如《糖尿病患者请注意：降低糖化血红蛋白可有效控制并发症》就是一篇以普及糖尿病专业知识为主，并成功植入广告信息的软文。

在互联网领域中，软件行业最喜欢用此类软文进行推广，大家打开各大 IT 门户的软件频道，有相当一部分文章都属于此列。比如笔者随便找了篇题为《巧用网络加速工具 加速网页浏览》的文章，这篇文章表面上是在介绍如何增加网页浏览速度，实际上是在推广某款网络加速工具。但是普通用户看了后，根本看不出该文的真实意思，甚至还在为又学会了一个应用技巧而兴奋。

7.7.2　经验型

这里说的经验型软文与前面行业类软文在第一点中提到的一样，都是利用互惠原理去影响和引导用户。像一些美容保健类产品，非常喜欢使用此法。比如对于"我是如何从××斤减到××斤的""我是如何在×个月内减掉××斤肉肉的"这样的标题文章，广大爱美女性和肥胖人士是绝对无法抗拒的。如果内容再真实一些、实用一些、靠谱一些，然后把要推广的信息巧妙植入进去，那么会取得非常好的效果。

7.7.3　娱乐型

问一下身边的朋友，平常上网都干吗？大部分人会告诉你，上网是为了"玩""找乐子"。没错，对于网民来说，上网最大的目的就是娱乐。即使那些天天对着电脑的上班族，也会在工作时情不自禁地去看一些娱乐内容。所以，如果我们能把软文写得娱乐味十足，将会非常有市场。

比如有一篇流传于网络中的经典笑话短文，标题叫"一只狮子引发的血案"（或"一只狮子引发的离婚案"，正文大意为：有一个男人出差在外，提前回家，想给老婆一个惊喜，结果在家门口听到屋内有男人打呼噜的声音。这个男人默默走开了，发了个短信给老婆："离婚吧!!!"然后扔掉手机卡，远走他乡……三年后他们在一个城市再次相遇。妻子问："当初为何不辞而别？"男人说了当时的情况。结果这次妻子转身离去，淡淡地留下一句话："那是瑞星的小狮子!"

这篇小短文虽然篇幅不长，内容也只是编撰的一个小笑话，但却幽默十足且贴近生活，让大家在开心之余，深深地记住了瑞星这个名字。而且还有相当一部分人，通过 QQ 群、论坛、博客等将它传播出去。

7.7.4 争议型

如果大家关注过近几年出现的网络红人和网络大事件，就会发现一个规律，这些人和事的背后，往往都存在着大量的争议，也因为这些争议，他们才会红，才会火，才会引发公众关注和讨论。

可以说，"争议"是网络营销中最大的卖点。

对于软文写作也同样如此，如果软文内容有足够的争议，同样会达到非常好的效果。这个争议可以是纯粹的话题争议，也可以是事件争议，或者是人物方面的争议。

7.7.5 爆料型

从心理学的角度来说，人或多或少都有点偷窥欲，都渴望知道别人的一些隐私，或者了解一些别人不知道的东西。比如论坛中那些标题中顶着"曝光""揭秘"字眼的帖子，往往点击率都非常高。邮箱里那些带着"绝密文档""被禁资料"词汇的垃圾邮件，都会有不错的打开率。

所以，如果软文从爆料的角度去写，也会比较受关注，而且用户会非常积极主动地去接受文章中要传递的信息。比如下面这篇软文。

购机必看！熟人雷倒你，无比惨！

中秋节那天天气很好，我就决定和朋友出去逛逛街。在公交车上沉闷得想睡时，发生了一段让我和我朋友都比较无奈和抓狂的对话！

甲：节日快乐啊，去干什么。

乙：想去电脑城看台电脑。

甲：看电脑？那敢情好啊，我正去电脑城请我一哥们吃饭。我哥们是在电脑城卖电脑的，就在前天他帮我同学配了台电脑，看我的面子给了我同学蛮多优惠。

从这里开始甲就侃侃而谈，说话声音之大使整个公交车上的人都听得见，似乎意欲要整车的人都知道他是多牛的电脑高手。虽然我没看他的脸，但是我敢很肯定地告诉大家他脸上贴着俩字：得意！

甲先跟乙大致说了一遍基本的配置，说得蛮多的，我记不大清楚，只记得 U 是 AMD5400+，还有个 200 元的低音炮，对这低音炮我印象深刻啊，甲说的牌子我不知道（比较寡闻），当时他哥们说最低 250 元卖给他，他就直接给了 200 元，说，算了，反正都是人情价嘛，给我同学算了。我当时就在车上想，漫步者的 200 元也能买个低端点的吧。显示器他说的是优派的，19 寸的说是 1 300 元，还特夸张地说，你要是 1 300 元能买个优派19 寸的我就服你了，那都是我哥们给的人情价，总共配机才用了 3 700 元（不知道算低音炮没)！总之，这甲就是相当的满足，乙把他当神一样在拜……

听完了他们的谈话我发现不对劲，至于哪里不对劲一时给忘记了。后来下了车才想起来，他没说显卡。我朋友来了句：不用说，肯定是集成声卡、显卡、无线网卡了。我那个汗啊……回到家里无聊，想查一下那熟人大概"人情"了多少钱，显示器优派的 19 寸现在降到 1 100 元左右了，还是官网上公布的，对此我直接无语。然后算一下 3 700 元-1 300元还剩 2 400 元，再减 700 元的 U 那就是还剩 1 700 元，再想一下内存+硬盘+DVD+主板+机箱电源，JS 啊!!! 还是人情 JS!!!

建议大家买电脑的时候自己先在网上查一下产品，这样到时候自己也好看是不是忽悠了你，即使是熟人介绍的也要货比三家，现在的 JS 管你是不是熟人照"宰"不误，光显示器这项就赚了 200 元左右了，这台配机卖家赚了个满载而归，买的人还帮着数钱。拉下脸到处去问问同样配置的，对购机的人来说是没有坏处的。电子发票那是必须要的，不能说因为是熟人就不要发票到时候找他修，修的时候不用说肯定再次"宰"你一笔啦！

切记!!!! 切记!!!! 货比三家!!!!!

从表面上看，这篇文章是在曝光一个"电脑托"的忽悠过程，实际上却是在推广某厂商的显示器（当时 19 寸的显示器普遍在 1 500 元以上，低廉的价格是它主打的卖点）。这篇软文是在 2008 年的时候被炮制出来的，当时取得了非常好的效果，不但网友评论踊跃，甚至还被主动转载。因为想买电脑的人，一定都不愿意被忽悠，那他看了此文标题，就一定会点击观看。而一旦认真看完，就不可避免地被其影响。

7.7.6 悬念型

悬念型，也可以叫自问自答型，表现形式为标题提出一个问题，全文围绕这个问题来进行分析与解答。比如"艾滋病,真的可以治愈吗?""40 岁可以拥有 20 岁一样的皮肤吗?""穷小子是如何成为百万富翁的?"等。标题即话题,通过这个话题来吸引受众的目光。注意,标题中的问题一定要有足够高的关注度,文中给出的答案要符合常识和逻辑,不能自相矛盾,漏洞百出。

7.7.7 故事型

小孩子通常都是听着故事长大的,这是人类最古老的一种传授知识的方式。故事人人爱听,特别是好故事,因为它不仅轻松、幽默,还能从中学到各种各样的知识。将要推广的信息包装到故事里,会收到意想不到的效果。用户在接受了故事的同时,实际上也接受了你的心理暗示,将故事中传递的信息印在了脑海里,继而影响到他的认知和选择。而且故事的形式,还有利于口碑的传播。

比如要是有人问,哪个牌子的打火机最好?在 10 个人中,会有 8 个人告诉你是 Zippo。如果再问为什么?通常对方会不假思索地和你说起许多关于 Zippo 的故事。比如 Zippo 挡子弹的故事、Zippo 和渔夫的故事、Zippo 与飞行员的故事、Zippo 和洗衣机的故事、Zippo 充当信号灯的故事等。

Zippo 这个品牌,在很大程度上是靠这一个个小故事树立起来的,在这些故事流传的同时,也将 Zippo 的品牌理念和形象深深地印到了每一个人的脑海里。甚至这些小故事,现在还在互联网及各种媒体上传播着。

7.7.8 恐吓型

大家还记得赵本山的经典小品《卖拐》吧?范伟一个正常人,之所以被赵本山给忽悠瘸了,最重要的一点就是赵本山从开始就一直在吓他,一直在暗示他的腿有病,且不治疗会成为植物人。最终又暗示他,想根治,就要拄拐。

人的内心深处,都有恐惧和害怕的一面,恐吓型软文就是利用人的恐惧去达到预期效果。这类软文一般是先抛出一个直击用户内心软肋的结论,当用户意识到严重性后,再给他一个解决方案。通过恐吓形成的效果,要比其他方式形成的记忆更加深刻。比如脑白金的经典软文范例《一天不大便,等于抽三包烟》即属于此列,甚至这篇文章到现在还在被传阅。但是操作时也要注意把握火候,太过于出格容易遭人诟病。

7.7.9 情感型

给大家一道思考题:如果一个男生喜欢上一个女孩子,但对方却不喜欢他,那如何才能把她追到手?我相信大家会说出成千上万种答案,但是其中有一个答案是最好的,我相信女孩子也会非常认可这个答案，那就是想办法感动她。

人都有感性与脆弱的一面，特别是女孩子，她们内心轻柔似水又容易多愁善感，没有几个女孩子能够拒绝可以将她内心融化的男孩子。其实做营销推广时，我们就应该抱着追女孩子的心态，把用户当成女孩子追。

假如我们的软文能够像写给姑娘的情书那样，做到以情感人、以情动人，直接从情感上俘虏对方，怎么可能产生不了好的反响呢？像"能够做到这些的女孩（男孩），你一定要娶她（嫁他）"这样的内容，又有多少人看完后能保持内心平静呢？

7.7.10　资源型

好的资源，人人需要。如果我们能将用户迫切需要的好资源进行汇总并传播，那么不但不会被人认为是广告，而且还会大受欢迎。比如一篇名为《北京过生日免单优惠餐厅汇总》的文章，被各大网站和论坛转载，甚至笔者还向好友推荐过。再比如在笔者写过的文章中，转载率最高、好评度最高的一篇不是什么绝世高深的宝典，也不是什么秘而不宣的秘籍，而是一篇名为《可以免费发广告外链的论坛列表》的普通文章。

该篇文章没有涉及任何经验和技巧，甚至写此文时，笔者都没经过任何思考，只是将一些可以免费发广告的论坛地址罗列出来。但是由于这些资源都是大家非常需要的，所以该文成为了笔者博客中最受欢迎的一篇文章。

7.7.11　促销型

喜欢到汽车网站逛的朋友，应该经常会看到这样的文章标题："×××品牌现车紧张，暂无优惠提车等数周""×××品牌无现车，提车周期 2 周"等，或是"×××品牌 8.8折，购车更送交强险""×××品牌现车，购车优惠 4.2 万"等，这些都是促销型软文。通常这类软文直接配合促销使用，或者通过营造"紧缺气氛"，利用"免费策略""攀比心理""羊群效应"等因素来达到营销目的。

7.7.12　综合型

以上介绍了 11 种不同类型的软文写法，但是大家切记，这些都只是工具，具体操作时，不要死搬教条。真正的高手是无招胜有招。所以在执行过程中，先不要考虑这些条条框框，一切以效果为主。只要是能达到效果，不管什么工具或元素，都可以拿来用。正所谓"不管黑猫还是白猫，只要抓住老鼠就是好猫"。

7.8 如何扩大软文的推广效果

前面从大的方面说了软文的一些类型和写法，但是仅仅掌握了这些还远远不够，一篇软文若想成功，若要达到更好的效果，还需要多在细节上下工夫。比如一些四两拨千斤式的小技巧，一定要掌握。

7.8.1 标题

别小看文章标题那短短的十几个字，这里面包含的学问可不小。关于标题这块，重点和大家强调三个问题。

第一，学会做标题党。标题一定要足够吸引眼球，如果用户看了标题，没有点击的欲望，那么正文内容写得再好，也是徒劳的。要从文章中挖掘亮点，多运用那些能够引起用户点击欲望的词汇。

举个小例子：笔者在开心网看过两段一模一样的韩国 MV，都是为了宣传一首歌。但是这两篇帖子的转帖量却有着天壤之别。一篇仅几十个转帖量，而另外一篇却有几万的转帖量。为什么同样的内容，结果却相差如此之多？原因就在标题上，A 视频的标题叫作"韩国××××明星的最新单曲 MV"，B 视频的标题叫作"×××明星在韩国遭禁播的 MV"。

再举个经典的小例子：常逛论坛的朋友，相信在很多不同的论坛上都看过一篇类似的帖子，标题通常叫作"沙滩美女走光图"。光看标题，令人不禁浮想联翩，脑海里涌现出许多美好的画面。而当你心潮澎湃、双眼放光、流着鼻血、颤动着双手打开帖子后，却发现正文内连个美女的影子都没有，只是贴了一张普普照通通的沙滩美景照。而照片旁边则有一个备注，告诉你："美女真的走光了，别乱想了，好好工作吧！"虽然这是几年前的老套路，但是依然在网络上流传，每次还是会有很多人点击和回复。

第二，标题要符合用户的搜索习惯。当我们将软文发布到各大网站或媒体后，就相当于守株待兔，被动地等着用户到这些媒体上观看。但是问题出来了，当这些网站或媒体上的新内容将老内容替换更新掉后，我们的信息会被埋没，用户就找不到我们的信息了。那有没有一种方法可以让目标用户主动就能找到我们的信息呢？答案就是在标题上下工夫。因为大家都知道，很多人找信息，是通过搜索引擎来完成的。所以如果标题能符合用户的搜索习惯，将会大大地增加文章的曝光率。而且这个效果是持续的，只要有用户搜索，我们的信息就会被曝光。

大家可以到百度尝试搜索以下关键词："如何推广商城""如何推广网络商城""如何推广网上商城""推广网络商城""推广网上商城""怎么推广商城""怎么推广网络商城""怎么推广网上商城……大家发现其中的秘密了吧，只要搜索和推广商城有关的词，在结果页里都会看到一篇笔者发布于2009年3月15日的文章《网络推广之如何推广网上商城》。

第三，标题中植入要推广的信息。用户阅读文章的顺序是先看标题，然后点击标题进入正文。但是标题写得再好，也不可能让所有的人都产生点击的欲望。笔者曾经做过一个统计，点击率最高的文章，也只有 10%。也就是说，在 100 个看到标题的人中，能有 10 个点击的人，已经算是非常高的了。如果用户不去阅读正文，我们就无法影响到他，那有没有折中的办法呢？有！直接把要推广的信息，植入到标题当中即可。比如《基因靶向护心一号治疗心脏病前景乐观》一文，标题中虽然只有短短十几个字，却已经将要推广的产品信息完整表达出来了。用户看完标题后即使不阅读正文也没关系，因为推广的目的已经达到。

7.8.2 排版

文章排版格式要正确，这是小学时老师就强调过的知识。但是在实际工作中，恰恰有很多人忽略了这一点，不懂得正确排版。这听起来好像有点不可思议，但绝不是危言耸听。在笔者做编辑时收到的来稿中（包括软文等），绝大部分的文章排版都有问题。甚至现在在"推一把"网站每天的来稿中，排版的合格率不足 10%。很多朋友可能感觉这是个小问题，没什么，但是我告诉你，这个问题很大，而且能够直接影响到你的推广效果。

第一，如果文章排版很差，将会直接影响到用户的阅读体验。试想一下，对于一篇没有段落，标点错误，文字大小不一，甚至五颜六色的文章，谁有心情看下去？即使内容写得再好，也不会有几个人看。

第二，如果文章排版很差，将会增加责任编辑的工作量。软文写完后，肯定要投递到相关网站的责任编辑那里，当责任编辑审核之后，才可以发布。如果文章排版格式正确，那么责任编辑可能只花一分钟就会审核完毕并且发布成功。但是如果文章排版很差，责任编辑可能还要花十几二十几分钟先帮你重新编辑一遍。换位思考一下，如果你是这个编辑，你会怎么做？肯定是直接将这样的文章咔嚓掉。即使你是付费发布，人家也会有意见，因为你浪费了别人的时间。难道你愿意做花了钱还得罪人的事吗？

第三，如果文章排版很差，还会影响到文章的转载率。网站编辑的日常工作之一就是更新文章，所以网络编辑也被称之为网络搬运工。那这些编辑会选什么样的文章进行转载呢？除了文章质量外，就是转载的难易程度。比如同样质量的两篇文章，转载 A 文章需要 20 分钟，转载 B 文章需要 2 分钟，大家会选哪篇？我想大多数人都会选择 A 文章。

其实排版并不是很复杂的工作，涉及的排版知识也很少，全算起来也就 5 条，还都是我们小学时学过的。第一条，每段首行空两格；第二条，段与段空一行；第三条，正确使用标点符号；第四条，分段标题并加粗；第五条，不要乱设字号、字体颜色，全部用默认的。

7.8.3　植入广告

其实在网络营销圈里，软文是大家最常用和最爱用的一个手段。但在实际操作中，很多人却不得要领，写光了许多瓶墨水，效果却甚微。这是为什么呢？原因就是文章写得太"软"了，软得过分了。虽然说软文的本质是广告，但绝不是把软文当广告写，软文的最高境界就是把广告写得不像广告。如果把软文写得犹如葛优的脑袋，广告意图明显而高调，自然不会产生好的效果。

所以在撰写软文的过程中，切忌把它当成广告写，行文时把"软文"二字彻底扔掉。不妨借鉴一下影视剧中植入广告的手法，将产品与内容有机结合，甚至让广告部分具有一定的可读性。

笔者给大家的建议是，每次写软文时，先不要在文章中涉及任何企业信息、产品信息或广告信息，而是当成一篇正常的文章来写作。成文后，再回过头来读一遍文章，看看怎样才能将广告信息不着痕迹地植入进去。

常见的植入方式有：在文章中需要举例时，将企业信息以案例的形式展现；让企业人员以专家顾问的身份出现；或者干脆以留版权信息的方式植入等。

7.8.4　系列文章

有一首老歌笔者非常喜欢，叫《众人划桨开大船》。其中有这么几句歌词："一支竹篙呀，难渡汪洋海，众人划桨哟，开动大帆船；一根筷子呀，轻轻被折断，十双筷子牢牢抱成团；一个巴掌呀，拍也拍不响，万人鼓掌哟，声呀声震天。"一个人的力量是有限的，团队的力量才是庞大的。

软文也一样。如果想达到非常好的效果，那么仅靠一两篇软文，单枪匹马地作战肯定是不成的。最好是写系列软文，进行集团式冲锋。大家注意，这里说的系列软文是指像连载一样，或是相互有联系的文章，而不是说软文数量多了就可称为系列软文。系列文章的好处如下。

第一，加深对产品的印象。仅仅一两篇文章，在用户心中形成的印象会非常有限，可能几天后，用户就彻底忘掉了它的相关信息。而系列软文可以通过长时间不停地冲击用户的眼球和记忆，让用户产生深深的印象，甚至挥之不去。

第二，更好地进行产品诉求。一个产品的优点，是无法通过一篇文章阐述清楚的。而且单篇文章中的产品信息过多，就会使用户产生抵触情绪。而通过系列文章，可以长时间潜移默化地对用户进行产品诉求，让用户在不知不觉中，全盘接收产品的信息和理念。

第三，扩大覆盖人群。一篇文章的影响范围有限，能有千人围观已属佳绩。而系列软文的覆盖范围可以无限叠加，使影响到的人群不断扩大。

打造系列软文并不难，比如可以围绕某一主题展开，如"减肥宝典之……"；也可以以栏目的形式打造，如"××访谈：……"；或者以作者为主线，如"江礼坤：……"；抑或是系列故事，如"1 000 个创业故事之……"等。总之，只要是有一条主线能够贯穿始终，使之形成连载效果的题材，都可以将之打造成系列文章。

7.8.5 打造明星

为什么现代企业会一掷千金请明星或名人做形象代言？这是因为他们的"明星光环效应"会给消费者心理造成强暗示，使得用户对产品的认知度及信任感大幅度提升，让销售成为必然。那如果企业自己打造出来一些明星效果会如何呢？

很多企业做软文推广时，仅仅是利用它来宣传产品，其实这是一种资源的浪费。既然已经动用了这种工具，那么就应该把它的效用发挥到最大。只有如此，才能达到最佳效果。我们写软文时，完全可以顺带打造一两个明星出来，或者通过打造明星的方式去运作软文。这样随着明星知名度的扩大，软文的效果会无限向上叠加。这个明星可以是人，也可以不是人。

第一，打造名人。从某种意义上讲，名人和名博写的文章都是软文，因为这些文章都是在突出他们个人。再总结一下他们的文章，基本上都是以传播知识和思想为主。所以，如果我们的软文也是从传播知识或思想的角度切入，那么可以在文章中多突出作者，将作者打造成名人。当我们的知名度足够高，甚至成为名博时，何愁软文无处发或没效果？

第二，打造虚拟形象。如果实在无人可推，那么可以考虑打造一个虚拟形象。在这里给大家介绍一个比较有代表性的案例——IT168 的"牛哄哄"。

IT168 是中国最著名的 IT 门户之一，而"牛哄哄"是其在 2003 年打造的一个虚拟人物。IT168 让牛哄哄这个虚拟人物发布了一系列原创文章，文章的形式为一集一个小故事，故事的主线全部围绕牛哄哄及他的朋友（比如哄哄妞、马皮皮、猪哼哼等）展开。通过故事向读者普及各种 IT 知识。

由于牛哄哄的文章几乎每天一篇，并且内容辛辣诙谐、幽默搞笑，故事情节引人入胜，能够让读者在笑声中吸取教训，获得智慧。所以很快，牛哄哄的大名就在用户中声名鹊起，并逐步深入人心，不但文章被众多媒体争相转载，甚至还在许多地方开设了专栏。

而牛哄哄的崛起，自然也带动了 IT168 的发展。通过牛哄哄，大家又认识、了解和喜欢上了 IT168。比如笔者，当年就是通过牛哄哄知道的 IT168。

第三，将栏目或产品拟人化。如果我们的栏目或产品足够有特色，那么也可以直接将其拟人化。比如在笔者曾经服务过的《电脑爱好者》杂志中，有一个叫傻博士的栏目。这是一个问答类栏目，专门解答读者使用电脑时遇到的一些疑难杂症。本来这样的栏目很平常，很多媒体都有，本身并无特色。但是 Cfan（《电脑爱好者》的简称）将这个栏目虚拟成了一个博学多才的老爷爷，并为它起了一个非常人性化的名字——"傻博士"。每期通过它的嘴，解答读者的问题。结果这个栏目成为了《电脑爱好者》杂志社创刊至今最受读者喜爱的栏目，也成为了杂志中的一个品牌栏目。

7.8.6　向用户传递有价值的信息

软文要有效果，前提是内容能够打动用户。如果用户看了你的文章后面无表情、心平如镜，一丝感觉都没有，甚至还像吃了一只苍蝇一样不舒服，大骂这是"垃圾""广告"，那怎么可能有效果呢？

如何才能让软文打动用户呢？很简单，不管你的软文写成什么形式、什么样子，但是一定要向用户传递有价值的信息。

假如你能把软文写成武林秘籍，让用户看完后学到真功夫，那用户怎么可能会不崇拜你？

假如你能把软文写成百科全书，让用户看完后解决了他的问题，那用户怎么可能会离开你？

假如你能把软文写成开心词典，让用户看完后哈哈一笑，忘却烦恼，那用户怎么可能不记住你？

假如你能把软文写成绵绵情书，让用户看完后爱上你，那用户怎么可能会不选择你？

其实真正的好软文，应该和正常的文章无异，甚至本身就是经典。比如《西游记》，从营销的角度来说，它就是一部长篇软文，因为其通篇宣传的都是佛教。但是它却是流传千古的经典。

7.8.7　结合其他工具

一次成功的网络推广，一定是整合推广。任何推广方法都不是单独存在的，软文也一样。在软文操作过程中，要注意与其他推广工具相结合。比如 QQ 群就是一个非常好的辅助工具。如果情况允许，建立大量相关用户 QQ 群并植入到文章当中，这会使得在做软文推广的同时，还能够积累到有形的用户资源。而当群的数量达到一定程度后，就会发生质的变化。笔者通过这种方式已经积累了近百个 QQ 群，这些优质的资源，为笔者的工作提供了非常大的帮助。

7.8.8　选好发布平台

当软文内容做得无懈可击后，接下来就进入后期的发布环节了。发布环节很重要，因为它会直接影响到传播的效果。关于这个环节，要重点注意两个问题。

第一，选择内容源网站。什么是内容源网站呢？比如一篇文章发布到新浪后，会被许多其他的网站转载，这样的网站就叫内容源网站。如果能将软文发布到内容源网站，就意味着会被许多网站主动转载，增加传播的机会和曝光率。所以在发布软文时，内容源网站是第一选择，即使做些公关也是值得的。

例如，网络营销类的网站有推一把（www.tui18.com）；站长类的新闻源网站主要有 A5 站长网（www.admin5.com）、中国站长站（www.chinaz.com）；互联网行业类的新闻源网站有 DoNews（www.donews.com）、艾瑞网（www.iresearch.cn）；IT 产品类的新闻源网站有 IT168（www.it168.com）、天极网（www.yesky.com）等。与它们相关的同类网站，都喜欢到这些网站转载内容。

第二，广为发布。文章写得再好，但是如果大家看不到，也是无意义的。也就是说，在软文质量有保障的前提下，还要尽可能地让更多的人看到这篇文章。怎么能让更多的人看到呢？最根本的方法就是广为发布，只要是相关的网站，有用户的网站，就去发布。网站的形式不限于资讯站，包括论坛、博客、SNS，只要是能够发布的渠道，就尽可能占领。

第三，积累发布渠道。在实际操作中，很多朋友反映软文无处发布。在开启软文工程初期，肯定会遇到这个问题，特别是对于那些没有公关费用的朋友，尤其苦恼。但是罗马不是一天建成的，优质而顺畅的发布渠道也是需要不断积累的。在工作中，我们要随时注意渠道的积累和维护。特别是与这些网站工作人员的关系，尤其要重点维护。

关于软文的学习，就此告一段落。关于软文，没有捷径可走，只有一个办法：多写、多练、多实践。所以，笔者建议大家建立一个博客，养成写博客的习惯。如果你能每周至少写一篇 2 000 字以上的软文，并且至少坚持一年以上，那一年后，你一定会成为一名优秀的写手。

7.9　实施时的注意事项

在具体操作实施时，有几个关键点一定要注意。

7.9.1　选好宣传点

要深入了解产品的特性与目标用户需求，结合用户的实际需求与问题，找出最能够打动用户、最能够对用户产生帮助的卖点来作为宣传点。注意，主打卖点不要与其他同类产品类同，要有差异化，要体现出我们的特色。

软文的内容不一定非要用华丽的辞藻，也不能如答试卷一样公式化，最重要的是要同用户推心置腹说家常话，把要传递的信息绵绵道来，植入受众群体心中，这样创作出来的东西才是最有力的软文营销！千万不要用所谓万金油的方式闭门造车，用所谓的模板制造一些毫无实质的内容，或者干脆赤裸裸地进行宣传，通篇都是广告。

7.9.2　选好宣传阵地

软文写得再好，但是如果用户看不到，还是等于白玩。所以一定要建立足够多的软文发布渠道，而且这些渠道面向的最终用户，一定是适合我们的精准用户。

7.9.3　制订计划，执行力最重要

想通过一次软文营销就能带来很高的销量，或者大幅度提高网站的点击率是很难实现的。软文不是硬广告，它的特点是通过文字潜移默化地影响人们的思想，只有通过长期的营销宣传，才能够达到目的。所以在操作时，就需要注意阶段性和长期引导。

另外，只是数量有了，也不行，软文营销想有效果，一定要先制订一个周密而靠谱、非常具有可执行性的计划，并且要坚决贯彻和深入执行计划，不能像软文推广那样随意而为。

实战训练：策划一个简单的软文营销方案

【实训目的】

1. 体验软文营销的过程。

2. 具备初级的软文营销策划能力。

【实训内容】

1. 推广本书作者江礼坤的另外两本书《网络营销推广实战宝典》与《实战移动互联网营销》。

2. 本次新闻营销的预算为1万元。

3. 本次推广的目的是为了：第一，能够吸引一部分目标读者的注意，甚至让他们产生购买行为。第二，让潜在读者在百度搜索一些相关关键词时，能够看到我们的信息。

4. 针对以上需求，策划一个简单的软文营销方案。方案要包括营销的目标、具体的软文篇数、类型、具体的标题、要投放的媒体列表、具体的预算。

【实训提醒】

1. 建议以小组为单位来完成本次实训任务。

2. 如果不知道方案的格式或形式，可以到相关网站（比如百度文库）借鉴其他成熟的方案。

3. 你可以把这个项目完全当成真实的项目进行操作。比如像真实的项目一样，寻找相关的营销公司，进行正常的询价、咨询，甚至是面谈等。

4. 软文投放的目标不一定非得是新闻网站，可以是论坛、贴吧等（论坛、贴吧的成

本低），也可以是自媒体、公众号等。

【实训思考】

1. 应该选择什么样的媒体、网站、论坛或公众号等进行媒体投放？

2. 通过什么方法能够快速找到这些投放渠道的联系人？

3. 同样是 1 万元预算的情况下，如何提升投放的效果？

思考练习

1. 以上面的实训项目为基础，画出软文营销的流程图，包括实施过程中一些具体的注意事项和技巧等。

2. 结合以上实训项目，说说软文营销要成功，最重要的关键点有哪些？

3. 具体撰写一篇软文，并发布到免费的渠道（比如论坛、贴吧）。

第8章
活动推广

8.1 什么是活动推广

通过策划组织各种活动吸引用户参与关注,以此达到宣传推广目的的手段即称之为活动推广。活动推广是个非常好的方法,因为它适用性强,任何企业或个人皆适用。活动规模和投入也可大可小,甚至普通网民在不投一分钱的情况下,也可以组织出有声有色的活动。最重要的是它的效果和作用佳;往小里说,可以提升用户满意度、增加用户黏性;往大里说,可以直接带动业绩与品牌的增长。

8.2 活动推广的作用

具体总结起来的话,活动推广主要有8个方面的作用:

8.2.1 带动流量

流量是网站的命脉,如何提高网站流量,这是许多网站管理人员苦苦追寻的答案。而好的活动,可以对流量起到非常大的促进作用。笔者曾经就职的公司旗下某杂志搞过一次历时近半年的"封面精灵"评选活动,活动主要是通过网络进行。结果在活动期间,网站的日流量翻了几十番。

不过注意,活动所带来的流量,通常只是暂时性的,往往活动一结束,流量就会回落。所以想通过这种方式让流量持续增长,就需要保持活动的连贯性。

8.2.2 带动销售

在传统营销方式中，活动营销、会议营销被很多销售人员奉为制胜法宝。一场好的活动或是会议，能带来几十万元、几百万元甚至上千万元的订单。而在网络上也是如此，好的活动对销售也会有极大的帮助。如在 2010 年淘宝商城光棍节活动当天，单日交易额达到了 9.36 亿元，而在 2015 年则达到了 912.17 亿元。像秒杀之类活动更是网店和商城的促销利器（见图 8-1）。

图 8-1 "双 11"活动

8.2.3 带动注册

对于互动型网站、网络商城等，用户注册量是重要的考核指标。但是提升注册量要比提升流量难得多，因为想提升流量，只要让用户来浏览页面即可，而前者却在这个基础上增加了一个让用户注册的运作，这个小小的门槛，会让很多人望而却步。而有效的活动，会刺激用户的积极性，让他们主动来注册。如著名团购网站美团网在刚上线时，举办的愚人节活动，为该网站增加了 13 468 个注册用户。对于当时上线还不足一个月的美团网来说，这是笔不小的用户资源（见图 8-2）。

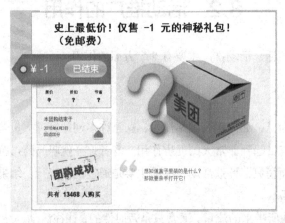

图 8-2 美团网愚人节活动

8.2.4 提升品牌

对于大型的活动，会在行业及用户中，引起非常大的反响，成为被关注的焦点。在这个过程中，品牌知名度及权威性，自然也就建立起来了。比如说悦活果汁这个名字大家一定不陌生，而大多数人，都是通过开心网中的活动，认知这个品牌的。

再比如：网站站长，一定对康盛创想一年一度的站长大会非常向往；IT 圈人士，一定听说过计算机世界的 IT "两会"；SEO 界的同志，也肯定对 Admin5 的 SEO 大赛不陌生。注意，想通过活动带动品牌的话，活动的规范和覆盖范围不能过小，而且活动最好有一定持续性，比如说每年一届。

8.2.5 带来内容

对于网站来说，如何获取优质内容（如文章、图片、视频等），是个比较令人头疼的问题。不仅是网站，对于产品也是如此。如果能让用户在网络论坛或是博客中，写一写使用产品的感受，发表一些评论，一定会引发非常好的口碑效应。那如何才能有效地获取到这些内容呢？活动是个不错的选择。比如说最传统的网络征文大赛。这里说一个案例：

某作文网站上线初期，想获得一些优质内容，但是网络上的内容同质化非常严重，而其本身又是个人网站，不可能投入巨大的资源做原创。思来想去，其站长决定以活动为切入点，举办作文大赛来搜集内容。结果在活动中，一共征集到了万余篇原创内容，而最后算下来，花费仅仅几千元，平均每篇内容才几毛钱。

8.2.6 搜集数据

在营销推广工作中，用户数据起着举足轻重的作用，特别是后面将要讲到的数据库营销，更是以数据为核心。但是如何能搜集到更多的有效数据呢？这是很多人一直在研究的课题。传统的方式基本上还是一对一的，比如说街头的调查、电话调查等，但是这些方式普遍存在着成本高、效果差等弊病。而互联网的出现，让我们有了更多新的选择。通过网络活动来搜集数据，将使效果大大提升，而成本也是直线下降。如笔者曾与某游戏公司合作在某网站做过一次有奖调查活动，前后一共才花费了不到 200 元钱，但是却搜集到了5 000 余份详细的用户数据，单用户成本几乎为零。

8.2.7 提升用户的忠诚度

丰富多样的活动，会极大增加用户的忠诚度。尤其是对于网站，黏性很重要，只有黏性高的网站，用户才会喜欢，也更容易盈利。而活动是提升网站黏性、增加用户活跃度的良药。

8.3 策划活动的要点

策划组织网络活动，要比策划组织传统活动的门槛低很多，因为依托于互联网，可以省去很多繁琐的环节，活动的可控性也更高。普通的网络活动，策划起来非常简单，关键掌握好其中的几个要点即可。

8.3.1 活动的门槛要低

不管什么样的活动，门槛都不要设得太高，如果门槛过高，就会影响到最终的活动效果。这个门槛有两方面的含义：

第一是指活动的目标人群。活动面向的人群越初级越好，因为越是高级用户，用户群越少。而且高级用户，对于活动的热衷度远不如初级用户。

第二是指活动规则。规则应该越简单越好，规则越复杂，用户的参与度就会越低。

8.3.2 活动回报率要高

活动一定要让用户受益，要让用户得到足够的好处，只有活动的回报高、奖品丰厚，用户的积极性才能被调动起来。活动奖励可以是物质上的，比如手机、电脑、相机等；也可以是精神上的，比如荣誉、奖杯、名人的签名等。

但是注意，奖品在丰厚的基础上，还要有一定特色和吸引力，不要总是千篇一律，或是和其他的活动雷同。笔者以前工作过的网站，经常搞各种实物活动，奖品很丰厚，有音箱、高级鼠标键盘、显卡声卡主板等，甚至还有手机、MP4。但是由于每次活动奖品都是老三样，结果最后几百元一套的高级音箱，都没人愿意要了。

同时还要注意提升奖品的回报率，大奖固然重要，但是如果一次活动只有几个人才有机会得奖，也会打消用户的积极性。所以在大奖有保障的基础上，尽量多设一些小奖，尽可能让更多的人拿到礼品。

8.3.3 趣味性要强

活动的趣味性越强越好，只有活动有趣好玩，参与的人才会多，活动的气氛才能被烘托起来。如果活动足够有趣的话，甚至在没有奖品的情况下，大家都会积极参与。毕竟上网娱乐，才是大家最终的目的。

8.3.4 活动的可持续性

如果想让活动的效果放大，能够持续的发挥作用，那最好将活动给固定化，比如搞成系列活动，一月一次、一季度一次或是一年一次。甚至经过长时间的积累，活动本身也会成为品牌。

8.3.5 多邀请合作单位

对于非封闭式的活动，可以多找相关的单位合作，比如说各种网站、媒体。因为这些平台本身都拥有一定的用户群，拥有各自的渠道和影响力。通过活动的形式将大家的优势资源融合，可以发挥更大的效力。

8.4 活动的形式

互联网上各种各样的活动有很多，但是不管活动形式如何，万变不离其宗，总有规律可循。常见的网络活动形式，可以分为以下十几种类型：

1. 征集类

比如征集企业或是产品名称，征集 Slogan、宣传语，征集 LOGO 设计等。其实征集作品不是重点，通过活动扩大知名度和影响力才是关键。

2. 评比类

比如各大 IT 网站及媒体，每到年底就喜欢评选十佳软件、十佳厂商等。此类活动是厂商及媒体的最爱。对于厂商来说，又增加了一份荣誉，提升了产品说服力；对于媒体来说，在通过活动做品牌和权威性的基础上，还创造了经济效益。

3. 调查类

此类活动通常是为了搜集各种数据，辅助其他营销推广活动。比如说搜集用户的E-mail进行电子邮件营销，搜集用户的手机号进行短信营销等。

4. 竞赛类

竞赛的目的是通过荣誉感激发用户的积极性，比如通过征文大赛，让用户为网站创造内容；通过软文大赛让用户帮助推广等。在这方面做得比较到位的是 Admin5 站长网每年一度的 SEO 大赛，该活动不仅提升了 Admin5 的品牌影响力与权威性，同时参赛选手在参与活动的过程中，还变相为 Admin5 做了大量推广工作。

5. 游戏类

游戏本身充满着娱乐性与趣味性，所以好的游戏人人爱玩，因为它能给人们带来快乐，大家愿意为快乐买单，这也是游戏行业为什么如此火爆和赚钱的原因。而游戏类的活动，同样可以达到这样的效果，甚至能够让人争相参与。

6. 公益类

公益活动最大的意义是能够树立企业的正面形象，增加美誉度。比如网络公益拍卖、公益募捐、公益培训等，都是大家喜闻乐见的形式。

7. 注册类

注册类活动往往都是为了提升用户注册量，或是搜集销售线索。常见的方式有有奖注册，如注册后就可参与抽奖，且奖品大都非常丰厚；注册送礼，如注册即送积分、金币；介绍注册送大礼，如成功介绍一个注册会员，即送积分，或是抽奖机会等。

国内著名团购网站糯米网上线第一天即获得 15 万余单的好成绩，其成功的因素之一就是推出了"邀请好友返 10 元"的举措（见图 8-3）。

图 8-3

8. 投票类

投票活动在拉动流量方面的效果是非常明显的，如果你的网站想在短期内大幅度提升流量，那就搞投票类的活动吧。因为基于荣誉感及人的显摆心理，大家会疯狂宣传拉票。注意，投票往往是与其他活动形式配合使用的，比如说评选活动、竞赛活动、选秀活动等。

前几日，笔者还在媒体上看到一则消息，一所小学进行大队委员竞选，最后一个环节是网络投票。结果 25 个候选人中，有 19 个人的得票数超过了 1 万，最高的一人达到了 7 万多票，而实际上这个学校一共才 1 100 多个学生。原因不言而喻，都是这些候选同学家长疯狂拉票的结果。虽然这些家长的行为不可取，但是这种投票这种形式的威力却可见一斑。

9. 试用类

此类活动非常适用于产品的推广，特别是新推出的产品。具体操作时一般都是与相关的社区或是网站合作开展，借助他们的人气与渠道来宣传产品。消费者对此类活动还是非常感冒的，参与的积极性也非常高。甚至网络上还有许多专门的试用类网站，流量大都不菲。

10. 团购类

广大消费者与用户非常喜欢团购活动，这点从 2010 年火爆的团购大战就能看出一二。团购活动对于商家来说，能够提升销售业绩、增加知名度；对于网站来说，能够增加平台对用户的黏性，甚至还有创收，实在是一举两得的事情。

11. 促销类

前面说的淘宝网 2010 年光棍节活动，就是典型的促销活动，通过低折扣刺激消费者的购买欲，单日交易额逼近 10 亿元。除此之外，像买一赠一、网络拍卖、网店秒杀、网络商城里的积分换礼品等，也都属于此类。

12. 选秀类

人的骨子里，都有一种表现欲，这是人的基本欲望，是个性突出、有生命力的表现。特别是当互联网将信息传播的门槛拉得越来越低后，人们潜意识中的表现欲被充分释放，发挥得淋漓尽致。看看这几年层出不穷的网络红人就能看出，为了出名，什么都敢做，套用一句广告词，就是"一切皆有可能"。

而选秀类活动，就是让人们充分释放表现欲，在这种活动中，不怕你表现，就怕你不表现。特别是配合投票等环节后，其传播的效果威力无穷。参与活动的人，会想尽办法去帮我们推广。

13. 学习类

虽然互联网目前的主流是娱乐，但是它最大的作用其实是体现在学习上，由于互联网的便捷性，我们可以坐在家中足不出户地学到任何知识。对于能够传播知识的活动，用户是非常的欢迎与喜欢。典型的活动形式有 QQ 群讲座、视频培训、网络访谈、论坛版聊等。

14. 线下类

除了以上这些线上的方式外，最后一种就是传统的线下活动了。互联网毕竟是虚拟的，只有走到线下，才能更贴近，和了解用户。比如聚餐、爬山、K 歌、交流沙龙等，都是非常好的活动形式，这些活动可以增加用户之间的了解，拉近用户与我们的距离，提升凝聚力。

8.5 撰写活动方案

经常在论坛中及 QQ 群中看到有人求方案，其实一份好的方案不是说格式漂亮了、模板好了，就叫好方案。好的方案，主要是体现在内容和创意上，要有可执行性，活动方案也是如此。一份好的活动方案，不在于写了多少页文字、用了多少华丽的辞藻，关键是活动本身的创意和内容是否好，是否容易执行，是否能达到预期效果。活动策划书根据企业的具体情况不同而有较大的灵活性，因此这里重点和大家说一下策划方案时要体现的几个要点。

1. 活动介绍

包括活动主题、活动时间、活动地点、目标人群、活动目的、活动背景介绍（如主办方、协办方）等。

2. 活动规则

包括活动具体的参与办法、面向人群、具体的奖项设置、评选规则和办法等。

3. 活动实施

要说明活动的具体实施步骤，具体时间及大概人员安排，应急预案等。如果活动规模比较大，周期比较长，还要设计好不同阶段的不同方案。

4. 效果预估

要大概说明活动最终会获得什么样的效果，达到什么样的目标。注意，这些数字指标一定是要可以量化的。不能只是说提升了品牌知名度，要落实到具体的数字，如活动页面浏览人数×××万，参与人数××万，被×××家媒体报道，覆盖到了××万人群等。

5. 活动预算

要将活动的支出项目及大概的预算写明。注意，这个预算是和效果及目标匹配的，不能说花了钱却没有任何效果。

8.6 方案范文

下面向大家分享一个某 IT 论坛的活动方案策划书，该方案虽然简单，但是却非常实用。而且由于活动是社区必不可少的一部分，所以该方案对于大家的实际工作非常有参考价值。

迎奥运，×××网攒机大赛活动方案

一、活动主题

迎奥运，××网攒机大赛

二、活动目的

将公司旧网站会员吸引到新网站。

三、活动简介

由于公司战略调整，决定废弃旧网站 AA 网，未来的重点和精力将转移到新社区 BB 网。但是由于 AA 网已经成立×年，用户对其已经有了一定的感情，所以强行将 AA 网的会员转移到 BB 网，容易让用户产生抵触心理，引起用户流失。所以我们决定用活动的形式，将用户一步一步引导到 BB 网。

由于我们是 IT 网站，社区内的计算机爱好者非常多，而 8 月期间又是攒机高峰，所以第一次活动的形式为攒机大赛。

四、参与人群

所有 AA 网与 BB 网会员。

五、参与办法

在 BB 网活动专区发帖。（具体发帖格式略）

六、活动阶段与作品要求

第一阶段：家用型电脑阶段，时间：8 月 1 日～8 月 15 日

参赛作品要求：

1. 整机预算不超过 3 500RMB（配件价格以 BB 网报价为准）。

2. 配置要求为家用型电脑。

3. 不少于 200 字的配置说明及点评。

第二阶段：游戏型电脑阶段，时间：8 月 16 日～8 月 31 日。

1. 整机预算不超过 5 000RMB（配件价格以 BB 网报价为准）。

2. 配置要求为游戏型电脑。

3. 不少于 200 字的配置说明及点评。

七、奖项设置（每阶段各一套）

一等奖一名 康舒 F1 350 一台		价值 199RMB
二等奖二名 罗技 G1 鼠标一个		价值 149RMB
三等奖五名 金士顿 DataTraveler（逸盘）（1GB）		价值 45RMB

八、评选办法

第一阶段（9 月 1 日～9 月 3 日）：由评审团（超版、版主组成）对作品进行初评，评选出 20 套符合要求的配置。

第二阶段（9 月 4 日～9 月 9 日）：对初评的配置进行公示。

第三阶段（9 月 10 日～9 月 28 日）：针对以上 20 套作品进行网络投票，以此排定最终名次。

九、评审标准

1. 配置合理性：各硬件之间搭配是否合理，是否存在兼容性问题。要注意配置是否冗余，如整合主板配独立显卡、声卡就会造成投资浪费。

2. 市场敏感度：尽可能选择市场上的促销产品和市场上容易买到的产品。奇货可居必然造成价格的提升。对一些过气的产品，一定要选择在市场上可以买到的。

3. 性能价格比：在性能相同的情况下，价格的优势将为你的配置带来更多的分数。像一些隐含的性能我们也要考虑在内，比如配置的超频能力如何，也是对性价比评估的标准之一。

4. 个人创造性：DIY 就是要突出个性，针对不同层次的应用，配置也不会相同。我们希望大家尽可能的为不同类型的应用推荐各种配置，对应用有自己的真知灼见，将是得到最高分的捷径。

5. 网友人气度：网友的评价与投票也会成为此次大赛评奖考虑的因素，所以希望大家在自己提交方案的同时，也多多参与评论其他网友的方案，提出中肯的建议或意见。

十、效果预估

获得有效作品×××份，活动总参与人数××万，论坛活动期间日发帖量达到××××帖，论坛注册人数达到××人。

十一、活动预算

1 500 元。

附注一：注意事项

1. 每个会员每阶段只能发一套配置，主楼发配置，2楼发点评，配置不允许编辑，否则取消比赛资格。

2. 禁止论坛管理人员参赛（版主、分区版主、超版、副管和管理员），禁止会员马甲同时参赛，否则取消比赛资格。

3. 作品内容要客观真实，不得含有恶意诋毁、投诉等语言。不得大量重复发表相同的作品内容，发现后取消比赛资格。

4. 投票期间如发现马甲投票或 IP 地址相同的多次投票均取消比赛资格。

5. 复制粘贴的配置、与之前参赛会员配置相同[不同配件少于 3 个（含）]的配置均取消比赛资格。

6. 凡在参赛非规定时间内发配置参赛的都不具备参赛资格。

7. 由于参赛期为一个月，IT 市场价格波动比较大，可能会在中途对预算进行适当调整，以示公正。

8. 配置点评是我们重要的考核环节，配置合理，点评出色的作品才是我们心中的优秀作品。

9. 针对配置相似，内容质量相仿的配置方案，我们优先选择发帖时间靠前的一方。

10. 对于一些不合理的配置我们将会进行过滤，去除不符合参赛标准，如有严重搭配错误的攒机配置。

实战训练：策划一次最美校花评选活动

【实训目的】

1．体验活动推广的过程。

2．具备初级的活动推广策划和执行能力。

【实训内容】

1．针对本校园的实际情况，策划一次最美校花的评选活动。

2．本次活动的目的一是为了活跃校园氛围、丰富学生业余生活；二是为了在网络上提升本学校的知名度；三是通过本活动将本学校的一些优势、亮点等传播出去。

3．策划活动方案，方案越细越好，而且一定要具有可行性。

【实训提醒】

1．建议以小组为单位来完成本次实训任务，每个小组先出一套方案，然后相互 PK，选出最终的执行方案。

2．如果条件允许，方案确定后建议直接实施，变成一次真实的活动实践。

3．如果真实实施的话，涉及的费用建议以拉赞助的方式获取。

4．好的活动，应该有爆点，能够快速吸引人的眼球，让人有参与的欲望和冲动。

【实训思考】

1．如何吸引更多的人参与报名活动？

2．如何吸引用户参与投票？

3．如何能够引导用户帮助我们传播活动？

4．如果要拉赞的话，我们如何给予对方足够的回报？

思考练习

1．以上面的实训项目为基础，画出活动推广的流程图，包括实施过程中一些具体的注意事项和技巧等。

2．结合以上实训项目，说说活动推广要成功最重要的关键点有哪些。

第9章
论坛炒作

9.1　什么是论坛炒作

论坛炒作顾名思义，就是指通过论坛炒作一个话题、一个事件或一个人等。

论坛炒作这个词可能很多人不太熟悉，但是网络炒作这个词相信大家都不陌生。其实论坛炒作是网络炒作的主要方法和手段，很多网络红人、网络事件、大新闻等，都是通过论坛炒起来的。

在第5章中，和大家介绍过论坛推广。论坛炒作和论坛推广从表面上看起来有点像，都是基于论坛或社区，但论坛炒作要比论坛推广复杂得多。

论坛炒作注重的是策略，论坛推广注重的是执行；论坛推广通常只是简单地发外链或发广告帖，一个人就可以操作，没有计划性与策略性；而论坛炒作是经过周密而复杂的策划，为了达到某种营销目的而进行的一系列行为，往往需要团队协作才能完成。

论坛炒作经常需要软文支持，它是实现事件营销、精准营销、口碑营销、病毒营销的重要手段之一。

9.2　论坛炒作的特点

论坛炒作这种营销手段，也是现在主流的网络营销手段之一，不管是专业的网络营销公司，还是各大企业厂商，都非常热衷。主要是因为论坛炒作具有以下几个特性。

1．营销针对性强

论坛是互联网上最早的产品形态之一，特别是随着 Web 2.0 概念的兴起与迅猛发展，网络论坛更是遍地开花。据不完全统计，互联网上至少有几十万个论坛，这些论坛的种类非常丰富，既有综合性的大众化论坛，也有专注于各个领域的垂直论坛。论坛的细化程度高，意味着其用户群也是非常集中和精通的，也就意味着我们可以通过这些平台进行非常有针对性的营销。

同时，论坛炒作的适应性也非常强，既可以作为普通的宣传活动手段使用，也可以针对特定目标组织特殊人群进行重点宣传活动。

2．营销氛围好

论坛最大的特点是互动。一个好的论坛，里面的交流氛围会非常深厚，用户之间的交流深度与感情也会很深。在这种氛围深厚的论坛做宣传，能够达到很好的效果。因为论坛用户之间的信任感强，所以我们的信息更容易被大家接受，容易激起用户的认同，在心理上引起共鸣。

3．口碑宣传比例高

Web 2.0 网站与 Web 1.0 网站的最大区别是，用户产生内容。而作为 Web 2.0 的典型代表，论坛也一样，它只是一个平台，论坛内的所有内容都是由用户的言论产生的。而如果我们传递的信息与产品能够成功激起用户的讨论，那么就会在用户的口口相传之下，产生非常好的口碑效应。

4．投入少，见效快

论坛的低投入是有目共睹的，其一帖五毛的低廉费用，深受广大用户的喜爱。而且由于论坛具有即时发布信息的特点，所以论坛推广的周期性非常短，甚至可以达到马上实施、马上见效的境界。

5．掌握用户反馈信息

在论坛中发布信息，用户会快速响应，我们可以即时掌握用户反馈的信息，第一时间了解用户的需求与心理，这个优势是其他普通网络营销方法所不具备的（比如网络广告，我们根本无法知道谁看了广告，也不知道用户看完广告后，有何意见和想法）。而当我们掌握到用户的这些反馈信息后，就可以及时调整宣传策略及战术，避免走弯路，使方案或计划执行得更顺畅，使效果得到更大的提升。

9.3　论坛炒作的要素

论坛炒作要做好，一定要具备三个要素。

1．人

论坛只是一个平台，这个平台上聚集了成千上万的人，里面的内容也是由真实的人发的真实的文字组成的。我们想在这样的平台得到好的宣传效果，就一定要有人参与进去，要有人能够互动传播才行。所以论坛炒作的第一个要素是"人"，要想尽一切办法去打动论坛里的用户，要引导真实的人参与到帖子中来。重点是抓论坛中的意见领袖和喜欢互动传播的人。

2．引爆

人有了之后，还需要引爆用户的情绪才行。通常，在论坛营销中，这个引爆点都是以话题为主，通过一个或多个策划点，点燃用户的积极性，让用户自愿成为"核裂变式传播"的节点，帮助我们将信息传播出去。

3．渠道

渠道相当于战场，只有占据有利地形，才能取得胜利。所以就需要我们占据各大相关内容源论坛，建立论坛推广队伍，广为传播。如果资金允许，可以适当地做一些公关，比如在各大论坛做一些置顶帖、首页推荐等。

9.4　论坛炒作的操作步骤

9.4.1　第一步：了解需求

这步与本书 5.3 节"论坛推广"中的操作思路差不多，所以在这里就不再赘述了，大家可以回顾一下前面的内容。

9.4.2　第二步：找到最佳的卖点

卖点很重要，没有卖点，论坛用户对我们的信息就不会感冒，而没有了"人"的因素，论坛炒作也就火不起来。在论坛中，比较卖座的点有以下几个。

1．人

与名人有关的事情，总会成为人们茶余饭后的谈论焦点，所以搭名人的顺风车，是一种最常用，也非常简单有效的策略。这个名人，可以是大众明星、行业明人、商业领袖等，也可以是草根英雄、网络红人等。

除了名人外，对于那些有争议的人，或者能够引起广泛关注的美女，也是可以借力的对象。特别是美女效应的力量，不可小觑，大家可以看一下近几年的网络红人，大部分都是女性。

2. 话题

论坛的核心就是话题，所以操作网络营销时，一定要学会制造话题。特别是争议性话题，这是论坛炒作最大的卖点。比如著名的网络红人芙蓉姐姐、凤姐等，都是靠争议出名的，而且她们借助的平台也都是论坛。

其实在论坛中制造争议并不是很难，最常用的一种策略是，第一个帖子不要太完美，留下一些比较有争议性的破绽，然后让网友提出质疑，并最终形成讨论。如果网友没有发现这些破绽，那么我们可以人为地进行引导。但是注意，这些破绽一定不能是产品破绽，而应该是话题破绽。而且这个破绽，最后一定是能够圆回来。

3. 事件

通过事件来进行论坛炒作，是一个非常不错的选择，如借助热门事件，或者直接策划一个事件。如果策划的事件本身争议足够大，还可以引发事件营销。比如本书第14章中提到的凤姐，其成名的过程就是先通过在街头散发征婚传单制造事件，然后将这个事件组织成帖子，在论坛上传播，继而引起媒体关注，最后一步一步走红的。

4. 故事

故事人人爱看，特别是发生在别人身上的故事，更会引起大众的兴趣。所以如果我们能够编撰出好的故事，也会获得非常不错的效果。比如在2010年很火的小月月，在现实中根本不存在，这个人物完全是编撰出来的。而且在小月月相关帖子中讲述的事件，也是一个彻头彻尾编排出来的故事。

再说一个知名的酵母生产商安琪公司的案例。酵母在人们的常识中，是蒸馒头和做面包的必需品，但却不能直接食用。而安琪公司创造性地生产出了可以直接食用的酵母。但是作为一款人们所不熟悉的新产品，而且还是颠覆了消费者认知的产品，其推广的难度可想而知。鉴于此，安琪公司选择了性价比非常高的论坛营销，通过论坛来炒作。

当时是2008年，电视荧幕上婆媳关系的影视剧正在热播，于是安琪公司围绕婆媳问题，策划出了《一个馒头引发的婆媳大战》的论坛炒作方案，营销帖以第一人称讲述了南方的媳妇和北方的婆婆关于馒头发生争执的故事。由于当时婆媳关系是网络上的热点，而该帖又是通过真人讲真事的形式与大家说故事，所以帖子发出来后，引发了不少的讨论，其中就涉及了酵母的应用。这时，营销人员又把话题的方向引入到酵母的其他功能上去，让人们知道了酵母不仅能蒸馒头，还可以直接食用，并有很多的保健美容功能，比如减肥。减肥是女性永恒的话题，而当时正值6月，又正好是减肥旺季，所以那些关注婆媳关系的主妇们同时也记住了酵母的另外一个重要功效——减肥。

当然，在这个过程中，也做了大量的辅助工作，比如在各大论坛进行推荐；通过专业的发帖团队，进行互动引导；对于帖子中一些不当的言论，及时进行处理等。

该项目执行一个月后，安琪公司的电话量陡增，网络上关于"安琪即食酵母粉""安琪酵母粉"的信息量也大幅提高。传播前，在谷歌搜索"即食酵母粉"网页结果为 11 900 条，搜索"酵母减肥"网页结果为 368 000 条；一个月后，在谷歌搜索"即食酵母粉"网页结果为 368 000 条，搜索"酵母减肥"网页结果为 769 000 条。

注意：

以上说的这些点，只是起到抛砖引玉的作用，大家在实际操作时，不要死搬教条，要灵活运用，只要能够引起用户关注的点，都可以深挖。而且在具体策划时，要多策划一些卖点，所谓东边不亮西边亮。

同时，做论坛炒作时，使用的文字一定要符合社区文化的特色，要用网络语言说话，而不是咬文嚼字，脱离实际。

9.4.3 第三步：制造不同阶段的话题

论坛炒作的效果想持续，就要像策划电视剧一样，针对不同的时间制订不同的话题。这也是和论坛推广主要的区别之一（论坛推广，往往一个帖子就是一个话题，甚至没话题）。论坛炒作的话题应该跌宕起伏，情节牵动人心，出人意料，让用户像看电视剧一样过瘾。只有不停地制造新的话题，效果才能不停地延续放大。

大家可以盘点一下历年来的网络红人，其中大部分网络红人都是昙花一现，匆匆红了几个月之后，便销声匿迹了，往往都是因为后劲不足。

9.4.4 第四步：互动的设计

论坛炒作最理想的状态是帖子一出，应者无数，但是想达到这种效果很难，在实际操作时，不可控的因素有很多，想让用户主动参与进来，并且积极互动并不是那么容易。所以就需要我们提前设计好帖子的互动情节，必要的时候，主动出击，制造气氛，以此来吸引和引导用户参与。

在具体设计时，主题尽量紧扣社会热点，要直击用户心灵深处，足够吸引用户眼球。内容一定要与推广的产品有关联，且能够引起用户的共鸣或讨论。然后围绕主题，设计不同的观点与评论，要有故事、有情节。而且这些设计出来的回复应该激烈而自然，一步一步引出产品，并且能够最终引导用户围绕既定的话题进行讨论，尽量不要让用户偏离我们的产品。

下面这个帖子，是某网校在推一把论坛发的推广帖，是宣传其网络课程的。此帖在推一把论坛引起了非常大的反响，其回复数量是正常帖子的十几倍。下面我们来简单分析一下它的成功之处在哪里！

它的主题帖叫作《80后毕业生十大尴尬之事》，标题就非常的吸引眼球。而在其内容中，也没有一点广告成分；相反，其内容道出了当下社会的诟病，说出了老百姓的心声。所以此帖一出，本身就引起了论坛用户的热议。

在回复中，他们用事先设计好的互动情节，进一步挑动大家的神经，比如"说实话，混个大专文凭出来真的是没屁用，现在一抓一大把的本科、硕士""顶楼上的，我们公司就是硕士和本科多，我就跟小 P 一样，现在正奋发图强升本呢""感觉就是混了四年拿了几个证，现在工作的感觉就是被骗了"等回复让用户看了非常有共鸣。然后通过话题的深入，一步一步引出"边工作边参加成人教育拿文凭，是最划算的解决之道"这个观点。接着又告诉大家，上网校是最佳选择，并最终将话题引到他们的网校上。

80后毕业生十大尴尬之事

总被人称还是个孩子，掐指一算，竟也 25 岁了，可怕可怕，更为苦恼的是，八十年代生人的他们遇到了人生中的诸多尴尬，不吐不快！

尴尬一：大学文凭算哪根葱？

辛辛苦苦小学六年，勤勤恳恳初中三年，废寝忘食高中三年，眼看要走进考场却赶上国家扩招，任他猫猫狗狗也都能混个大学文凭，现在大学文凭算什么葱啊！一个只有脸蛋没有脑子的MM，顺利拿到毕业证，女人啊，美丽的脸蛋就是一种武器。

坦白：正好混了个。

尴尬二：刚毕业就失业？

稀里糊涂大学混了四年，使尽浑身解数拿到英语四级、计算机三级证，毕业证、学位证二证在手却怎么也找不到如意的工作，有的连工作都找不到——刚毕业就失业。

坦白：混了四年拿了几个证，现在工作的感觉就是被骗了，谁叫我们都是"第一次"啊，现在的大学生值几个钱啊。

尴尬三：干得还没民工开心！

千辛万苦进了外商独资企业当白领，还是世界五百强，才发现原来中国现在遍地是外企，五百强有499家都在中国有分号。干白领的活承受巨大压力，天天加班挣得比民工又多不了多少，稍微发点牢骚就有老外拍桌子：你****什么玩意儿，上午把你 fire，下午我就能找一个！

坦白：从一个外企掉进了另一个外企。悲哀。

尴尬四：房子是心头之痛！

福利分房早已成为明日黄花，住房公积金少得可怜，又赶上无耻之徒畜牲一样遍地炒房，辛辛苦苦工作了一年，才发现如果不吃不喝睡大街，一年攒的钱才能买四五平方米住房，贷款住进新房一点都开心不起来——要还20年的贷款啊！

坦白：没敢想买房，只想把房租交上。

尴尬五：哪里有"真"可言？

小时候教育要做个诚实的孩子，中学、大学又普及诚信教育，工作后却不得不抽假烟、喝假酒、说假话，上了拿假文凭人的当，在假发票上签了字，最糟心的是——好不容易网恋谈了个女朋友，一见面才发现是个恐龙。

坦白：虽然假话倒是不说，但是假酒倒喝了不少，人在江湖，身不由己。网恋更是不敢，谁知道对面跟你聊的是个男的还是个老太太呢。

尴尬六：发现"所学无用"

他们说计划经济的教育已经跟不上时代，他们说要普及素质教育，结果我们什么都得学，什么都刚摸到皮毛却连皮毛都不知道。一旦参加工作，发现原来在学校里什么都没有学到，得花大把大把的钱去上这个班、去考那个证。班上完了，证也考到了，发现自己还是一个二百五。

坦白：越来越发现自己真的是个250。

尴尬七："网"上人生的迷茫！

电子信息产业高速发展，网上信息如潮如涌，不论是垃圾还是精华都让人疲惫不堪，没手机、没电脑人家会觉得你生于六十年代，有人天天打游戏，有人天天上网，也有人天天在网上钓鱼——美人鱼出现的概率小于万分之一。网络，好大一张暧昧的温床。

坦白：即使出现美人鱼，也是人家的。何况我要的是帅哥。

尴尬八：对社会心灰意冷！

从小学完雷锋学赖宁，接着再学李素丽、孔繁森，之后还有济南交警，还有抗洪英雄，还有在异国他乡被炸死的记者，还有……说一套做一套，表面文章做足了接着自私自利。

坦白：看透了社会，就是蒙人玩。

尴尬九：一事无成，一钱未赚，一权未谋！

闯荡社会若干年，发现一事无成，一钱未赚，一权未谋，逼不得已重新拾起书本泡在这个考前冲刺、那个精华笔记、那个制胜宝典、那个某某密题中，希望能够再去学校混个更高一点的文凭出来好混日子。

坦白：回想起在学校的日子那叫爽啊，可惜没能珍惜。

尴尬十：谁把我们放在了眼里？

美好的生活属于谁呢？二十年前，"属于我，属于你，属于八十年代的新一辈"，十五年前，"太阳是我们的，太阳是我们的，月亮……"十年前，"让我们期待明天会更好"，八年前，"不经历风雨，怎么能见彩虹，没有人能随随便便成功"，现在"我闭上眼睛就成天黑"。

坦白：90后的人初生牛犊不怕虎，谁都没把80后的放在眼里。

9.4.5　第五步：阶段性的手段和方案

论坛炒作不像论坛推广那样，只发一个帖子也行。论坛炒作的项目，往往周期比较长，而且是由若干不同的阶段组成的。所以在策划论坛炒作方案时，我们就需要提前设计好不同阶段的方案及相应的手段，包括不同阶段的传播点、不同阶段的传播平台、不同阶段的传播手段、需要用到的人力及物力。

假如说我们要通过事件来炒红一个人，那么大概可能有三个阶段。

第一阶段，先选择一个比较大的内容源论坛作为传播平台，传播的点是先发布事件预热帖，比如告诉大家，我要在某月某日到某广场裸奔求爱，希望大家支持我云云的。然后，此阶段的手段是设计一些互动情节，将此帖在论坛内炒热，引起大家的关注。用到的人力、物力大概是10个人，费用为××元等。

第二阶段，在裸奔当天，拍好现场图片，组织好文字，然后继续回到这个论坛发布事件的后继报道帖。此阶段的传播平台还是以这个主战场为主，具体内容围绕当天的事件，以普通用户的口吻撰写和发布，而且要模拟不同的用户发布不同观点的文章。同时利用大量的马甲，将这些帖子彻底引爆和炒火，让这个话题彻底占领该论坛。此阶段用到的人力和物力可能就需要翻倍，比如需要20个兼职人员，费用为×××元等。

第三阶段，在这些帖子火了后，开始将战场扩大，这时候传播的点就扩展到其他相关的大论坛，传播的点以转载主论坛的内容，以及在其他论坛继续制造评论为主。此阶段需要50个兼职人员，费用为××××元等。

注：只是简单模拟举例，与实际情况不一定相符。

9.4.6　第六步：数据的监控

在进行论坛炒作时，除了监测一般的咨询量或销售量等常规数据外，还要监测以下几个比较有针对性的数据。

1．点击量

帖子点击量是最基本的一个数据，没有人点击观看，后面的一切计划都无法顺利执行。如果点击量过低，第一个原因可能是标题不够吸引人；第二个原因可能是论坛的人气太低。

2. 回复量

光有点击量，也不成，如果大家只看帖，不回帖的话，还是白搭。如果回复量少，第一个原因可能是主帖内的卖点不够，话题设计得不吸引人；第二个原因可能是发布的论坛或板块不对路。

3. 参与 ID 数

有了回复量也不应该高兴得太早，还要看一下回复的 ID 数。即使回复量再大，但是只有相同的几个 ID 在帖子里聊天的话，也没多大意义。如果参与的人少，也同样可能是卖点和话题不够好，或者选择的论坛或板块不对路。

4. 传播量

有多少论坛转载了我们的帖子，也是一个很关键的数据，被转载的次数越多，效果才能越好。不过，通常想让用户自发大量转载比较难，一般需要我们自己先组织人员主动传播才行。

9.5　不火的原因

在实际操作中，事与愿违的事情时有发生，经常是大家在策划阶段计划得非常完美，而在具体实施时，却不温不火。下面让我们一起来总结一下在论坛炒作的执行过程中，帖子不火的原因有哪些。

1. 标题问题

在论坛中，用户浏览帖子时第一眼看到的是标题，而且是否点击深入观看，也是根据标题描述来决定的。所以，标题是至关重要的一步。下面和大家分享一个关于标题党的经典笑话，虽然这个小故事恶搞得成分居多，但是却非常有借鉴意义，希望能给大家一些启发。

一家小的电影院才开张，为了吸引顾客打出一张海报，标题叫《一个女人和七个男人的故事》，故事介绍：一个女人莫名晕倒，被七个男人强行拖入树林……

果然第一天电影院人员爆满！到电影放映的时候，屏幕上打出的名字叫《白雪公主和七个小矮人》。

观众集体晕倒，发誓不再来这家电影院看电影！

又过了几天，电影院又打出一张海报，标题叫《一个妙龄女郎和七个行色各异的男人的故事》(绝非《白雪公主》)。故事介绍：一个正值青春的妙龄女郎和七个行色各异、年龄从 18 到 80 岁的男人一起海边踏浪的故事……

观众还是没有经得住诱惑，又买票前往，等到放映的时候，屏幕上打出的是《八仙过海》，观众又集体晕倒！

等啊，等啊，又过了一阵子，突然电影院又打出一张海报，标题叫吐血推荐《七个未成年的男人和一对年轻夫妇》的故事，号称"你不吐血，不要钱"，而且票价奇贵。故事介绍是这样的：七个没有受过教育的未成年的小混混尾随一对年轻夫妇，潜入他们的家中，后来被年轻的夫妇奋力打败，但是突生变故，年轻的丈夫不幸身亡，年轻的妻子被七个混混一起压在身下……

当晚，电影院又如往常一样爆满，等到放映的时候，屏幕上打出的是《葫芦兄弟》!

2. 话题问题

如果标题没问题，那么第二个要检查的是话题设计得是不是有争议性，或者有足够的可谈论空间。如果看完内容，感觉没东西可聊，或者设计的话题激不起用户的讨论兴趣，那么肯定是不可能火的。所以，这就需要我们事先深入到用户当中，去了解用户的需求与喜好，这样才能策划出令用户兴奋的话题。

3. 内容问题

就像前面强调过的，内容一定要符合网络文化特点，要用网络语言说话，不能脱离实际生活。而且内容中的卖点要足够卖座、足够吸引人。多设计些卖点，肯定是没错的。

4. 发布的平台不对

不同的用户群，其喜好和需求也是相差甚远的，甚至完全相反。所以在话题和内容没问题的情况下，还需要找对平台。比如目标用户是 20 岁左右的年轻女孩，策划的内容也是针对这一部分人群的，但是我们却跑到 30 岁左右的白领论坛发布，那么效果肯定是要大打折扣的，30 岁的人和 20 岁的人，关注的事物及喜好肯定是有差异的。

5. 发布的板块不符

每个论坛都由若干板块组成，而这些板块的具体主题是不同的。即使同一个论坛下的板块，用户的关注点也可能会相差很大，越是大的论坛，越是如此。因为当论坛内的用户越来越多时，用户之间的差异性就会越来越大，这时候用户之间就会本着物以类聚的原则，以板块为据点进行细分。所以在选对论坛的前提下，还要找到论坛内最精准和最适合的板块，否则也会影响到最终的效果。

6. 传播的渠道不适合

对于论坛炒作来说，仅在一个论坛发布肯定是不行的，还涉及一个渠道的问题，特别是在配合事件营销、口碑营销等其他活动时，尤其重要。所以选择适合的渠道也是需要认真考虑的问题，比如是选择大众化论坛，还是专注于某一领域的论坛；是用地毯式轰炸，还是选择几个点，重点出击，逐一攻破。

除了以上这些因素外，还要掌握一些基本的辅助手段，比如适当地用马甲烘托气氛，在条件允许的情况下购买置顶帖，组织论坛发帖团队广为传播等，这些方法都会大幅度提高用户的参与度，提升最终的效果。

9.6 应用案例

下面和大家说个比较经典的案例（由于都是些陈述性文字，所以以下内容主要是在相关网络新闻中摘取的）。

案例 红极一时的天仙MM

2005年8月7日，国内某著名网站的汽车论坛出现了一个名为"单车川藏自驾游之惊见天仙MM"的主题帖，发帖人"浪迹天涯何处家（网名）"以文配图的形式发布了一组四川理县羌族少女的生活照，立刻在论坛引起轰动。照片中的羌族少女一袭民族盛装，以其自然清新的面容、略显神秘的气质引来无数网友的赞叹。照片拍摄者"浪迹天涯何处家"更是在帖子中写满了溢美之词："无论远看近视，羌妹子举手投足都有一种美感，与所处环境对比，给人一种严重而且强烈的不真实感。"

帖子一发出去，就被国内外千万网友自发疯狂转帖，天仙MM的名字出现在所有的中文网站上。仅仅一个晚上，这个被称作天仙MM的羌族绝世美女惊动了千万网民，铺天盖地的跟帖、评论像风暴一样，挤爆了网络通道。

没有人见过这样的绝色美女，也没有人相信人世间有这样的美女存在。惊叹的、怀疑的、叫骂的……进入任何一个网站，就像进入了一个巨大而喧嚣的争吵会场，千万种叫嚷的声音，几乎要震破人的耳膜，让人晕头转向。

稍后，这个被人们称作"浪兄"的网友，接二连三地在网上发布天仙MM的新的图片、新的动向、新的报道。天仙MM的消息，迅速走向全球各个中文网站的首页，被放置在最显著的位置，这一消息的关注度疯狂飙升，最高峰的时候，有关这一消息一天的点击率竟然超过了20万次！

在如此短的时间里，天仙MM引起如此强烈的关注，远远超过了人们对其他惊天动地的突发事件的关注！

实战训练：策划一次论坛炒作活动

【实训目的】

1. 体验论坛炒作的过程。
2. 具备初级的论坛炒作策划和执行能力。

【实训内容】

1. 本次实训是延续第 8 章的实训任务，在第 8 章评选最美校花的基础上，再通过论坛来炒作这位最终胜出的校花，进一步提升她的知名度和影响力，甚至使其成为网红。

2. 本次炒作完全在论坛进行，以主题帖的形式进行炒作。要求被炒作的主题帖回复数不低于 500 个，参与 ID 数不低于 100 个，点击数不低于 5 000 个。

【实训提醒】

1. 先要做好详细的执行计划，比如具体在哪个论坛或是贴吧炒作？主题帖具体以什么形式呈现，是校花自述？还是他人爆料？或是直播讲故事等。

2. 要把准备工作做足，比如说是不是要准备一些马甲？是不是要提前想好回帖里回什么？如何引导？

3. 建议全班共同来完成此次炒作，因为对于炒作这种事来说，人多力量大的道理是适用的。但是在策划帖子的主题创意阶段，可以以小组的形式来 PK。然后选出最好的创意主题，全班一起来炒作。

【实训思考】

1. 针对这次实训项目，选择什么样的论坛更适合？

2. 标题如何写能够吸引人点击？

3. 如何才能吸引人回复？

4. 能不能想办法得到论坛管理员的推荐和支持？

思考练习

1. 以上面的实训项目为基础，画出论坛炒作的流程图，包括实施过程中一些具体的注意事项和技巧等。

2. 结合以上实训项目，说说论坛炒作要成功最重要的关键点有哪些？

CHAPTER

第 10 章
博客营销

10.1　什么是博客营销

企业或个人利用博客这种网络应用平台，通过博文等形式进行宣传展示，从而达到提升品牌知名度，促进产品销售为目的的活动，即称之为博客营销。由于博客推广易于操作、费用低廉，而且针对性强、细分程度高，所以越来越受到营销推广人士的喜爱。

博客的英文名简称为 Blog，全名应该是 Web log，中文意思是"网络日志"。"博客"实际上最早是指写 Blog 的人，是由 Jorn Barger 在 1997 年 12 月提出"博客"这个名称的，但是那时候互联网上的博客网站却屈指可数。直到 2001 年，在著名的"9·11"事件中，博客成为了重要的新闻之源，从此一炮而响步入主流。

2002 年，方兴东将博客引进中国，并建立起了中国第一家博客网站——"博客中国"，由此开启了中国的博客时代。方兴东也因此被称为中国的"博客之父"。

10.2　博客营销的特点和优势

下面介绍一下博客营销的特点与优势。

1. 细分程度高，用户精准

博客的主体通常都是个人，其主要体现的是一个人的兴趣、思想、观点、知识等，而由于每个人的喜好均不同，所以博客的细分程度非常高，具体的主题和内容千差万别。大家能想到的和想不到的领域，都有相关博客，其细分程度远远超过了其他形式的媒体。而所谓"物以类聚"，博客的主题定位越明确，吸引来的人群就越精准。所以博客营销是一种比较精准的营销方式。

2. 口碑好，可信度高

博客在网民中的口碑较好，绝大多数网民宁愿相信博客发布的消息，也不相信商业网站发布的新闻。据有关调查显示，博客对网民购物决策形成较大影响，网民对博客广告的信任度高于社区网站广告，25%的受访者相信博客广告，与此形成对比的是，只有19%的受访者相信社区广告。而据另外一个调查显示，博客广告在用户层面的可信度要高于电视广告达24%，高于电子邮件广告达14%。博客之所以如此受用户信赖，是因为博客里的内容都是个人观点的表达，正如在现实世界中一样，消费者更愿意相信其他用户的意见。

3. 引导社会舆论，影响力大

博客是个人观点的表达，体现的是草根的力量。而随着互联网的普及与发展，这种草根力量的强大越来越凸显，博客渐渐成为网民的"意见领袖"，引导着网民舆论潮流。比如"上海钓鱼执法事件"，最早就是被韩寒的博客曝光并引起大众关注的；再比如张洪峰博客的影响力，甚至超越了许多普通媒体。而博客的这种影响力，如果能够被正确引导和使用，将成为企业营销的一大助力。

4. 降低传播成本，性价比高

相对于其他营销方式来说，博客营销的成本非常低廉，甚至可以说接近零成本。最省钱的一种解决方案是：在新浪、搜狐等博客平台申请免费博客，然后指定企业内部人员自行维护。在这种情况下，只需要额外付出一点点时间，就可以达到博客营销的目的。

5. 有利于长远利益和培育忠实用户

前面说过，博客营销的本质在于通过原创专业化内容进行知识分享，争夺话语权，建立起信任感与权威性，形成博客品牌，进而影响用户的思维和行为。而想达到这一目的，是需要在长期执行过程中不断积累和沉淀才能实现的。所以博客营销突出的是长期利益，它的策略是通过长时间地与用户互动交流，培育忠实用户，再运用口碑营销策略，激励忠实用户向他人做口碑宣传。

6. 角色的转变

在传统营销模式中，营销人员一直处于被动地位，要被动地依赖媒体，被动地接受媒体制订的规则。而有了博客后，营销人员可以脱离传统媒体的束缚，拥有了主动权，可以从被动地依赖媒体转向自主发布信息。

10.3 在什么情况下适合使用博客营销

博客营销最适合在以下几种情况下使用。

1. 没有自己网站的企业、组织或个人

若自身没有条件建立网站，但是又想在网络上拥有一个展示和宣传的平台，那么选择博客是明智之举。

2. 本身有限制的网站

比如对于企业网站，本身的内容固定，又没有多少内容可更新，但是又想通过大量的内容从搜索引擎获取流量，这时就可以考虑通过博客来辅助。通过建立博客从搜索引擎吸引流量，然后再导向网站。

3. 辅助 SEO/SEM

很多 SEO 从业者建立博客，主要是为了增加外部链接，以此来提升网站的权重，以及提升关键词排名。也有一部分人是为了辅助 SEM（中文名为"搜索引擎营销"），比如在百度搜索"成都 SEO"这个关键词，在结果页当中，大部分为博客，如图 10-1 所示。

图 10-1

4. 提升品牌

如果我们能将博客打造成名博，那么对品牌的提升也是一大助力。

博客推广的操作方式主要有两种：一种是博客群建；一种是建立品牌博客。

10.4　博客营销的形式和策略

在实际操作中，博客营销主要有 7 种形式。下面介绍这 7 种形式的策略和做法。

10.4.1　企业家、老板博客

此类博客的策略是通过树立老板的企业家形象，或者将之打造成为行业领袖，继而带动企业的品牌形象或影响力。此类博客的内容通常围绕行业来写，一般以犀利的评论为主。

比如潘石屹的博客，点击近亿次，他通过博客在地产圈中赢得了重要位置，中央电视台曾说："潘石屹不是最有钱的，他的公司也不是规模最大的，但他和他的 SOHO 中国绝对是最吸引眼球的。"而且目前潘石屹博客的影响力，已经相当于一家小型媒体，比如SOHO的房子出了什么问题，只要潘石屹在博客中澄清一下，一下子就可以传播出去，根本不用开发布会。

潘石屹的博客营销案例，已经被奉为经典，其至还有人对此专门做了一张分析图，如图 10-2 所示。

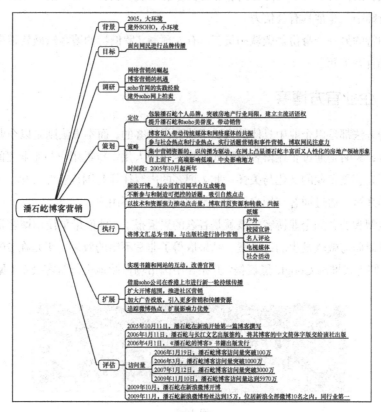

图 10-2

10.4.2 企业员工博客

企业员工博客的策略有两种。第一种策略是通过员工的嘴，将企业人性化与温情的一面展现出来，继而为企业树立一个良好的公众形象，拉近与公众之间的距离。此类博客的内容可以围绕企业生活、企业文化、企业关怀等来写，比如记录一些平常工作中的点点滴滴，说说单位里的趣事，聊聊企业人性化的一面等。

像富士康公司，一直比较受外界质疑，虽然它也做了一系列公关工作，但效果并不理想。其实公众之所以对富士康有诸多微词，与大家对其公司内部不了解有很大关系。而如果富士康能够鼓励内部员工写博客，让他们说说在富士康中的生活，我想情况会大为改观。从普通员工嘴里说出来的东西，比任何公关稿都具有说服力。

企业员工博客的第二种策略是，通过将员工打造成名博，以此来带动企业的品牌与知名度，树立企业形象。比如在美国 IT 圈，有个著名的博主叫罗伯特·斯考伯（Robert Scoble），有 4 000 多个博客和 1 000 多个网站都链接了他的博客，更有数以万计的人订阅他的博客。罗伯特的博客内容主要是围绕 IT 圈撰写，同时也会说一些关于微软的故事，以及点评微软的得失。由于其博客内容非常公正和客观，赢得了大众的信任，特别是在华尔街的分析师中，非常具有公信力。

而罗伯特的另一个身份是微软的员工，有人预测，罗伯特的博客给微软带来的宣传效应至少值几百万美元。

10.4.3 企业官方博客

前两种方法都是以企业中具体的人为主体开设博客的，而本方法则是以企业的名义建立官方博客，策略是通过企业博客的形式，将企业拟人化，拉近用户与企业之间的距离，让用户近距离感受企业的文化与关怀。此类博客的内容往往是围绕企业文化、产品特点、应用技巧等来写，通过博客与用户互动，帮助用户，关怀用户。

比较典型和著名的企业博客大概就是谷歌的黑板报了，他们最早使用博客是为了应对因聘用李开复而与微软发生的诉讼案，结果取得了非常不错的效果，于是在 2006 年情人节之际，他们正式推出 Google 黑板报，开始在中国市场持续地进行博客公关（见图 10-3）。

图 10-3

不过，虽然 Google 黑板报比较成功，也比较典型，但是也有不足之处，比如其博客内容的公关味比较重，而且只是一味地单方面发布，缺乏与用户的交流与互动。无论如何，他们的一些经验还是值得我们去学习和借鉴的。

10.4.4　邀请名博写

前面说的方法，都需要我们自己来操刀，但是有些企业因为种种原因，无法去打造一个比较精致的博客，而现在要说的这种方法就可以解决此矛盾。具体的做法就是邀请名博来写，策略是借助名博的品牌，通过意见领袖的嘴来带动企业的知名度与影响力。此类内容往往都是围绕企业来进行各种正面与负面的评论，制造各种话题，以此来吸引公众的关注。

比如某著名视频网站，当年起步比较晚，该网站刚推出时，土豆网、六间房等早已是视频领域独当一面的大佬，引领着网络视频的潮流。在这种不利的局面下，该网站却在很短时间内便崭露头角，并最终超过了前者，成为视频网站中的佼佼者。而在他们早期的营销策略中，邀请名博评论就是重要的手段。当时网络上到处都能看到该网站的评论文章，其中不乏名博之作，而且相当一部分都是言辞激烈的负面消息。所谓"好事不出门，坏事传千里"，这些负面文章吸引来了大量不明真相的群众，一些能写的群众也开始跟着评论。吵着吵着，网站的知名度就被炒上去了。

10.4.5　引导消费者写

其实最好的策略是让消费者为我们写，因为用户更相信其他用户的意见，通过用户的口碑建立起来的企业形象和品牌，才更有说服力。如何才能让消费者心甘情愿地在博客中写我们呢？主要还是要通过引导。下面举一个非常经典的案例，希望大家能够从中受到启发。

Stormhoek 是英国的一家生产葡萄酒的公司，但它却是一家小公司，而且与所有小公司遇到的问题一样，面临着资金少、资源少、知名度低等问题。他们想宣传，但是却没有钱投放任何形式的广告。所谓穷则思变，有时候没钱不一定是坏事，因为在没钱的情况下，就会逼得人去求变，去想办法。而 Stormhoek 公司也想出了一个好办法，就是通过博客营销来扩大产品知名度，打开销售局面。

首先，Stormhoek 在网络上发布了一条消息，宣称要免费送葡萄酒，任何人只要满足三个条件，都可以免费申领。这三个条件是：

- 已到法定饮酒年龄。
- 住在英国、爱尔兰或法国。
- 此前至少 3 个月内一直在写博客。读者多少不限，可以少到 3 个，只要是真正的博客。

消息发出后，反响强烈，报名踊跃，一周之内，便送出了 150 瓶酒。而 Stormhoek 公司在送酒的同时，还顺便附带了一个小小的请求，他们非常真诚地恳请对方能够在品尝完美酒后，写一写体验和感受。当然，这个要求不是必需的，你可以写，也可以不写；可以说好话，也可以说坏话。

常写博客的人都知道，当把写博客当成一种习惯时，每天都会情不自禁地记录点什么，甚至有的时候还为无主题可写而烦恼。而这时人家免费送了你美酒，而且又这么诚恳地希望你给予一些点评，当然是义不容辞的事了。

在这个活动开始前，网络上搜索不到任何关于 Stormhoek 公司的信息。而 1 个月后，在网络上搜索 Stormhoek 的相关信息有 500 条结果；4 个月后，变成了 2 万条结果。专家估计有 30 万人通过 Blog 知道了这家公司。而 Stormhoek 公司的销售局面也快速打开了。

10.4.6　投博客广告

最原始的一招是"打广告"。其实很多人忽略了博客广告的价值，感觉博客的流量通常比较小，没有什么效果。但是对于一些行业性比较强、圈子性比较强的领域，在博客中打广告还是不错的选择。如果能把某一行业的名人博客广告全部买断，那么肯定会收到意想不到的效果。博客广告的价钱也比较低廉，相当于低价利用名人代言，而且用户对于博客广告的信任度也更高。

10.4.7　博客群策略

博客群策略就是指建立大量第三方博客，以此从搜索引擎获取外链或流量。这种推广方式因为简单、易操作深受新手喜爱。同时一些 SEO 人员也经常用它来辅助 SEO 优化。

不过，此策略虽然操作简单，但想做出好的效果并不容易，需要下些苦功才行。

10.5　品牌博客的建设要点

如果说博客群建是以量取胜，那么打造品牌博客就是以质取胜。想成为品牌博客，定位很重要，前期先要好好策划一番。

10.5.1　博客定位

想成为品牌博客，在定位上一定要体现差异化。如果是单纯的企业博客的定位，那么相对来说比较简单，一般都是围绕企业所在的领域或产品。在这里重点强调一点：千万不要把企业博客当成广告发布平台，不要把读者当小孩子一样忽悠，要用心打造博客，要真诚对待每一个读者。

如果是个人博客或行业博客，则尽可能定位于一个空白的领域，寻找差异化空白的最好方法是垂直和细分。以网络营销行业博客为例，现在网络上定位于"网络营销"的博客很多，实际上这不是好的选择。因为做这块的人多了，竞争就激烈，想在这么多高手中成为第一，很难。在这种情况下，不如向下垂直深挖一下，体现出自己的差异化特色。比如：

可以按不同手段来细分，如论坛营销博客、软文营销博客、SEO 博客、SEM 博客等；

也可以按网站类型来细分，如地方站推广专家、行业站推广专家等；

还可以按具体产品来细分，如手机营销专家、农产品营销专家等；

或者按行业来细分，如外贸推广专家、医疗推广专家等。

除了差异化外，博客定位的领域可供写作的素材还应该充足，不能有无东西可写，巧妇难为无米之炊之类的抱怨。

10.5.2 用户定位

要明确目标用户是谁，要知道想影响哪些人，而且要将用户的特点和需求研究透。比如用户的年龄、文化层次；用户主要的网络行为和习惯；上网主要的目的和需求；需要解决哪些问题等。最好一项一项列出来，这关系到下一步的内容定位问题。

尽量定位于一个用户数量足够大，且需求足够多的群体。如果用户量太少，则博客的影响力就难有保证；若用户的需求有限，那么博客内容也就没什么可写了。

10.5.3 内容定位

内容一定要围绕用户的喜好和需求。以分享型为最佳，比如分享各种经验、技巧，帮助用户解决问题，这类博客是最容易赢得用户的；其次是传播思想，比如以发表观点与评论为主的博客。

博客中的内容切忌一味地转载，一味地转载是成不了品牌的，应以原创为主。而且文章总的思想应该是重在给予和分享，要能够帮助用户解决问题，或者让用户学到知识。下面介绍几种比较容易赢得用户认可的内容形式。

1. 引起争议、舆论

在前面的一些章节中反复提到，有争议性的话题是最容易激发用户关注的内容形式。如果博客中写的内容能够适当地带有一些争议性，能够引发舆论的话，则会受到非常多的关注。这也是为什么一些明星、名人和专家等总喜欢在博客里曝一些雷言雷语的原因，他们不是真的想说这些比较"二"的话，而是想通过这些言论引起大众的关注，获得知名度。

2. 有价值的消息、新闻

这里说的新闻不是指那种转载来的新闻或者人人都知道的消息，而是一些比较特别的内容，比如各种内幕，或者发生在国外的新鲜事等，核心思想是满足人们的八卦、猎奇心理。这里说一个比较典型的案例。有一个博客，叫爱稀奇，其定位是"关注一切有关科技、创意、设计和趣味的产品与事件"。在博客建立之初，博主的维护方式很简单，每天到国外网站去看各种新闻和消息，然后将其中最有创意、最有个性的 5 个产品发布到自己的博客，介绍的这些产品一定是国内没有的，或者是大家所不知道的。

现在是一个人人追求个性的年代，而爱稀奇介绍的东西又是那么的新奇有趣，所以这个博客很快就获得了大家的关注。随着时间的积累，很多博友开始提出希望拥有这些新奇的玩意儿，于是爱稀奇又推出了自己的淘宝店，专门销售这些新奇的产品。仅仅一年多，该店就达到了 1 皇冠。

3. 犀利评论、传播思想

用观点与思想说话，最容易折服人。所以，如果我们的评论足够犀利，思想足够先进，那么就用它们去影响别人吧！大部分名博和名人博客，都是以此类文章为主的。比如比较典型的有韩寒的博客、王小峰的博客，它们属于犀利中的犀利。

4. 分享知识、经验

免费的东西人人想要，特别是好的经验与知识，更是无价之宝。所以当我们通过博客免费分享经验、传播知识时，必将会获得用户的认可。用户在受益之余，会用口碑来回报我们。

5. 内容聚合

如果实在写不出来太优秀的东西，那么也可以搜集各种好的资源，然后通过博客分享给大家。比如小众软件、爱稀奇等名博，里面的内容均是以搜集各种资源为主，同样也获得了读者的关注与认可。

10.5.4　更新频率

博客的核心是内容，所以想打造出一个优质博客，首先要保证其内容的更新频率，至少要保证一周发布一篇原创的优质博文。长期不更新的博客，一定不会成为品牌。

10.5.5　正确对待负面评论

所谓人一上百，各色各样，世界上没有任何两个人的思想和观点是完全一样的。所以当博客的知名度与影响力越来越大时，出现一些质疑、负面评论是在所难免的事。有问题不要紧，关键是我们如何应对。面对负面评论，切忌盲目冲动，要冷静对待，妥善处理。因为互联网是透明的，你在网上的一举一动都被无数双眼睛所盯着，你所说的每一句话，做的每一件事，都应该考虑大众的感受，考虑后果与影响。千万不要说任何过激的话，或者有任何过激的行为。

任何事情都要一分为二地看，其实反过来说，有了负面评论不一定是坏事，争议是最容易聚焦用户的，如果处理得当，不仅不会有负面影响，而且还会借着这些争议，增加知名度和影响力。

10.5.6　与用户的互动

企业博客如果只是单方面消息，那么就成了广告博客，一定要多与用户互动，去倾听用户的声音，去关怀用户，这样才能起到应有的作用。比如尽量回复每一条评论；针对评论中用户提出的问题和困难，尽量给予帮助与支持；在博客文章中，对于用户提出的一些问题或观点，给予回应；如果有条件，多组织一些博友见面会等。只有我们重视用户，把用户放在心上，用户才会重视我们，把我们放在心上。

10.6　博客群建的建设要点

10.6.1　多建博客

博客群建，顾名思义，就是要多建博客。但是有些人以为建一两个博客就是博客群建了。比如在推一把论坛里，就经常有类似的朋友提问，为什么建了博客没有效果？而一深究，原因就是"建了小猫两三只"。

至于具体建多少个博客，根据自己的时间和精力来定。从理论上说，数量越多越好。但是注意，一定要在搜索引擎权重高的各大博客平台建立，一些没有什么权威的小平台就不要考虑了。

10.6.2　博客定位

很多人把博客群建理解成建立广告博客，这是认知上的错误。数量多不代表质量就要差。批量建立的博客，同样需要像正常的博客一样，去进行主题与内容的定位。不过，这个定位就不需要像品牌博客那样复杂了，一般都是围绕要推广的产品或关键词展开的。要吸引哪些人，就定位于哪里。

最重要的一点是，一定要模拟真实用户，不能让系统和平台管理人员认为这是广告垃圾博客。这也是为什么很多人在实际操作中，经常被封博的原因。正常的用户，谁会把博客名字起成"尖锐湿疣""无痛人流"？而且博客里的内容除了广告还是广告，这样的博客，不被查封才奇怪呢。

10.6.3　天天更新

虽然叫博客群建，但并不是说建了大量博客就能有效果的。博客建立后，只是完成了第一步。想让它们产生效果，就要和维护正常的网站一样，每天坚持更新才行。一个从来不更新的博客，谁会来关注？不仅是人，就算是搜索引擎，也不会喜欢那些天天不更新的博客。只有博客保持一个良好的更新状态，搜索引擎才会喜欢你，为你带来流量。也只有这样，用户才会浏览和接受你的信息。

更新的数量也要有保证，不能一天更新一两篇糊弄了事。从以往的经验看，每天至少要更新 10 篇以上的文章才能初步达到效果。

10.6.4　转载精品

博客群建并不是建立大量的广告博客，同样，博客的内容也不能是大量的广告信息。要多转载那些与博客主题有关且具有可读性的优质内容。只有内容优质，才能吸引用户和搜索引擎的关注。

10.6.5　相互链接

博客群建本身也需要优化和推广，最简单的方法是这些博客之间先相互进行链接。在这里向大家推荐一种最近流行的优化方法，非常适用于博客群建，它叫"轮链"。

比如我们建立了 5 个博客，即新浪博客、搜狐博客、网易博客、百度博客、和讯博客，再加上一个我们自己需要推广的站——这是"轮"的轴心。接下来开始建设这个轮：先用新浪博客链接搜狐博客，再用搜狐博客链接网易博客，然后用网易博客链接百度博客，紧接着用百度博客链接和讯博客，最后用和讯博客链接新浪博客。现在是不是已经形成了一个轮？我们再把每个博客都链接到要需要推广的主站，以自己的主站为中心轴。这样，一个简单的轮链就完成了。

10.6.6　坚持养博

罗马不是一天建成的，博客群建也不是建立博客后，马上就能看到效果的。至少要按上面说的这些要点将博客养半年以上，才会显见成效。至于成效有多大，那就看能把这些博客的权重养多高了。假如能养出 10 个 PR6 的优质博客，那么收获就会非常大。

10.7　博客的推广

博客是生产内容的地方，所以内容也是博客最大的推广方式，想成为名博，内容一定要有保证，在这个基础上，再寻求其他推广方式。

1. 广为发布

"酒香不怕巷子深"的时代已经过去了，虽然我们不崇尚像"王婆卖瓜，自卖自夸"那样过于吹嘘自己，但是至少要将自己的作品充分展示给大家。笔者见过不少博客，内容真的非常不错，但是那些博文除了在自己的博客发布外，在互联网的其他地方很难觅到踪影。内容写得再牛，即使比鲁迅先生写得都牛，但是别人看不到，有什么意义呢？所以博文除了在自己的博客发布外，还应该在网络上广为发布。每篇文章，至少应该发布到 30个以上的相关网站或论坛。

2. 多提自己名字

从推广的角度说，博文也是针对自己博客写的软文，在软文推广中，我说过要学会在文章中植入广告。所以对于博客文章，要多在文中提作者的名字及自己博客的名字，让大家记住你，引导大家通过搜索引擎登录你的博客。

此举同时也能极大地保护版权，避免被剽窃，因为一般剽窃者，只是简单地去掉文章头尾的版权信息，然后加上自己的信息，但是却不会逐字逐句地去阅读文章。

3. 引诱别人推广

一个人的力量毕竟有限，如果能借助别人的力量，让别人帮助我们推广，是上上策。那如何才能让别人主动帮助我们推广呢？

第一是通过内容或观点。比如能够引起别人共鸣的评论，能够引起别人思考的观点，能够引发争议的言论，能够帮助用户解决问题的经验等。笔者当初做网游商人时，推广的主要策略就是此条，当时很多人专门针对笔者写文章进行评论，如《驳俺们村妇女队长之天币走势论》《驳"魔兽初体验之挑肥拣瘦篇"》等，而在这个过程中，笔者的品牌自然就建立起来了。

第二是帮助别人推广。比如我们写文章时，可以在文中顺便推荐一些其他的优质博客、写手等，而这些被推荐的人看到了这些文章后，大都也会投桃报李，同样在他们的文章中进行回应。这也是对互惠原理的一种运用。

4. 论坛营销

任何论坛都非常渴望优质的原创内容，也欢迎能说能写的会员入驻。所以在写博客的同时，可以选择一些与博客主题相关的论坛长期驻扎，适当地在里面活跃一下，混一下等级，经常与大家互动，帮助新人解决问题等。当你有新博文在论坛里发布时，自然会受到会员及版主的追捧。

5. QQ 群推广

对于博客来说，利用 QQ 群推广是一种非常精准的方法。有两种方式：一是加入大量与博客用户群相符的 QQ 群，平时在里面与大家交流感情，当有博文发布时，在各个群里推荐。

二是建立读者交流群，在每篇文章后面推荐。当读者交流群的数量达到一定规模后，本身也是一个非常好的推广渠道。

6. SEO

我们是为了做博客的品牌，所以 SEO 的思路也是以建立品牌为主。简单地说，就是重点优化那些与博客主题相关的行业关键词。比如说你的博客定位是网络营销，那么就应该优先优化网络营销、网络推广等关键词；其次是网络营销方案、网络推广方法等关键短语。

7. 利用大的博客平台

其实打造名博最快的方法是，让各大博客平台进行推荐，比如说我们的博文能够经常被新浪博客首页推荐，那么肯定很快就会成为名博的。那如何才能够被大的博客平台推荐呢？

首先，我们要摸清楚这些平台的推荐标准，要知道什么样的文章才会被编辑青睐和采纳。这个需要大家长期对那些首页文章进行观察，总结其中的规律。

其次，能够上首页的文章，往往都是紧扣当下社会热点、热门话题的内容。所以我们要跟上潮流，随时掌握社会动态，特别是与我们博客涉及的领域有关的动态，一定要做到了然于胸。

最后，在这两条的基础上，想办法与相关的博客频道编辑建立联系。在关系处得比较到位的情况下，他们就会主动告诉你写什么主题、什么类型的文章会被推荐。

10.8 搭建博客时的要点

如果是博客群建，推荐在权重高的第三方平台申请，比如新浪、sohu、和讯、百度等。

如果是建设品牌博客，则建议以独立域名博客为主，即自己购买域名和空间，然后下载相应的博客程序搭建的独立博客。同时可以在其他平台建立镜像博客，辅助主博客的推广。

对于博客程序的选择，以能够满足自己的需求为宜，不一定要功能越多越好，因为功能越多，就意味着操作越复杂。如果只是简单地发文章，推荐选择 Z-Blog 程序（ASP 语言），此程序非常容易操作，上手非常快，简单易用，特别适合不熟悉程序和代码的人士。

如果要求比较复杂，而且有一些建站的底子，那么推荐选择 Wordpress（PHP 语言）程序。此程序功能强大，甚至可以用它搭建复杂的资讯网站。不过它的缺点也很明显，就是用起来非常麻烦。对于没有程序基础的人来说，可能一个月也不会上手。

10.9　应用案例

再来和大家说一个经典的案例。伦敦有个裁缝，叫托马斯·马洪，他是伦敦萨维尔街（萨维尔街是位于伦敦中心位置的上流住宅区里的购物街，以传统的男士定制服装而闻名）有史以来媒体曝光率最高的裁缝，曾接受过数十家杂志与报纸的专题访问，而且他的生意也是这条街上数一数二的，这一切全是因为他的博客。

目前很多人把博客营销做成了广告博客，围绕企业或产品建立博客后，就是一味地发布广告或销售信息。而马洪很聪明，他并没有用博客来直销西装，而是将之定位成了一个分享交流型平台。众所周知，英国是一个讲究绅士风度的国家，非常注重礼仪和形象，特别是男士，清一色的都是西装。所以马洪博客的主题主要是围绕西装展开，分享和讨论关于高级定制西服的话题，而且马洪讨论的方式相当自然，从不刻意回避什么。通过博客，马洪让读者了解了缝制西装的一些细节、挑选西装的方法等各种有价值的信息。他还会时不时地曝光一些行业潜规则，分享各种实战经验等。

而且马洪的文风，也不像一般人那样刻板或公式化，而是非常的轻松幽默，时不时地还炮制一些英式小笑话，人们在马洪的博客中学到知识和经验的同时，也被这个裁缝的热情所感染。

除了分享外，马洪还会在博客中与大家互动，不仅会解答大家提出的各种问题，还会给在博客中表现活跃的读者送去西装，这一招吸引了更多的人来光顾，也为他赢得了更多的口碑。

马洪的高明之处在于并没有直接把西装展示在博客上卖，而是把博客变成展现真实自我的平台，通过博客与大家交流互动，用自己的真诚去打动用户。这一点，也是目前很多企业所缺乏的。

实战训练：策划建立一个品牌博客

【实训目的】

1. 体验博客营销的过程。

2. 具备初级的博客营销策划和执行能力。

【实训内容】

1. 针对自身的情况，策划和开通一个个人品牌博客。

2. 先策划出方案，然后再执行。

3. 方案要包括博客的定位、名字、内容定位、更新的频率、博客的推广计划。

【实训提醒】

1. 如果条件允许，建议主博客使用独立域名的博客。若条件不允许，建议主博客使用新浪博客。

2. 如果时间和精力允许，所有能够申请博客和专栏以及自媒体的平台，都建议申请，然后同步更新。

3. 方案要具有可行性，建议方案确定后，坚持执行。因为一旦做出品牌，对个人的好处是非常大的。

【实训思考】

1. 针对自身的情况，你认为博客如何定位才有可能做出品牌？

2. 在你的定位范围内，什么样的内容更容易吸引用户点击，受用户欢迎？

3. 撰写博客文章时，有没有什么方法和技巧可以让原创更容易些？

思考练习

以上面的实训项目为基础，画出品牌博客建立的流程图，包括实施过程中一些具体的注意事项和技巧等。

第11章
微博营销

11.1　什么是微博营销

以微博这种网络交流平台为渠道，通过微博客的形式进行推广，以提升品牌、口碑、美誉度等为目的的活动，就叫微博推广。

可能有的朋友不太了解微博这种产品，下面就为大家普及一下相关知识。微博，即微博客（MicroBlog）的简称，是一个基于用户关系的信息分享、传播以及获取平台，用户可以通过 Web、WAP 以及各种客户端组建个人社区，以 140 字左右的文字更新信息，并实现即时分享。最早也最著名的微博是美国的 Twitter，根据相关公开数据显示，截至 2010年 1 月，该产品在全球已经拥有 7 500 万注册用户。2009 年 8 月，中国最大的门户网站新浪网推出"新浪微博"内测版，成为门户网站中第一家提供微博服务的网站，微博正式进入中文上网主流人群视野。

相对于强调版面布置的博客来说，微博的内容只是由简单的只言片语组成。从这个角度来说，它对用户的技术要求门槛很低，而且在语言的编排组织上，没有博客要求那么高，只需要反映自己的心情，不需要长篇大论，更新起来也方便，不过和博客比起来，字数有所限制；微博开通的多种 API，使得大量的用户可以通过手机、网络等方式来即时更新自己的个人信息。

目前主要的主流微博平台有新浪微博、腾讯微博等。

11.2　微博营销的特点

1．操作简单

微博的操作非常简单，只要你会打字，能够写出 140 字以内的内容，然后到新浪、腾讯等免费微博平台申请一个账号，即可开始微博营销之旅。

而且信息发布也非常便捷，不需要长篇大论，100 字左右即可，也不需要任何审核，马上书写，马上发布。

2．互动性强

与传统博客相比，微博的互动性非常强，可以与粉丝即时沟通，及时获得用户的反馈与建议，第一时间针对用户的问题给予回应。

3．低成本

微博的申请是免费的，维护也是免费的，而且维护的难度和门槛非常低，不需要投入很大的资金、人力、物力等，成本非常低廉。

11.3　微博营销的作用

1．使公司形象拟人化，提高亲和力

企业的公众形象决定了用户的黏性与好感度，也会影响到企业的品牌与口碑。如果能将公司形象拟人化，将极大提升企业的亲和力，拉近与用户之间的关系。而通过微博这种产品，将很容易实现这一效果。

举个例子：微博刚火时，广东省肇庆市公安局尝试开通了中国第一个公安微博，此举在社会上引起了巨大的反响。古时候有句民间顺口溜，叫"衙门八字朝南开，有理无钱莫进来"，衙门自古便给人一种高高在上、遥不可攀的形象，受此影响，到了现代，人们对于公安局等政府部门，还是有点敬而远之。而广东肇庆通过公安微博，极大地改观了公安部门在老百姓心目中的形象，拉近了警民之间的关系。人们发现，原来公安干警并不是那么的神秘与冰冷，也有可爱温情的一面。

目前广东肇庆的这种模式，已经被全国多个省市的公安部门所借鉴和采用。

2．拉近与用户之间的距离，获得反馈与建议

所谓得民心者得天下，做公司、做产品同样如此。失了用户的心，一定做不大。所以任何时候，都不能与用户拉开距离，都不能忽略用户的感受与声音。而通过微博这个平台，

将会更好地拉近与用户之间的距离，将会更直接地获得用户的反馈与建议。

众所周知，美国的前任总统是奥巴马，他也是美国历史上第一位黑人总统。而在他成功的背后，微博功不可没。在美国大选期间，奥巴马通过 Twitter（美国微博站点）获得了15 万名粉丝的支持。其成功之处在于通过微博拉近了与选民之间的距离。在竞选期间，奥巴马的团队每天都会在微博上与关注他们的粉丝互动，对用户的信息进行反馈，甚至还会主动关注别人。试想一下，一个平日高高在上的大人物却在小小的微博里面与这些平头小老百姓聊天互动，人们能不投他一票吗？应该说微博在这里只是起到了一个桥梁的作用，因为奥巴马已经很有知名度了，只是缺少一个与粉丝交流的平台。

3．对产品与品牌进行监控

公关人员的基本功课之一就是对公司的产品与品牌进行舆论监控，及时发现问题及解决问题。而有了微博后，可以通过这个平台更好地进行监控。我们可以直接通过在微博平台搜索内容的方式来了解客户在谈论哪些与我们有关的话题，以及对我们的产品抱着一个什么样的态度。

4．引发或辅助其他营销手段

随着微博的普及与深入人心，其作用也越来越凸显，比如通过微博来辅助事件营销、病毒营销、网络公关等，效果非常不错。

比如在曾经的 360 与金山的大战中，"红衣教主"周鸿祎利用微博玩了个漂亮的公关闪电战，甚至直接轰掉金山市值 6 个亿。再比如在近期的京东与当当之战中，微博也成了主战场，双方你来我往在微博上玩起了公关。

如果再往前数，新浪刚推出微博时，就有人通过它成功地玩了把事件营销，炒出来一个网络红人。当时有个叫后宫优雅的同志，自称富家女，天天在微博中曝一些所谓的明星私事，结果一举成为新浪人气榜第二名的人物，在网络上引起了不小的轰动。但是可惜，最后被人识破，原来这是某网络游戏公司为了推广一款新游戏而为之的。不过其思路和手法，还是值得我们学习和借鉴的。

作为一个新生事物，微博营销的作用远不止以上几种，而且更多的功能还有待挖掘与开发。笔者上面列举的几种，也只是起到一个抛砖引玉的作用，希望能够帮助大家拓展思路。

11.4　微博营销的策略

下面再来说一下微博营销有哪些具体的策略和方法。

11.4.1　企业官方微博

建立企业官方微博，是最基本的微博营销策略。但是比较可悲的是，微博都已经如此普及、如此成熟了，还有相当一部分企业没有在微博平台上建立官方微博。那么企业为什么要建立官方微博呢？

第一，作为企业对外展示和树立形象的窗口。微博是中国互联网用户重要的社交平台，用户基数巨大，这个阵地坚决不能丢。同企业的官方网站一样，可以在这个平台展示企业的背景、文化等，以此来树立形象。

第二，用以维护用户关系。微博的即时互动性非常强，通过微博，我们可以和客户建立长期稳固的沟通渠道，与用户随时快速进行互动。而且就像前文所说的，通过微博，我们可以将企业形象拟人化，提高亲和力。

第三，提升客户服务体验。通过微博，我们可以快速对客户的意见和需求进行反馈，加强用户体验，提升客户满意度和黏性。

第四，自主的推广平台。我们也可以将微博作为推广平台来使用，比如可以通过官方微博来传播企业的品牌故事、活动、新闻稿等。同时还可以和企业其他的营销活动相配合，比如配合线上的推广、线下的活动等。

关于建立官方微博的流程可以参看图 11-1。这里重点说说运营企业官方微博时的要点。

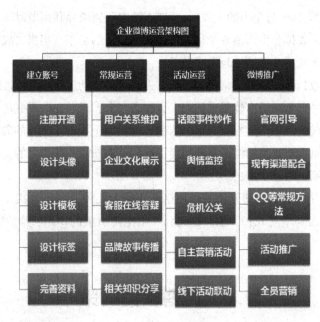

图 11-1

（1）微博营销的关键是人气。对于没有任何人气、没有任何知名度和影响力的公司，做微博营销是不太适合的，很难有好的效果，所以至少要先把人气积累足。关于如何加粉，请参看11.6节的内容。

（2）微博不是广告发布器。许多人把微博当成了广告发布平台，拉来一些粉丝后，就开始哐哐地发广告，这是极错误的认知。千万不要只把微博当成广告发布器，这完全是在浪费时间和精力。

（3）不要只记流水账。微博营销的核心是通过语言、文字与用户互动，从而达到营销的目的。所以内容要情感化，要有激情，要为用户提供有价值、有趣的信息。

（4）不要一味地转载别人的内容。微博一条内容仅140字，创作起来并不难。如果不会创作，可以多去借鉴别人的内容，或者在别人的内容的基础上进行二次创作。

（5）不要单方面发布信息。微博营销不是一个人自言自语，所以不要只是单方面地发布信息，要学会与用户互动。只有通过与用户的不断交流，才能获得用户的信任与好感，同时也只有这样才能真正让用户参与到公司的活动中去，并提供有价值的反馈与建议。

（6）尊重用户，不与用户争辩。千万不要在微博上与人争论和吵架，这是很不明智的。除非你不想要自己的品牌形象了。

11.4.2 微博自媒体营销

微博是建设自媒体的重要平台之一，不同的自媒体平台，往往特点不同，微博这种自媒体，和博客、微信公众号等自媒体形式相比，很重要的一个区别是内容短小精悍，只需要140字。对于文笔一般、不擅于写长篇文章的人来说，这是一个不错的选择。

打造微博自媒体并不复杂，核心要点就三个：定位、内容、运营（主要是加粉）。内容建设及增加粉丝的内容，后面会讲，这里重点说说定位。

定位是第一个关键点。其实从营销的角度来说，策划任何产品，定位都是关键。好的定位，要围绕三点进行。

（1）符合目标用户需求。

（2）和同类微博相比，有一定的差异化和特色。

（3）要考虑以后运营过程中的内容来源问题，说白了就是要想明白以后的内容从哪里来。

在这三点中，最重要的是差异化，下面给大家介绍几条寻找差异化的思路。

内容差异化。这是最根本的差异化，当然也比较难。具体如何实现，请参看11.5节的内容。

地域差异化。如果内容找不到差异化，那么我们可以从地域上找差异化。

用户群差异化。除了地域外，还可以从用户群上找差异化，比如针对不同年龄的人、不同职业的人等。

行业差异化。我们还可以进行行业差异化，定位到具体的行业。

以上四条，只是给大家一个启发，差异化的方式还有很多，希望大家多开动脑筋，结合自己的实际情况来进行思考。

11.4.3 微博事件炒作

微博的传播性非常强，可能让一个人、一条新闻、一个事件在短短几十分钟内传遍互联网。所以现在很多企业在做事件营销或进行炒作时，都会通过微博来辅助。

关于事件营销，请参看第 14 章的内容。

11.4.4 微博活动营销

通过微博做活动，有三个优势。

第一，面向的用户群广。微博有几亿的注册用户，所以在微博上做活动，不用愁没人参加，关键是看活动如何策划。

第二，传播力强。微博重要的功能就是转发评论，所以好的活动会引发用户的转发，形成二次传播，甚至多次传播。

第三，直接带来微博粉丝。

所以在策划微博活动时，要围绕以上三点来思考，如何能让更多的人参与？如何能让人转发？如何能让人关注我们？活动营销是个靠创意吃饭的活，在这里和大家分享三个非常经典、常见且屡试不爽的活动形式。

第一，抢楼活动。活动发起方发出一条活动博文，要求用户按一定格式回复和转发，通常都是要求至少@三个人，并进行评论。当用户回复的楼层正好是规则中规定的获奖楼层时（如 100 楼、200 楼），即可获得相应奖品。

第二，转发抽奖。活动发起方发出一条活动博文，要求用户按一定格式转发，通常都是要求至少@三个人，并进行评论。最后在参与活动的用户中，随机抽出一部分幸运儿发放奖品。

第三，转发送资源。活动发起方发出一条活动博文，要求用户按一定格式转发，通常都是要求至少@三个人，并留下邮箱。凡是转发者，邮箱中都会收到一份好的资源，比如媒体名录、各种工具、优惠券等。

11.4.5 微博精准营销

微博可以帮助我们实现非常精准的营销，这种精准性的实现，是基于对微博精准用户的提取。其实具体的思路和流程非常简单：先通过技术手段，从微博海量用户中，提取到符合我们需求的精准用户 ID；然后发布活动或内容，直接@这些用户，甚至直接给他们发消息。

这里的关键是，如何能提取到精准的微博用户数？下面和大家说一下思路和方法。

第一种方法：竞品粉丝提取。

通过技术手段，将竞品或同类产品官方微博的粉丝提取出来，关注了他们的人，基本上也是我们的目标用户（见图11-2）。

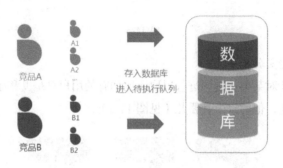

图 11-2

第二种方法：交叉分析。

当然，只是提取一个账号的粉丝，有可能其中有一些不精准的人。所以，为了提高精准度和质量，我们还可以再进行交叉分析，比如我们提取了 A、B、C 三个账号的粉丝，然后对这些粉丝进行分析，如果其中有人同时关注了这三个账号，则保留，否则删除。

在通常情况下，同时关注了多个同类型账号的人，基本上都是精准度非常高的，甚至非常优质的用户（见图11-3）。

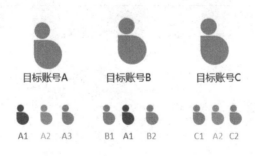

图 11-3

第三种方法：相关热门微博转发提取。

我们可以针对一些热门内容，将转发过这些内容的用户提取出来。比如转发与怀孕有关的内容的用户，很可能自己就是孕妇，或者是家里有孕妇，也可能是近期准备怀孕。当然，为了提高精准性，也可以像第二种方法中说的那样，对不同的内容进行提取，然后对提取出来的内容进行交叉分析（见图11-4）。

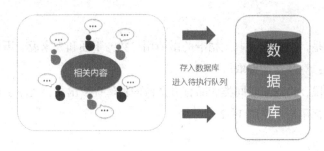

图 11-4

第四种方法：语义分析系统。

语义分析是指针对某类关键词进行提取。比如有的用户总是发和尿不湿有关的内容，那么基本上可以断定，他的家中有婴儿（见图 11-5）。

图 11-5

第五种方法：地域标签提取。

用户通过手机发微博时，会显示所在的地理位置，所以我们可以提取某一地域范围内的用户（见图 11-6）。

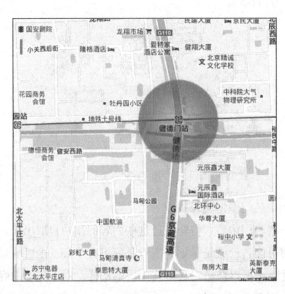

图 11-6

要实现上面说的这些效果，有两种方式：一种是自行开发。新浪微博有开发接口，我们可以根据新浪微博的开发协议进行开发；另一种是如果不具备开发能力，也可以购买第三方服务，比如请人开发或者请专业的公司帮忙提取。

11.4.6　微博粉丝通广告

"微博粉丝通"是新浪官方推出的，基于新浪微博海量的用户，把企业信息广泛传送给粉丝和潜在粉丝的营销产品。它会根据用户属性和社交关系将信息精准投放给目标人群，同时也具有普通微博的全部功能，如转发、评论、收藏、赞等，是微博营销的实用工具。

微博粉丝通的广告位置，会出现在微博信息流的顶部或微博信息流靠近顶部的位置，包括 PC 和微博官方客户端（见图 11-7）；同一条推广信息只会对用户展现一次，并随信息流刷新而正常滚动；微博精准的广告投放引擎会控制用户每天看到微博粉丝通的次数和频率。

图 11-7

在收费方式方面，除了传统的 CPM（按照微博在用户信息流中曝光人次进行计费）等计费方式外，微博粉丝通还创造性地推出了 CPE 方式——按照微博在用户信息流中发生的有效互动（互动包括：转发、点击链接、加关注、收藏、赞）进行计费。

微博粉丝通的优势在于简单、直接、精准、计费灵活，而且是新浪官方推出的，也有保障；至于缺点，就是要有一定的资金投入。

关于微博粉丝通更多的介绍在这里就不说了，有兴趣的朋友可以到新浪微博官方参看相关介绍。

11.4.7 微博大数据营销

互联网将我们带入了大数据时代，比如微博上每天都会产生海量的数据，而且这些数据都是公开的。而企业如果能够有效利用微博上的这些数据，便能很好地帮助企业进行营销决策，制订靠谱的营销方案。下面以电影行业来举例。

场景一：假如现在我们要投资拍摄一部电影，但是却不知道哪类电影更受市场欢迎，这时可以通过对微博中海量的用户及内容数据进行分析，了解近期用户提及最多的电影类型有哪些。

场景二：假如现在我们要拍一部爱情片，但是却不知道选择哪个明星做主角比较合适，此时通过大数据分析可以了解到，哪个明星担任主角比较有号召力。

场景三：片中需要配背景音乐，但是什么类型的音乐好呢？大数据也会告诉你答案。

场景四：针对已经拍摄完成的电影，通过大数据分析可以预测票房收入，目前已知的准确率能够达到80%以上。根据这个预测结果，我们可以制订靠谱的营销预算及方案。

场景五：在进行微博营销时，我们选择哪些大号帮忙宣传和转发最适合、效果最好呢？大数据同样可以告诉你答案。

以上只是以电影行业来举例，其实大数据在很多行业中都可以得到很好的运用。不过在进行大数据营销时，前提是先要获取海量的数据，这个是需要技术支持的。微博是完全开放的，如果公司技术实力允许，则可以自行开发相关程序；如果条件不允许，则可以找第三方大数据服务公司。

11.4.8 微博舆情公关

关于微博的舆情公关，我想先从一个案例说起，这个案例是发生在我身上的真实故事。

2011年时，我以每月4 000元多一点的价钱，从████手里租了一套房子，租期一年。一年后，在房子到期的前10天，我接到████业务员的电话，告知如果续租，房租将涨700，同时还要支付中介费（中介费是一个月的房租），若不同意，那到期后即刻搬走。当时我问他收中介费的依据是什么，他说是公司规定；我又问他为什么在签合同和租房过程中从来没提过这事，对方说████一直是这么做的；当我质问他合法性时，对方告诉我爱哪儿告哪儿告去。在这个过程中，对方态度越来越差。

紧接着，我又找到了店长，领导果然素质不一样，非常客气，也非常有耐心，但是最后给我的答案是一样的，这是公司规定，没办法，您可以通过法律途径解决。

注：中介机构这种重复收取中介费的行为，是涉嫌违规的。

此时，我想到了万能的微博，于是在第二天上午9：19分，将这件事发布到了我个人的微博上，同时并@了 ▇▇▇▇▇ 的高层及北京分公司官方微博。大概 2 个小时后，北京 ▇▇▇▇▇ 客户服务中心的官方微博，在微博上对我发布的内容进行了回应，回应的内容非常标准和专业，不过在我眼里非常搞笑，其回复的内容是："您好，谢谢您对 ▇▇▇▇ 公司服务的认可，如果您有业务需求，欢迎您拨打 95105890，我们将竭诚为您服务！"（见图 11-8）。

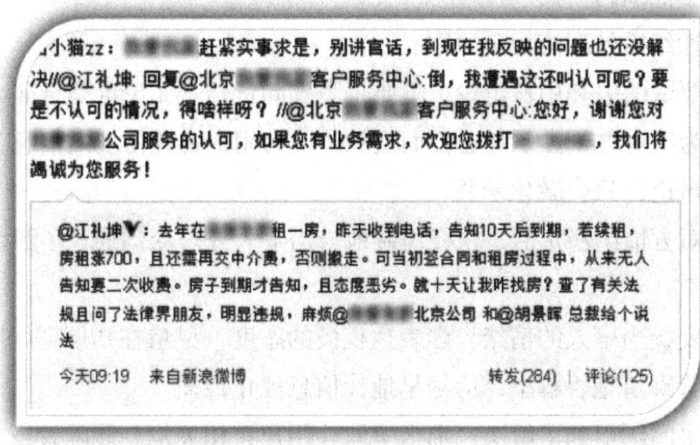

图 11-8

这条回复引发的结果是，使我这条内容的转发量大涨，24 小时后，转发量超过了 1 000。第二天上午，▇▇▇▇▇ 公司一位服务人员（具体部门和职位忘了）主动联系了我。态度非常好，并诚恳地向我道了歉，同时希望能够删除微博的内容。当笔者问其这件事的处理意见时，对方的答复是中介费是肯定要收的，不过可以给我打个 7 折。如果不行，对方建议我可以去走法律途径。

案例讲完了，下面说正题。对于企业来说，微博是把双刃剑，好的一面是，可以通过微博做营销；而有风险的一面是，如果消费者对企业的产品或服务不满意，在微博上吐槽，对企业是有伤害的，特别是在企业处理不及时或不当的情况下，可能会被传播和放大，比如上面案例中提到的 ▇▇▇▇▇ 。

当然，如果企业能够提升这方面的意识，处理得当的话，那么坏事也会变成好事。从另一个角度看，微博可以让我们及时发现用户的意见和问题，及时处理用户的反馈，提升服务的质量。

那这样的事情，正确的处理方式是怎样的呢？首先和大家说一下微博舆情公关的三个第一原则。

第一时间发现：对于具有一定规模和影响力的企业，内部应该成立专门的部门或小组，每天主动在微博上监控和搜索与企业相关的关键词（如果工作量太大，则可以通过相关的软件来监控），争取做到在用户发出信息的第一时间，就发现这些信息。

第一时间处理：对于一些常规的危机事件，企业应该提前制订相应的处理预案，当监控到信息后，马上按照预案进行处理。

第一时间上报：如果问题的复杂程度超出了自己的能力或权限范围，则第一时间向上级汇报。

如果企业能够真正贯彻三个第一原则，那么无论出现什么样的危机事件，都能将其不良影响控制在最小范围内。

再说说一般性纠纷处理流程和原则。

先担责：不要试图去和用户辩论，不要企图推卸责任。无论谁是谁非，先表示歉意肯定没错，至少要为给对方带来了坏心情而道歉。因为用户在微博上发信息，一定是很气愤的，这个时候去辩论，只会激化矛盾。

再沟通：当对方情绪稳定后，积极坦诚地与当事人或公众沟通，了解事情的经过，分析问题的原因。

多安抚：多安抚当事人的情绪，多表达积极的态度，尽量在初期把问题解决掉。

停传播：不管事情是否解决，应尽早地让信息停止传播。

删信息：如果问题得到了解决，那么争取让用户将相关信息删除，或者发声明。

11.4.9　微博矩阵营销

微博矩阵，是指企业建立多个微博账号，相互联动，集团作战。具体微博矩阵的建立计划，应根据企业自身的实际情况来制订。如果企业品牌多，则可以以品牌建立矩阵；如果企业分公司多，则可以以地域建立矩阵；如果企业部门多，则可以以部门建立矩阵；如果企业人员多，则可以以人员建立矩阵。当然，也可以多条线并行（见图11-9）。

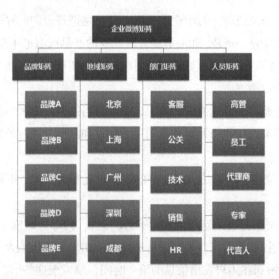

图 11-9

在这里，笔者建议大家，无论公司大小，都应该发动全员，全民营销。鼓励你的团队或公司的员工都开通微博吧，多在微博中讨论公司中的生活、工作、企业文化等，向大众展现一个真实、温情、朝气蓬勃的公司形象。

11.5 微博内容的建设和运营

说完了微博营销的方法，接下来具体说一下微博内容的建设和运营。其实微博运营的核心是围绕内容展开的，通过内容来吸引用户，通过内容来与用户互动，通过内容来留住用户。相对于博客、微信公众号来说，微博内容的建设要容易些，因为只有 140 字。当然，容易也只是相对的，要做好，肯定也要下一番工夫，其要点主要有 4 个。

11.5.1 微博定位

微博定位是为了在用户心目中树立一个形象，微博的内容和风格也应该围绕这个定位和形象来策划展开。在定位上，笔者给大家的建议是：拟人化的定位最理想，因为用户不喜欢冷冰冰的机器。

基于此，在定位时，我们应该先拟人化地给微博勾画一个形象，这个形象最好有自己的个性特点，比如像下面这样：

年龄 26 岁：年轻、专业

职业白领：敏锐、新潮

性别女性：个性、时尚（这是一种带有浓烈乡土气息的时尚范）

性格："女汉子"一枚、有点"二"，但很幽默

爱好：购物、看电影、看帅哥

11.5.2 内容定位

微博的个性定位有了后，接下来针对这个拟人化的"人物"特点，我们来思考这样的"人"，会用什么样的口气和风格？发布什么样的内容？评论别人的内容或时事新闻时，又会发表什么样的观点？比如杜蕾斯官方微博的风格，就是重口味。

在这里，给大家列举一些比较受欢迎，且容易引发互动和转发的微博内容类型。

* 有心的：比如各类创意产品；
* 有趣的：冷笑话、段子等；
* 有料的：明星八卦、揭秘爆料等；
* 有关的：关系到自己或身边人的各种人与事；

- 有爱的：能够激发起网友关爱情感的；
- 有气的：让人看了就想评论、吐槽甚至拍砖的。

上面说的，只是前期没有粉丝时进行的内容规划。当有了一定数量的粉丝后，我们便可以根据自己账号粉丝的特征和需求不断地优化内容。

微博自身有许多这方面的分析工具，也有一些第三方工具，我们可以利用这些工具对粉丝进行分析。比如根据用户所在的地区、性别、标签、职业等数据进行分析（见图11-10至图11-13）。

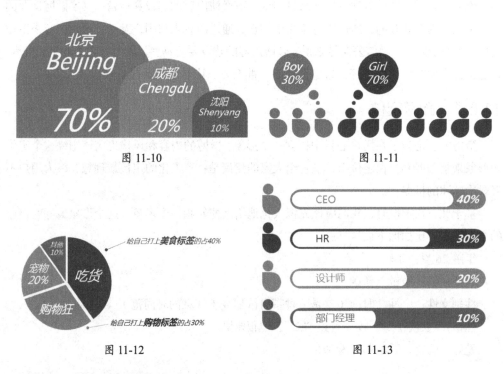

图 11-10

图 11-11

图 11-12

图 11-13

11.5.3　策划差异化的内容

除了常规内容外，我们的微博中最好再有一些差异化的特色内容，这样的内容是容易树立品牌、扩大影响力，以及吸引和留住用户的。在内容建设方面，笔者根据以往的经验，总结出了二十字箴言——人无我有、人有我全、人全我精、人精我专、人专我独。

人无我有：别人没有的内容，我有，就是特色。比如有的微博，专门翻译转发一些外国的内容，这些内容在国内没有，这也是一种特色。

人有我全：别人已经有的，但是我最全面，也是特色。比如菜谱大全一类的。

人全我精：别人已经很全面了，那我就做精品化的内容。典型的比如冷笑话精选，走的就是此路线。

人精我专：别人已经很精品化了，那我就走专业路线。像各行业内的专业化微博，走的就是此路线。

人专我独：别人已经很专业了，那我就走独特的个性化路线。像有个微博博主，养了一只猫和一只狗，每天他就在微博里记录这只猫和这只狗的生活，晒它们的照片，也有几十万粉丝。

11.5.4 内容运营计划

内容有了后，接下来就是日常运营了。微博的运营，不是简单地把内容组织好发出去即可，如果想运营好，要将它当成一个网站或媒体来做：围绕用户的喜好，策划相关的微栏目，组织对用户有吸引力的内容，每天有规律地进行更新。

以下面这个某企业的官方微博为例。

从上午 8:30 到晚上 23:00，设定每日固定更新 12 档栏目，早、中、晚三个高峰时间段，更新更加频繁，内容新颖，符合关注者的心理。具体内容发布计划如下：

08:30——#早安# 乐观积极向上的语录，内容、图片温馨

10:00——#带我去旅行#

11:00——#美食指南#

12:00——#招亲榜# 加强与微博网友间的互动

14:00——#幸福指南# 指南类文字。给未婚、已婚人士一些情感婚姻的建议

15:00——#成功故事# 转发产品部成功案例微博，用感性文字带动

15:30——#笑一下嘛# 搞笑内容、图文、经典简易测试

16:30——#幸福家居# 时尚家居

20:30——#健康指南# 饮食、养身、健康类的博文

21:00——#光影时刻#

22:30——#静夜思#

23:00——#晚安#

当然，以上这个只是给大家做个参考，具体计划请根据自己的实际情况制订。

11.5.5 某公司的微博运营计划

下面再和大家分享一份某公司完整的微博运营计划，仅供参考。

项目			工作方法
内容	频率	周一至周五	每天微博发布不少于 7 条
		周六、周日	每天微博发布不少于 6 条

	项目		工作方法
内容	时间	周一至周五	（1）8:00～8:30，发布当日第一条"早安微博" （2）10:00～10:30、11:30～12:30、14:30～15:30、16:30～18:00、20:30～21:00，各发布一条微博 （3）23:00左右，发布当日最后一条"晚安微博"
		周六、周日	（1）9:00～9:30，发布当日第一条"早安微博" （2）11:00～12:00、14:00～16:00、18:00～19:00、21:00～22:00，各发布一条微博 （3）23:00左右，发布当日最后一条"晚安微博"
	具体运营内容	早、晚微博问候	每天在8点半与23点左右向微博粉丝们说早安与晚安
		原创微博	关于旅游/摄影/娱乐/实用等话题，发布时，尽量以文字+图片、文字+视频/音频、文字+图片+视频/音频的形式
		热门转发	热门的新鲜事/情感小哲理/娱乐/搞笑等内容转发
		公司信息公告	新店开张/网站改版/公司的新促销活动等信息的发布
活动	专题类	发布频率/时间	每月1场，发布时间参考9:00～10:00、16:00～18:00、22:00～23:00，也可视活动实际情况而定
		发布形式	利用企业微博页面上的活动栏做活动，活动项将收录至微博活动这一应用中，因此更适合正式一些的活动。可配合节假日或网络热门话题发起活动
	有奖互动类	发布频率/时间	每月2～3场，此类活动发布避开专题活动进行的时间，避免影响专题活动效果
		发布形式	可利用微博的活动栏，也可直接发布微博，利用粉丝的相互转发达到推广的目的
	其他非正式类活动	发布频率/时间	每周1次，此类活动发布避开专题活动与有奖活动进行的时间，避免影响以上活动的效果
		发布形式	通过推荐有礼、提问有礼等形式，增加微博粉丝的互动
推广	微博外联	与异业企业微博合作	通过联合做活动、相互转发内容等形式，达到推广的目的
		与粉丝数高的博主合作	通过付费或不付费合作的形式，请这些粉丝数高的博主转发、推荐微博
		付费推广	通过微推推等平台发布任务的形式推广，以其他付费形式推广
	内部推广	各城区微博之间的互动	通过各城区微博之间相互转发等形式，提高微博的互动性
		员工对微博关注并互动	公司员工对官方微博进行关注，并转发一些活动与有意思的话题
		官网首页支持	与官网相互推广与支持
	线下推广	各门店部分海报、单页的支持	对于一些长期、重要的活动可以在门店（客房）放置一些宣传资料
		各门店大堂视频的支持	可通过技术手段实现微博的直播
		各门店前台的推荐	对于一些重要的活动，前台可介绍活动的相关信息

11.6　提升微博粉丝的 15 种方法

微博营销很重要的一个前提就是，需要先拥有足够的粉丝。下面笔者就和大家分享一下如何增加粉丝。

1．内容

微博虽然"微"，但好歹还是个"博"，其核心还是内容。同传统博客一样，它的内容的定位与质量，决定了用户群的类型与规模。笔者曾经做过测试，当在微博中发布用户喜欢的优质内容时，转播量就会增加，而看到的人多了，吸引来的粉丝自然就多。

比如新浪微博的"冷笑话精选"，因为能够每天坚持分享优质的冷笑话，粉丝已经接近 200 万。还有新浪微博的"互联网的那点事"，其内容受到了很多互联网公司高层的关注和认可。

不过，微博的内容想做好还真不容易，因为一篇微博就 100 多字，想让每条内容都是精华，还真不太容易。这里说一个小技巧——搭社会热点的顺风车。社会上每每有热点事件发生时，都会成为全民关注的焦点。此时如果我们能够围绕热点制造一些有感染力的内容，自然也会受到关注。比如在 360 与 QQ 大战期间，新浪微博一位名叫"天才小熊猫"的博友制作了一幅名为《右下角的战争》的动画图片。该图片被累计转发了近 10 万次，作者也因此收获了 2 万余粉丝。

2．勤更新

同博客一样，微博也需要勤更新，如果更新得太慢，关注度就会降低。在这方面，笔者也做过测试。当笔者在微博中非常积极地发布内容时，每天都会有几十人来关注笔者；而当笔者几星期不更新一次时，平均每天关注笔者的不足 10 人。

3．标签

微博有个标签功能，你可以设置 10 个最符合自己特征的标签，比如站长、编辑等。设置合适的标签，将会极大地增加曝光率，那些对相关标签感兴趣的人，就有可能主动成为你的粉丝。

4．主动关注

主动出击，主动关注别人，也是一种很直接的方法。如果是销售产品等，那么可以进行一些精准的关注。在这里说一个案例。美国有一家制药公司叫辉瑞（Pfizer），在他们的产品中，有一种抗抑郁药。他们的微博营销策略之一就是主动在微博上搜索"郁闷""抑郁"等关键词，来找到潜在的抑郁症患者。然后不断地向他们提供关于抑郁症方面的信息，在帮助他们的同时，也营销了自己的抗抑郁药。

如果我们只是想海量增加粉丝数，则不需要像 Pfizer 公司这么麻烦，只要找到那些粉丝多、活跃度高的用户，主动关注他们进行互听就 OK 了，然后等着他们回听或回粉。在这里说几个增加回听率（回粉率）的小技巧。

第一，找到那些靠互听或互粉建立起来的账号（这些账号最明显的一个特点是他们关注的人比收听他们的人要多），然后在他们的听众（或粉丝）列表中，找到那些你感兴趣的人，然后主动关注。因为这些人都是之前与他们互听（互粉）成功的，都比较乐于回听（回粉）。

第二，找与自己相关的人群，不要乱关注。

第三，如果能够给自己加认证的话，也会增加成功率。新浪微博认证申请地址（个人和企业均可申请）：http://t.sina.com.cn/pub/verified；腾讯微博认证申请地址（目前只有企业可以申请）：http://t.qq.com/certification。

另外，腾讯微博有收听限制，每天最多收听 100 人。但是如果我们直接通过 QQ 客户端进行收听的话，则可以绕过此限制，无限收听。

5. 加热门话题

腾讯微博中有个话题功能，如果我们在发布内容时添加这些热门话题，则可以极大地增加曝光率和被关注的概率。比如最典型的一个话题就是"互听大队"，通过这个话题，听众数可以轻松过万。

6. 话题炒作

如果我们能够发现一些有争议的内容，引发别人的关注与转发，也可以达到大量曝光和增加粉丝的目的。比如笔者在开通微博之初，曾经制造了一个非常有争议的内容，结果在 24 小时内转播数达到了几百，转播量比笔者的粉丝数还高。

7. 做活动

请回顾第 8 章的内容。

8. QQ 群

现在网络上有很多微博交流群，通过 QQ 群来增加粉丝，也是个不错的选择。

9. 评论别人

没事的时候，我们可以到广播大厅，挑那些粉丝多的人发布的博文进行评论，尽量挑那些最新发现且还没有人评论的内容进行评论，评论得越有特色，越能引发别人的共鸣越好。这样当他们对我们的评论进行回应时，自然就变相地为我们做了推广。

10. @别人

发布内容时，可以多@那些与内容相关且粉丝多的人，主动邀请他们帮我们转发。

11. 插件

现在微博的第三方插件越来越多，其中有一些插件就可以帮助我们增加粉丝，比如好友管理工具等。

12. 辅助软件

除了微博插件外，网络上还出现了许多第三方软件，比如互粉工具、互听工具等，这些东西都可以帮我们快速地增加粉丝。

13. 通过其他网站带动

现在腾讯微博、新浪微博都已经全面开放，并提供了很多贴心的应用，我们可以在自己的网站、博客上等添加这些实用的小插件，提升网站的曝光率。比如一键转播按钮，就特别好用，可以极大地增加网站在微博中的曝光率（见图 11-14）。腾讯开放平台地址：http://open.t.qq.com/；新浪开放平台地址：http://open.t.sina.com.cn/。

图 11-14

14. 通过自身已有资源

如果企业或个人自身已经有现成的资源，则要充分利用。比如最基本的，通过名片、邮件的签名等进行带动。

15. 其他

除了以上这些比较常见的方法外，在我们的平常生活和学习中，只要方便，都可以见缝插针地进行宣传。比如，经常写文章，那么可以在文章中推荐；如果有博客，也可以在博客中推广。

如果能想到其他创意性的方法，则更好。比如笔者的好友管鹏（网名老 K），在腾讯微博组织发起了 V5 推推这个话题，目前 V5 推推已经成为了腾讯微博中最大的草根组织，管鹏也因此获得了 100 多万的听众。

增加粉丝是个体力活，特别是前期，非常耗费时间和精力，所以请大家根据自己的时间、精力和需求来做，不要盲目行动。

关于微博营销的内容就此告一段落，其实此方法操作起来并不复杂，也不难，关键是执行。

11.7　应用案例

微博第一大号的成功之路

提到微博，有一个账号不得不说，那就是"冷笑话精选"，因为它是业内公认的微博第一大号。这个第一体现在多个方面：首先，它是新浪微博最早成名的账号之一；其次，它曾一度是草根账号中排名第一的大号，截至 2015 年 3 月，其新浪微博粉丝数达 1 384 余万，腾讯微博粉丝数达 1 100 余万，粉丝数加到一块，比澳大利亚的人口数量还要多；在收入方面，没有官方数据，但是据说 2011 年时，也是达到了 1 000 万～2 000 万的水平。

那这个账号是怎么做到的呢？下面给大家说一下它的发展历程和运营。

注：以下部分内容来自于《创业家》的独家采访，在此感谢《创业家》。

2009 年 5 月，尹光旭（冷笑话精选的创始人）决定召集三个高中同学到南京一起创业，方向是做出一个成功的豆瓣小组 "我们都很爱创意"。其做法近乎"无耻"：他和另外三个创业伙伴先注册 100 个"马甲"，每个"马甲"加 5 个好友，这 500 个好友中会有相当一部分反过来加"马甲"为好友，周而复始，"就用这种比较原始的方法，大半夜在做这种无聊的事情，搞了大概三个月，成第一名了。"当时豆瓣上最大的小组积累好几年才有 15 万组员，尹光旭的几个小组加起来很快就达到了 20 多万。广告主很快找过来希望投放广告，其中包括现在的 B2C 网上商城趣玩网，"我们都很爱创意"每月收入 1 000 元～2 000 元。

2009 年 6 月，尹光旭读到一篇介绍海外新兴微博客网站"Twitter"的文章。他迫不及待地跑到号称已拥有百万注册用户的"饭否"去玩（饭否是中国第一家微博客网站，后来因特殊原因被关闭）。当时饭否排名前十的账号粉丝数最多不超 3 000 人，尹光旭通过在豆瓣积累的经验和方法，一天就做到了饭否第一。方法是一个晚上就注册了 3 000 个小账号，全部关注自己新开的主账号，主账号粉丝数一夜飙升到第一。

2009 年 8 月 28 日，新浪微博内测；10 月，他一气注册了 100 多个微博账号；11 月，新浪微博注册用户超过 100 万；2010 年 2 月，尹光旭把重心从有固定收入的豆瓣小组转移到微博上来。

下面再说说冷笑话精选的运营思路。

（1）定位：尹光旭分析，在互联网发展早期，笑话网站流量很大；在豆瓣上，笑话类的小组也做得很好。他相信历史会在新浪微博上重演，为此他专门注册了 10 个跟笑话有关的微博账号，发扬搬运工的精神，从各大笑话网站直接取材，编成 140 字的"微博体"发到新浪微博上，一周后他发现，"冷笑话精选"账号最能吸引粉丝，遂将其作为主打。

（2）内容来源：他从没想过做原创微博，"自创就把自己局限掉了，把资源整合到这里来，用户要什么给什么，这不就是商人的理念吗？"

（3）内容特色：尹光旭是草根微博里第一个将文字和精美的图片结合起来的博主，"当时大部分的微博就一条文字，都不带图片，我把图做得很精美，效果很好，很多微博博主都模仿"。

（4）偷师：当粉丝只有 500 个时，尹光旭拼命想，怎么才能突破 1 万呢？他把前 50 名的草根微博都学习了一遍：发什么内容、说什么话可以吸引大家关注，用户的评论是什么；向名人博主偷招——为什么有的博主粉丝数很多，有的微博转发量很大……不断反思，并优化自己的内容。

（5）互粉：拿自己的微博账号去加 2 000 粉丝，有 800～1 000 粉丝会反过来加他好友。

（6）转发：尹光旭加粉丝比较多的账号为好友，想办法让其转发自己的微博，或者让自己另外 9 个账号一起转发"冷笑话精选"账号的微博。当时姚晨帮他转过一次，一下子就给他带来 2 000 粉丝。

从这个案例我们不难看出，冷笑话精选的成功有两个关键性因素。

第一，成功是留给有准备的人的。冷笑话精选的成功，与他们之前在豆瓣积累的成功经验密不可分。

第二，早起的鸟儿有食吃。冷笑话精选在第一时间进驻微博，而且快速找到了定位和方向，并发力。有的时候，时机真的非常重要。

分享这个案例，并不是说它有多好，主要是因为它有一定的借鉴意义。学习一定不要死搬教条，要多学习别人的思路，然后举一反三，形成自己独有的东西。

实战训练：策划微博营销方案

【实训目的】

1. 体验微博营销的过程。

2. 具备初级的微博营销策划能力。

【实训内容】

1. 为本学校的官方微博策划一个运营和营销方案。

2. 目标：通过微博树立学校的对外形象；将学校的各种优势、亮点、美好的事物通过微博传递出去；通过微博做公共关系，拉近学校与外界的关系。

3. 方案要包括微博的目标用户定位、内容定位、风格定位、具体的运营计划、推广计划等。

【实训提醒】

1. 本实训项目建议以小组为单位来进行。

2. 具体的运营计划可参考第 11.5.5 节的内容。

3. 微博的语言风格建议不要太死板，要鲜活，最好让人感觉这个微博是一个活生生的人，而且非常的有趣。具体要传递什么风格和感觉，根据情况自定，但是一定是正能量的、有亲和力的。

4. 微博的内容，不要一味转载，要充分挖掘学校内的真人、真事，这些都是非常好的原创素材。

5. 如果学校已经有官方微博，那先看一下它们目前的运营情况和数据，在此基础上策划改进更佳。

6. 要充分去研究分析目前比较成功的学校微博，充分借鉴它们的先进经验。

【实训思考】

1. 如果学校出现危机事件，或是网络上有负面了，此时微博应该如何应对？在这个过程中微博应该起到什么作用？

2. 如何通过微博与粉丝进行互动？

3. 如何引导粉丝评论我们的内容，甚至转发和传播我们的内容？

4. 如何增加微博的粉丝？

思考练习

1. 以上面的实训项目为基础，画出微博营销的流程图，包括实施过程中一些具体的注意事项和技巧等。

2. 找到一个比较成功的学校或是企业官方微博（学校的最佳），然后分析为什么它做得成功，分析得越具体越好。

CHAPTER

第 12 章
微信营销

12.1　不要过于迷信微信营销

提到移动互联网营销，微信是绕不开的话题，因为它实在太火了，火到有的人认为移动互联网营销就是指微信营销，微信营销就是移动互联网的全部。就好像在网络营销领域，SEO 曾经风靡一时，一些不太了解网络营销的人以为 SEO 就是网络营销的全部一样。

不过在这里，笔者要泼泼冷水。凡事都有个度，一旦超过这个度，就可能会适得其反，微信营销也一样。如果把微信营销看得太重，就容易在移动互联网营销的道路上一叶障目，这绝对不是什么好事。就像当年 SEO 火的时候一样，很多企业的网络营销工作，完全是围着 SEO 转，比如企业做官方网站，只考虑符合不符合 SEO 标准，会不会在搜索引擎中得到排名。而这么做，最后的结果就是可能确实在搜索引擎中获得排名了，但是转化率、销售额却上不去。

当然，笔者并不是否定微信营销的价值，说它不好，只是希望大家能够客观地看待它：微信只是众多移动互联网工具中的一种，微信营销也只是众多移动互联网营销方法中的一个。只不过由于微信的用户群多、普及度高，所以微信营销这种方式用得比较多，就像当年 SEO 之所以流行，就是因为搜索引擎普及度高一样，仅此而已。

这个方法就算再好，也不可能适合于所有企业；这个方法就算再好，也不可能适用于所有场景；这个方法就算再好，也不可能解决得了所有问题；根据自己的实际情况，选择最适合自己的才是关键。

12.2 微信能帮我们解决什么问题

在什么情况下，微信才适合我们呢？或者说微信能帮我们解决什么问题呢？

12.2.1 打造自媒体

自媒体策略，是一个非常不错的营销策略，而想实现自媒体策略，首先要建立属于自己的自媒体平台。在移动互联网上面，微信公众号是建立自媒体的不二选择。因为目前在手机端，微信的用户数最多，微信每天的打开率最高，用户每天使用微信的时间最长，用户已经养成了使用习惯和阅读习惯。

12.2.2 有效连接用户

现在互联网行业中流行一个词——粉丝经济。这是什么意思呢？百度百科对此的解释是："粉丝经济泛指架构在粉丝和被关注者关系之上的经营性创收行为。"通俗点说，粉丝经济就是研究如何让用户爱上你的产品、经常买你的产品、反复买你的产品，甚至一买买一辈子；不但自己买，还要帮你传播口碑，甚至介绍身边的朋友买。

而要实现粉丝经济，一个基本前提是先要建立一个能够和用户连接、和用户有效沟通的渠道。而在当下，微信是最佳的选择。为什么这么说呢？

在没有微信之前，企业很难和用户有效建立连接。比如一家酒企，每年可能会销售1 000 万瓶白酒，但是谁买了酒有谁知道吗？企业能够有效地和这些买过酒的人建立连接吗？显然很难。

传统的方式是在包装中印上电话、地址，但是打电话的人有多少？而且打了电话后，企业能和他保持长久的联系吗？进入互联网时代后，大家都在包装上印网址、QQ、邮箱，但是主动访问企业网站、通过 QQ 和邮箱联系企业的人又能有多少？微博开通了之后，能好些，但是微博的沟通性却差了许多。相比较之下，只有微信（主要是微信公众号）是最佳选择。

12.2.3 带来潜在用户

微信本身，也可以作为一个推广渠道来使用。比如常见的方法有，围绕目标用户群的特点和需求建立有针对性的公众号，然后通过公众号来吸引潜在粉丝；或策划软文、活动等在微信中传播。

12.2.4 提升转化率

根据权威机构统计，通常企业 90%的销售是在第 4～11 次跟踪后完成。所以，仅仅依靠那些一次见面就成单的销售额肯定是远远不能满足企业需求的，无论什么企业，其大部分的销售额都来源于追销，所以追销才是提升销售的王道。

而微信是最有效的追销工具和手段。因为传统的方式，无论是电话、短信，还是 QQ 等，只能一对一追销，效率不行，即使一对一追销，用户内心可能也会有抵触情绪；而短信群发、邮件群发等方式，虽然能做到大范围追销，但是用户点击率不高，现在这种方式越来越差。

而且通过微信朋友圈、公众号及微信个人号一对一的组合方式，可以避免上述不足，使追销效果达到最大化，继而提升最终的销售转化率。

12.2.5 客户关系管理

现代企业越来越重视客户关系的维护，这一点，从客户关系管理软件（CRM）的火爆程度上就可窥见一二。而从某种程度上说，微信公众号是一个天生的 CRM，是维护客户关系的利器。因为每个订阅用户，背后都会自动形成一个数据库，这个数据库你可以自己管理，微信公众平台提供了分组、客户资料查看等功能，包括一些基本的客户素材。而且微信还提供了开发接口，如果技术条件允许，你也可以根据自己的需求进行二次开发。

12.2.6 提升复购率

判断一个销售人员优秀与否，不是看他能够开发多少新用户，而是要看他能让多少老用户反复购买。因为开发一个新用户的成本，至少是开发一个老用户成本的 7 倍左右。当然，这个道理很多人都明白，但是想让老用户反复购买，并不是一件容易的事。让老用户经常复购的前提是，除了产品体验好之外，还需要经常与用户联系，维护关系和感情。在用户少的情况下还好说，但是用户多了后，又该如何解决？而微信的优势，就是可以大范围地维护客户关系，实时沟通、互动、交流。

12.2.7 提升办公效率

2014 年，微信公众号在原有订阅号、服务号的基础上，又重磅推出了企业号。企业号可以帮助企业快速实现移动化办公。企业在开通企业号后，可以直接利用微信及企业号的基础能力，加强员工的沟通与协同，提升企业文化建设、公告通知、知识管理，具体的比如微信打卡、企业通讯录、在线 OA、销售订单管理、子公司管理等。

12.3 个人号或公众号的选择

微信分为个人号和公众号，而公众号又分为订阅号、服务号、企业号，企业在具体实施微信营销时，应该如何选择呢？接下来笔者将为大家详细解说一下。

12.3.1 个人号的应用

微信个人号是针对普通大众用户的产品，主要是在手机上使用。微信目前的普及率非常高，在这里就不详细介绍微信个人号的功能特点了。在进行营销时，以下情况或需求可以选择微信个人号。

1. 辅助销售

对于销售模式是靠销售人员或业务人员一对一沟通的企业，微信可以很好地帮助企业提升新用户的销售转化率，以及老用户的复购率。具体的操作流程很简单：销售人员与客户洽谈结束之前，与客户互加微信，之后通过朋友圈持续影响客户，带来销售。流程是不是非常简单？但是使用得当，却能解决大问题，笔者的很多学员，结合了这个方法后，业绩都得到了不同程度的增长，有的甚至翻了三四倍。具体请参看后面的案例。

2. 辅助推广

微信个人号也可以辅助推广。其主要模式就是通过微信个人号添加精准目标用户为好友，之后通过微信的群发功能及朋友圈来影响用户。具体的关于个人号加好友的方法，请参看 12.8 节的内容。

案例：微信营销让某钢结构公司业绩迅速提升

笔者有一位长沙的学员 Z 总，开了一家钢结构公司，主要是生产岗亭。这家公司是 Z 总和她的老公白手起家创建的。创业初期资金不足，所有工作都是自己来做，在推广方面，其选择了相对成本较低的网络营销。在二人的努力下，公司慢慢打开了局面。

但是随着互联网的发展和竞争的加剧，其推广成本在上涨，转化率在下降。推广成本的上升是因为各种渠道的成本在增加，他们选择的方法主要是百度竞价，做过竞价的朋友都知道，其成本是一直在往上涨的。而由于同行选择网络营销的越来越多，所以转化率就下来了。

当移动营销兴起后，Z 总紧跟时代潮流，又参加了移动方面的培训。实际上，当时她参加培训，都不清楚移动互联网能给她带来什么，但是因为她在网络营销上尝到了甜头，所以相信移动互联网肯定也能带来惊喜。

学习之后，Z 总马上回去实践，果然带来了惊喜，一段时间之后，成效显著。她的做法主要是将微信用在了销售环节上，弥补了互联网手段的不足。

之前，她的做法是这样的——首先，建立官方网站；然后，投放百度竞价，带来流量；接下来，进入网站的用户，一部分人浏览完页面之后，关掉页面走人；还有一部分人咨询完无意向走人，另一部分人有意向，对于有意向的人，引导他们实地考察。因为 Z 总的产品无法直接在线成交，新客户都会要求实地考察；对于确定要来实地考察的人，还要不断地维护，因为期间可能有变故。

在这个过程中，每一个环节都在流失用户：用户来到网站之后，一部分不咨询的，流失掉了；在咨询的用户中，一部分没意向的，流失掉了；在有意向的用户中，一部分人没及时维护，流失掉了。

而引入微信后，不管是咨询还是没咨询的用户，不管是咨询过程中有意向还是没意向的用户，都引导加入销售人员的个人微信，然后通过微信朋友圈长期影响转化。流程优化之后，转化率得到显著提升。

除了新用户的转化提升外，还有老用户的复购和转介绍也提升了。因为 Z 总将老用户也导入了微信，很多久不联系的老客户被重新激活，重新产生了订单。同时与客户的关系好了之后，一部分客户也开始帮忙转介绍，业绩自然得到了提升。

其实在销售环节，拼的是流程和细节，讲究的是环环相扣。而微信的出现，将这些环节有效地串了起来，使转化达到最大。本案例只是一个缩影，其实这个方法和原理适用于绝大部分行业。

12.3.2 公众号之订阅号的应用

微信公众号，是针对企业的产品。公众号和个人号是完全不同的产品，包括产品界面、使用方式、功能等，完全不同。比如，微信个人号是以 App 的形式呈现的，主要是通过手机登录，而公众号是以网页的形式出现的，主要是通过网页端登录；从好友数量上来说，个人号目前最多只能添加 5 000 个好友，而微信公众号可以无限量添加粉丝；而且微信公众号支持向所有粉丝群发消息，而个人号一次只能群发 200 人。

微信公众号又分为订阅号、服务号和企业号三种。下面先来介绍一下订阅号的功能特点。

公众平台订阅号的定位是以为用户提供信息和资讯为主，所以像媒体一类以发布文章、咨询为主的企业就非常适合，比如央视等传统媒体，或者新兴的自媒体等，如图 12-1 所示。

在功能方面，订阅号每天（24 小时内）可以发送 1 条群发消息；发给订阅用户（粉丝）的消息，将会显示在对方的"订阅号"文件夹中；在订阅用户（粉丝）的通讯录中，订阅号将被放入订阅号文件夹中；订阅号进行认证后可申请自定义菜单（个人类型的订阅号除外）。

在进行营销时，以下情况或需求可以选择订阅号。

图 12-1

1. 自媒体平台

订阅号的功能特点，注定了它是一个非常好的媒体平台，如果你想建立属于自己的自媒体，微信公众号是不二选择（见图 12-2）。具体如何创建账号等，请参看后面的内容。

图 12-2

2. 吸粉平台

我们也可以将订阅号作为推广工具来使用，通过订阅号吸引潜在用户的关注，继而产生转化。最常用的策略是，针对目标用户群，建设若干订阅号来吸粉。比如销售女性化妆品，那么就可以围绕女性用户关注的焦点，如化妆、美容、星座等建设账号。具体吸粉的手段，请参看后面章节"公众号的推广"中的内容。

3. 辅助销售

如果你的公司产品是大众化产品，非销售人员一对一销售模式，比如日用品等，那么可以使用订阅号来辅助销售。比如，在投放的广告以及各种宣传资料上等都植入公众号，引导用户添加；然后通过订阅号与客户建立信任，例如，在公众号上传播品牌故事、产品理念、产品文化、公司背景实力、产品的效果分析、成功的客户案例、客户的反馈等；最后通过各种互动活动、体验活动、促销活动等引导成交。

4. 培养粉丝

订阅号，还是培养粉丝的绝佳平台。想把一个用户变成企业的粉丝，并不容易。这就像想让一个刚认识的女孩子，最终嫁给你成为你的老婆一样难。在这个实现的过程中，要做大量的工作，比如，首先要相互了解，然后要经常接触、沟通、互动，加深感情等。对于很多企业，想广泛地和用户保持这样的关系并不容易，而订阅号可以。

我们可以通过各种手段引导用户添加公众号，比如产品包装、产品外壳、产品使用说明书等；然后通过公众号长期与用户保持联系，比如，向用户传递我们的文化理念，经常策划一些可以加深用户情感的活动，慢慢培养用户对我们的认知，最终让用户成为我们的粉丝。

12.3.3 公众号之服务号的应用

公众平台服务号的定位是以服务功能为主，旨在为用户提供服务。它最适合于需要为用户提供各种服务的企业，比如银行、酒店、航空、政府等。

在功能方面，服务号和订阅号也有一些差异。比如，服务号每个月只能群发4条消息，这点与订阅号每天可以群发1条消息相比，要少很多；但是服务号群发消息的时候，用户手机会像收到短信一样接收到消息，显示在用户的聊天列表当中，而订阅号发消息，只会出现在订阅号文件夹中。服务号认证后可以支持高级接口，高级接口能够获取和分析用户信息等；而订阅号无法获得高级接口。关于服务号和订阅号的具体差别，请参看图12-3。

相对于订阅号，服务号的使用门槛高一些，不像订阅号，马上申请，马上使用，没有任何难度和门槛。这是因为企业在使用服务号时，需要针对企业的自身需求进行相关功能的开发，这就需要企业具备一定的技术能力，或者拿出一定的预算请专业公司协助。

服务号的定位是聚集在"服务"上，所以其在企业的营销过程中扮演的角色也比较固定，不像订阅号或个人号那样可以在不同的层面灵活运用。其主要作用和价值就体现在针对用户的服务上。企业在营销过程中，可以通过服务号为用户提供更好的服务体验，继而增加用户对企业的认可度,通过服务号黏住用户,最终让用户产生复购,以及成为企业的粉丝。

功能权限	普通订阅号	认证订阅号	普通服务号	认证服务号
消息直接显示在好友对话列表中			✓	✓
消息显示在"订阅号"文件夹中	✓	✓		
每天可以群发1条消息	✓	✓		
每个月可以群发4条消息			✓	✓
基本的消息接收/回复接口	✓	✓	✓	✓
聊天界面底部,自定义菜单	✓	✓	✓	✓
九大高级接口				✓
可申请开通微信支付				✓

图 12-3

下面通过一组小案例,让大家直观地了解服务号在不同行业和领域中的运用。

应用案例:服务号在银行/航空/政府/通信行业中的运用

招商银行是一个非常愿意尝试新鲜事物的企业,经常走在同行的前列。招商银行信用卡,很早就开通了官方服务号,通过招商信用卡的公众服务号,用户可以快速查询信用卡账单、额度及积分;快速还款,申请账单分期;通过微信转接人工服务;在进行信用卡消费时,微信会免费进行提醒等,如图 12-4 所示。如果你不是招商信用卡的客户,还可以直接通过微信办卡。

图 12-4

广东联通公司,也开通了企业服务号,如果用户在其服务号中绑定了手机号,则可以直接查看积分流量、套餐余量、手机上网流量、微信专属流量等,同时此服务号还提供了客服咨询服务,如图 12-5 所示。

图 12-5

中国南方航空用的也是服务号。用户可以在南航的服务上直接办理值机手续、挑选座位，还可以查询航班信息，查询目的地城市天气等，如图 12-6 所示。

图 12-6

最后再来说一个政府的应用。广州公安局也开通了官方服务号，其公众平台可以为用户提供最新、最快的警务资讯、办事指南，用户可以在此查询交通违法信息、业务办理进度、路况动态资讯，预约出入境和户政业务办理，还可以直接办理往来港澳通行证以及再次签注等，如图 12-7 所示。

图 12-7

关于这几个小案例的细节就不详细说了，因为公众号都是公开透明的，大家如果有兴趣，一关注便知。现在公众号已经相当普及，其中涌现出了非常多的优秀案例，这里只列举了几个，用来抛砖引玉。如果大家想在这个方面深入研究和学习，建议多去关注一些优秀账号，尤其是和自己的行业相关的、借鉴性大的账号。

12.3.4 公众号之企业号的应用

企业号是腾讯微信在 2014 年全新推出的产品，它的定位是为企业解决办公移动化问题，其使用方式和订阅号及服务号完全不同。从营销的角度来说，公众号无法对企业的互联网营销直接发挥作用，其作用更多的是间接的、辅助的。例如，降低企业的管理成本、沟通成本，提升效率，优化流程等。

对于想尝试办公移动化的企业，可以选择企业号。不过，在这里提醒一下，与服务号一样，若想使用企业号，同样需要进行相关开发，需要具备一定的技术实力或者有一定的预算。

下面通过一组小案例，让大家直观地了解企业号的应用效果。

应用案例：企业号在家电/连锁/汽车行业中的应用

先来说说家电行业巨头美的在企业号方面的尝试。美的主要通过企业号优化了销售服务管理流程，如图12-8所示。

图 12-8

在售前方面，导购员可以通过企业号随时随地上报销量、管理库存、申请调货、管理陈列等，提升终端销售的工作效率。

在售后方面，售后工程师可以直接通过企业号用手机接收工单，查询产品维修记录，现场申请配件，完善服务档案，展示产品保修期、收费政策等信息，同时引导消费者使用二维码对服务进行现场评价。

在管理方面，各门店负责人可以直接通过手机上报销量，承接家电售后服务，帮助门店老板为消费者提供更好的服务，并提升企业对终端市场的管理。

尝试的结果也是比较喜人的，比如售后功能仅上线1个月，日处理工单量就超过了1万，占总工单量的25%。

再来说一个连锁店的应用案例。实际上，企业号非常适合这类企业使用，比如，东莞零售大鳄：美宜佳连锁便利店在这方面的尝试就很成功。美宜佳企业号可以帮助每一个店主方便、快捷地掌握门店的经营情况，接受公司的经营指导，了解最新资讯，达成经营目标，如图12-9所示。其主要包含以下功能。

图 12-9

《我的报表》让店主随时随地掌握门店的销售、应收账款、退货、促销补差等情况。

《日常操作》让店主轻松地实现店铺管理，如：报货、调价、盘点、库存校正等。

《一键报障》为门店突发问题提供方便、快捷的从文字、图片、声音全方位描述准确的报障通道，同时形成工作流，便于问题的跟进、解决、总结与改进。

接下来看一个企业号在汽车行业中的应用。车企的规模都比较大，规模大就意味着管理成本高、难度大。而上海通用汽车通过企业号，有效地提升了效率，如图 12-10 所示。

图 12-10

首先，上海通用汽车将企业号作为公关部、市场部、公关代理及执行公司、核心媒体的信息公告平台，提供核心产品及品牌信息查询、稿件下发、工作手册检索及活动信息管理、提醒等。

其次，通过企业号，为员工及经销商提供日常培训、内部案例分享及学习服务。

再次，通过企业号，提供员工关爱及服务，以及相关员工信息查询，包括人员服务（餐厅、班车等信息）、HR助手（员工信息查询）和工厂开放日（员工及家属活动）等。

最后，为员工和经销商提供车展、经销商大会等活动的管理、查询和通知，包括活动流程、信息统计、航班查询、酒店选择、服务投票等。

虽然企业号的作用不能直接体现在营销方面，但是通过企业号降低企业管理成本，提升效率，也是为企业创造效益的体现。建议条件允许的企业，都来尝试一下。

应用案例："哈根达斯"企业号的巡店解决方案

著名冰激凌品牌哈根达斯在全国共有300多家门店，散落在60多个城市，巡店管理是公司日常运营的例行工作，是架设在公司和店铺之间用于相互沟通的桥梁，门店不仅肩负着实现公司营业额的任务，更是线下的品牌展示区，其重要性不言而喻。

过去，哈根达斯巡店人员发现在运营上存在不少问题。比如，产品摆放区域的利用率不够合理，明星产品在店内的推广标志不明显等。这些问题的出现，到底是暂时现象还是长久性问题？这些问题是否上报给店长甚至区域管理者？上报后能否得到迅速的反馈和解决？其他门店是否也存在同样的问题？这些问题能不能一次性根治？

以上这些问题，一直困扰着他们，而当哈根达斯接触到微信企业号后，第一时间将企业号与企业嫁接，借助微信企业号的巡店功能，解决了这些沉疴已久的巡店管理痛点，让巡店工作变得标准化、及时化、移动化。

每天，哈根达斯的巡店督导，会根据其内部企业号内置的巡店模块的规范要求对各个检查细项进行检查，对门店陈列存在的问题，通过"拍照+文字描述+打分"的方式，在现场制作巡店报告，把存在的问题和评估结果即刻发送给相应的管理人员，管理人员收到后会根据该情况拟定相应的解决方案，及时以微信的形式传达至店长。

哈根达斯企业号投入使用不久，通过巡店督导在巡店模块中的反馈，管理人员发现，某区域一部的门店在重点产品陈列和明星产品标识的使用上存在欠缺。管理者可以利用微信企业号中的任务模块，为存在问题的门店下达一项任务，提出要求，对此问题进行整改。门店负责人对于任务执行的进度，则可以直观地通过微信企业号来反馈，管理者可以全面了解各个门店解决问题的进度，包括物料如何摆放等，都可以通过任务下达模块直接传达给各个门店的负责人，门店负责人则根据任务的细项逐条跟进，而巡店人员也可以将活动的执行情况列入到巡店条目中，使其得到最大限度的执行。

除了提升管理效能外，哈根达斯的管理者还通过微信企业号实现每日运营数据的便捷获取，实时了解各门店的经营情况，以多种维度查看门店的巡店报告。比如，通过某个门店一段时间内巡店的平均得分和巡店趋势，评定该门店近期的运营情况；通过多个门店的扣分点汇总，确认门店运营中存在的共性问题；除了在门店维度上得到数据的管理汇总之外，在巡店督导的维度上也可以进行数据的汇总和查看，如自动生成针对某个督导一段时间内巡店次数、综合得分、照片数、评论数的汇总，以方便管理者对于巡店督导的管理和考核。

在以上基础上，哈根达斯的微信企业号又接入了产品订单上报的功能，当门店发现某个产品缺货时，直接在微信企业号上提交申请，信息就可以上传至总部相关负责部门，信息传达更加便捷、迅速。后期，这个功能将和哈根达斯本身的库销存系统打通，真正将进货、销货转移到微信上来。

哈根达斯的微信企业号已初步具备O2O和C2B定制的属性，尤其是和国内最大的移动互联网流量平台微信的合作，让哈根达斯的转型举动更接地气，更具成效。因为它能够高效率地连接线上（管理者）和线下（门店），通过各项简单有力的工具和对数据的统计和分析，高效率、低成本地去发现问题、解决问题，并且避免问题的再次发生，这也是巡店管理存在的意义所在。

当然，要想让企业号与企业有机融合，满足企业的个性化需求，则需要进行相应的技术开发，对于没有技术开发实力的企业，可以考虑与第三方企业合作，或者选用现成的工具。比如哈根达斯企业号的这些功能，就是借助了第三方公司畅移信息开发的"巡店宝"，其主要功能如下。

巡店管理——巡店组工作人员在各巡视目标现场即时提交巡店报告，描述具体问题，并拍摄和上传发现的问题图片。巡店评估结果可直接派发给店铺值班经理或指定的相关人员进行跟进改善。巡店宝的推出，有效地结合了哈根达斯的门店合格率排行榜制度，有效地激发了一线门店员工的工作积极性。

内部公告——哈根达斯针对运营条线的各种通知，通过内部社区，便捷、快速、及时地传达给全体员工。

内部通讯录——巡店组工作人员可随时在微信企业号的通讯录中快速查找到相应的门店负责人，及时告知在巡店过程中发现的问题，有图有真相，沟通更顺畅。

任务下发——根据巡店督导发现的店铺管理问题，区域负责人提出相应的改造建议、实施思路和执行检验节点，反馈给相关门店负责人，责令其整改并接受下一轮巡视。

12.3.5 组合使用，集群作战

企业在具体运用微信时，可以只选择个人号，或者订阅号、公众号使用，也可以将它们有机结合，搭配合战，或者建设账号群，集群作战。

在销售层面，我们可以让业务员在具体销售时，配合使用微信个人号，同时在公司层面再建立官方公众号辅助销售，所有的业务员在与客户接洽时，也引导用户添加公众号，通过业务员、业务员个人微信、公众号三位一体来影响用户，促进成交。

在推广方面，我们可以建立多个微信公众号，比如笔者的一些企业学员，围绕目标用户的需求和特点，同时建设十几其至几十个账号进行集群作战。而且多账号还更容易推广，因为不同的账号之间就可以相互推广，相互带来流量。

在服务方面，我们可以将服务号、订阅号、公众号搭配使用，不同账号负责不同的功能和不同的用户群体。比如有的企业是1个服务号+2个以上的订阅号，订阅号的作用是吸引潜在用户，以及进行售前引导；服务号的作用是提升用户的满意度，产生二次消费。也有的企业是将企业号和服务号配合使用。

当然，账号越多，运营成本也肯定越高，所以企业在具体操作时，可根据自身资金、人力、用户等情况来部署。我个人建议先申请订阅号，结合微有趣第三方开发平台做信息推送，后期可以再申请服务号提供服务，配合企业号来实现办公移动化。

下面让我们一起来看一个组合使用的应用案例。

应用案例：公众号在医院当中的应用

广东省韶关市粤北人民医院已经拥有120余年的历史，虽然它的"年龄"很大了，但是思想却很前卫，在企业号的尝试上，走得很靠前。

粤北人民医院先后建立了服务号和企业号，并将二者打通，将患者与医生有机地联系起来，实现了患者挂号、就诊、检查、诊后咨询全流程O2O闭环服务。

在前端，患者可以在手机上挂号、就诊，检查。就诊之后，患者还可以通过微信及时与医生进行反馈与咨询，如图12-11所示。

在后端，医生可以通过手机及时了解病人的情况，尤其是当病人的某项身体检验数据超出正常范围，达到危及生命的数值时，系统会第一时间提醒其主治医生和主任医生，如图12-12所示。

在管理方面，系统会每天对医院前一天的运营情况、门诊人数、出入院人数等基础数据进行统计，以图文形式进行汇报，让院长第一时间掌握医院经营情况，如图12-13所示。

同时医院的员工们，可以通过企业号查看与自己相关的院内重要通知等；还可以新增通知，并发送给不同的部门和员工等。

在营销过程中，相关的策略或工具配合使用，往往能实现"1+1>2"的效果。本案例中的粤北人民医院，只是将服务号与订阅号打通，便轻松地实现了在移动端的布局，通过手机将患者、医生连接在一起，从前端销售到后端管理，直接一条线打通。

图 12-11

图 12-12

图 12-13

12.4 公众号的定位

企业在进行微信营销时，在大部分情况下是基于公众号来实现的，所以接下来先重点说说公众号的使用。

在操作层面，公众号很简单，并没有太多的难度和门槛，即使没操作过公众号，但是登录公众号的官方网站（https://mp.weixin.qq.com），按照官方的提示和说明，也能很快上手。就好像给你把刀，你也能舞两下一样。

想将公众号用好，用出效果，难点不在基本操作上，而是在思路和方法上。那么，企业如何才能将公众号用好呢？第一步是先进行公众号的定位。

12.4.1 品牌型

品牌型公众号，更多的是侧重于展示，其定位核心与品牌型网站很像，目的是为了让目标用户全面地了解企业，对企业有深入和深刻的认识。对于有品牌展示、业务展示、产品展示等需求的企业，非常适合。

如果是展示企业的品牌，则关键是要将品牌的魂展示出来，具体的手法有品牌故事、品牌背景、品牌文化等。图 12-14 所示的是创维官方公众号。

图 12-14

如果是展示企业的形象，则关键是要将企业的精、气、神展示出来，包括企业的实力、企业的背景、团队的风貌、团队的文化、公司的发展故事等。

如果是展示业务产品，则关键是要将业务的差异化展现出来，比如你的业务或产品与同行有什么不同，具有什么独一无二的特点和属性等。图 12-15、图 12-16 所示的是软件企业与房地产公司的官方公众号。

图 12-15

图 12-16

12.4.2　吸粉型

吸粉型公众号的目的就是为了聚集潜在用户，通常这类账号仅从外观判断，是完全看不出来与企业有什么联系的。图 12-17 所示的公众号，名字叫"O2O 实战策略"，从表面上看，更像个自媒体账号，因为其定位和内容完全是围绕 O2O 展开的。而实际上，这是一家企业服务机构的公众号，此机构的目标用户以传统企业为主，而现在令传统企业头疼的转型问题，像电子商务、网络营销、移动营销、O2O、微商等，都是传统企业关注的焦点。所以，此机构围绕目标用户的这些需求，建设了一系列公众号，这个 O2O 实战策略，只是众多公众号中的一个。

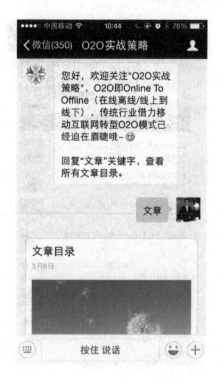

图 12-17

通过这个案例，大家可能已经发现了，吸粉型公众号的特点是围绕目标用户的需求来设计，公众号涉及的主题内容一定是用户喜欢的，甚至是用户会主动去寻找的内容。内容的来源是原创还是转载不重要，关键是要精，要符合用户的需求和喜好。

12.4.3　销售型

移动电子商务发展迅猛，用户在移动端买东西的习惯正在逐步养成，所以公众号也可以作为一个销售平台来使用，如图 12-18 所示。

销售型公众号的建设理念，与销售型网站是相通的。在营销型网站建设方面，笔者有一套独家的理论和方法，名为"五力合一营销型网站建设系统"。这套系统在移动互联网、公众号建设上同样适用。按照笔者的这套理论体系，一个营销型网站或公众号要具备五个要点（见图 12-19）。

展示力：此力的要点是要将产品独特的卖点、优势展示出来。

公信力：此力的要点是要让用户对你的企业、产品产生信任。

说服力：此力的要点是通过页面使用户对产品产生强烈的购买欲望，促成订单。

引导力：此力的要点是如果用户不主动成交，那么就引导用户咨询，或者留下联系方式。

图 12-18

推广力：此力的要点是使页面具备推广性，在网页端，主要是指网站要符合 SEO 标准，能够在搜索引擎中获得排名；在公众号中，主要体现在账号中要设计能够引导用户口碑传播的策略及内容。

注：五力合一营销型网站建设系统的详细内容，笔者在《网络营销推广实战宝典（第2 版）》中有详细讲解。

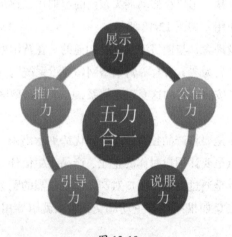

图 12-19

12.4.4 服务型

服务型公众号，顾名思义，是为了给用户提供优质的服务而创建的，目的是为了增加用户的消费体验或产品体验，继而提升口碑，增加黏性，产生复购。

这个服务可以是售前服务、售中服务，也可以是售后服务，甚至可以为大众提供公众服务。在服务内容方面，需要企业根据自身实际的业务情况、用户需求及公司的条件来策划，比如咨询服务、答疑服务、投诉服务、维修服务、各种查询服务、产品真伪验证服务等，如图 12-20 所示。

图 12-20

在这里笔者提醒大家，不管服务内容如何设计，其核心主旨一定是为了让用户舒适，而不要盲目地追赶潮流，为了赶时髦而通过手机服务。基于此原则，设计服务内容时可以把握两个方向。

一是原先通过线下或互联网上提供的服务，如果能用移动互联网的形式使之更快捷，让用户体验更好，那么移动互联网化。比如投诉报修、产品真伪验证等，在手机上操作则更方便和快捷。

二是结合移动互联网的新特性、新技术、新优势，设计一些新的服务。比如，对于连锁类的企业，就可以利用移动互联网的定位技术，设计寻找附近的分店，寻找附近的客服，寻找附近的服务人员等功能。

12.4.5　媒体型

媒体型公众号，旨在将公众号当成一个媒体去打造和运营。通常各种媒体的官方公众号，都属于此类；对于想打造自媒体的企业、个人，也非此类型莫属，如图 12-21 所示。

但是媒体型公众号较之前几种类型的公众号，也是最难建设的。要想将一个公众号打造成媒体的效果，像媒体那样有影响力，与打造一本刊物相比并没容易多少，应该说核心的理念、思想、流程是差不多的，只不过在操作上要比制作传统刊物简单些，不像传统刊物那样要约稿，要进行复杂的排版，要印刷、发行等。

图 12-21

要打造一个媒体型的账号，首先要确定目标受众，即你的公众号是给谁看的，想要影响谁。

其次是围绕目标受众的特点和需求，明确媒体属性，就像传统媒体那样，是全国性媒体，还是地方媒体；是综合媒体，还是行业媒体；是新闻媒体，还是文学刊物，抑或是娱乐刊物。

再次是内容方向，比如做新闻，那么是以社会新闻为主，还是以时事新闻为主，抑或是以军事新闻为主。

最后是特色内容的打造。纵观传统媒体，任何一个能在江湖上闯出名头的媒体，一定要有其自己的特色或拳头产品。比如湖南卫视，是以娱乐为主，拳头产品有最早的《快乐大本营》，后来的《超级女生》，现在的《我是歌手》等。

具体以什么为特色，要根据目标用户的特点以及结合同类账号来策划。比如以尖锐的观点为特色、以原创为特色、以访谈为特色、以网友投入为特色、以八卦消息为特色、以特色新闻为特色等，如果没有原创能力，但是眼光独到，那么以精选内容为特色也没问题。

12.4.6　矩阵型

矩阵型公众号，是指围绕企业的情况，建设一系列账号，集团作战。在矩阵的建设上，根据需求和目的的不同，分为以下几种。

1. 品牌矩阵

如果企业的品牌比较多，则可以以品牌为单位，每个品牌都建设一个公众号，形成品牌矩阵群。

2. 区域矩阵

区域矩阵，顾名思义，是指以区域为单位进行矩阵建设。其适用两种情况，一种是企业在各地有子公司，以子公司为单位进行建设；另一种是针对目标用户或业务类型，以地区+名字进行矩阵建设，比如北京旅游、天津旅游、成都旅游等。

3. 业务矩阵

根据公司的实际业务或产品进行矩阵建设。比如创维集团旗下的公众号，有创维电视、创维设计、创维电器、创维团购、创维学院、创维照明、创维直销部、创维环境电视、创维光电、创维白电、创维盒子、创维数字等几十个公众号。

4. 用户矩阵

围绕用户的需求，建设一系列公众号。比如，化妆品企业可以建设护肤宝典、明星美容秘籍、化妆方法大全等公众号，与用户分享各种技巧干货。这些公众号可以看起来和企业没关系，但要和企业有一定的相关性，在账号运营过程中，要保持中立姿态，但又能将企业的理念等植入进来并升华，润物细无声地影响用户。

12.4.7 混合型

混合型公众号，顾名思义，就是可以将上面几种类型的公众号组合使用，从而达到更佳的效果。目前，很多有条件或者与移动互联网走得比较近的企业，都在混合使用公众号，有的企业甚至有上百个公众号。

12.5 公众号的建设

公众号的定位明确后，接下来开始进行账号的建设，一个全新的公众号就要诞生了。

12.5.1 取名的禁忌和技巧

这几年，一些取名机构的生意越来越火，越来越多的人在开设企业商铺时，或者新生儿女时，都请"大师"给取个好名。人们之所以这么重视名字，是因为无论对人还是对企业，名字都非常重要，毕竟名字一旦取了，就不能变了。

公众号的名字，同样重要，好的名字，可以对公众号的运营和推广起到锦上添花的作用；而不好的名字，则有可能制约公众号的发展。下面就说说取名的一些方法和要点。

1. 取名的方法

直呼其名法：对于企业的官方公众号、形象公众号、品牌公众号等，可以直接采用企业或品牌的名字作为公众号的名字。比如，推一把网站的官方公众号，就叫"推1把"。

形象比喻法：比喻法的核心是通过比喻的方式，将公众号具象成某个现实中的事物。比如，音乐类的公众号可以叫音乐工厂，足球类的公众号可以叫足球公园等。

反问强调法：以提问的方式，引起用户兴趣，同时起到强调账号定位的作用。比如，今晚看什么、今天吃点啥、怎么多赚钱等。

功能作用法：核心是直接将账号的作用、提供的服务等作为公众号的名字，比如酒店助手、航班助手等。

特色定位法：直接将账号的核心定位或特色作为公众号的名字，比如小道消息、冷笑话精选、地方方言、方言笑话等。

行业地区法：以行业或地区作为公众号的名字，比如杭州房产、健康百科等。

2. 取名的禁忌

取名的方法太多了，上面所列举的方法只是起到一个抛砖引玉的作用，大家在实际取名时，不要拘于一格，越有创意越好。不过，在发挥创意时，要注意以下几点。

符合用户的搜索习惯：公众号的名字，尽可能符合用户的搜索习惯，这样可以增加用户主动搜索关注的概率。

直观体现账号定位：账号的名字，最好是能够直接体现账号的内容定位和特色。简单地说，就是让用户一眼能明白你是干什么的，能给用户带来什么。

不要使用生僻字词：生僻字词不利于用户理解，而用户一时理解不了可能就不会关注了，同时更不利于传播。比如弄、飔、悫这类生僻字，有多少人认识？又有多少人知道它们的意思？

不要过于天马行空：取名要发挥创意，但是也不能天马行空得没边，无论如何创意，一定要能落地，要和账号的定位能联系上。比如取个名字叫"知子谷"，谁能理解这是做什么的？除非它已经是知名品牌，否则从营销的角度来说，它真的不是一个好名字。

名字不要过于宽泛：太宽泛的名字，会显得过于普通和没有特色，对用户几乎没有吸引力。比如，直接将美食作为账号名字，就不如北京美食、土家私房菜等词汇更加有针对性或特点。

同时要注意用户的承受能力。有的名字，前卫大胆，但是注意不要太出格，要考虑到用户的承受能力，以及一些风俗习惯等。比如，账号名字直接叫性爱交流，即使用户不举报你，官方可能也会直接封你的号；再比如，你在回族社区建立一个区域性的生鲜微信，账号叫卖猪肉，那这个账号好不了，甚至可能整个人都不好了。

12.5.2　企业微信号的设置技巧和要点

用户添加公众号，主要方式之一是直接通过其微信号添加；而企业微信号，用户可以自行设定。

设置企业微信号，是个很不起眼的小动作，这个功能在公众号中也很不起眼，但是它却很重要！按照目前微信的规则，企业微信号一旦设定，是不能随便更改的，如果企业微信号设置有误，则会制约后期推广。

好的微信号，利于记忆和传播；而差的微信号，即使用户想关注，也可能会记不住号码，或者即使记住号码了，也可能会因为太长，输入时出错。比如有的企业微信号，由二十几个字母组成，而且还是毫无意义的组合，这非常不利于推广。

其实设置企业微信号，也不难，只要把握住两点：第一，微信号越短越好，越短越利于传播；第二，微信号要利于记忆，比如可以直接用账号的拼音，或者是常见的拼音、数字。比如，笔者的公众号名字叫"坤友会"，其微信号就是名字的全拼：kunyouhui。再如，推一把网站的公众号叫"推1把"，其微信号是推一把的网址：tui18com。

12.5.3　公众号介绍的设置要点

公众号介绍看似只有短短几十上百个字，应该很简单，但是却暗藏玄机，作用很大。因为当用户通过账号搜索找到公众号后，首先映入眼帘的，正是公众号的介绍（见图 12-22）。此时，好的介绍，会让用户看完了之后关注；而差的介绍，则会让用户敬而远之。

图 12-22

撰写公众号介绍时，其实也不难，只要把握住两点即可。

1. 不要太广告或没营养

一些企业公众号的简介，就是单纯的公司业务介绍或经营范围介绍。而公众号的功能介绍最好能突出公众号的定位、特点，以及可以帮助客户解决什么问题等。从人性的角度来说，人都是自私的，只有当用户认为这个账号能给自己带来帮助或好处时，才愿意主动关注。

2. 文字越有个性越好

文字越有个性，越容易引发关注，像幽默的文字、犀利的文字，都很容易吸引眼球。例如，一个名为"小道消息"的公众账号简介就非常有意思："只有小道消息才能拯救中国互联网，只有小道消息才能拯救中国创业者。哦，当然这是一句玩笑话。这里为你分享一些我对互联网的思考和观点，别的地方可能没有的东西。"

12.5.4 公众号栏目菜单的设置要点

公众号认证后，可以设置栏目菜单（见图12-23）。这个功能非常重要，如果设置得当，可以增加用户的体验，提升黏性。

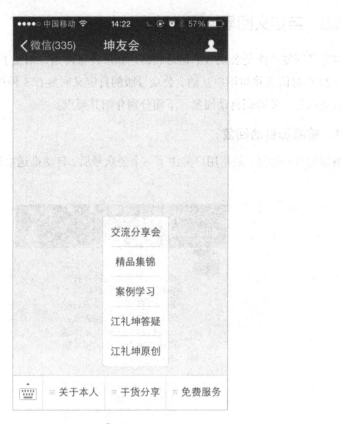

图 12-23

按照目前微信的规则，最多可以创建 3 个一级菜单，在每个一级菜单下最多可以创建5 个二级菜单，每个栏目的名字不超过 5 个汉字。

基于这个规则，设置栏目说简单也简单，就最多区区 15 个栏目，而且形式、样式固定，非常简单；说难也难，因为我们设置栏目的目的是为了提升用户体验，增加黏性。

根据笔者的经验，设置栏目有以下几个要点。

（1）老生常谈，栏目要围绕用户的需求和喜欢来设计，这是一切的大前提。

（2）具体操作时，先头脑风暴，把所有能够分析到的、符合用户需求的栏目名称都列出来。在头脑风暴过程中，可以多借鉴其他公众号甚至网站。

（3）所有栏目列出来后，进行优先级排序，分析哪个是用户最想要的、哪个是第二想要的。

（4）留下优先级最高的 15 个栏目，如果不足 15 个，则留空，宁缺毋滥。

（5）将 15 个栏目进行组合，因为腾讯的规则是可以设置 3 个一级栏目，在每个一级栏目下有 5 个二级栏目。注意，无论怎么组合，一定要符合用户查找内容的逻辑。

12.5.5　自定义回复的设计要点

自定义回复功能是公众号的运营利器，如果设置得当，相当于雇用了一个甚至几个机器人，24 小时值班并与用户互动。公众号版的自定义回复有 3 种模式：被添加自动回复、消息自动回复、关键词自动回复。下面分别介绍其要点。

1．被添加自动回复

被添加自动回复，是指用户关注了一个公众号后，自动推送给用户的消息，如图 12-24 所示。

图 12-24

设置被添加自动回复时，主要有以下几个要点。

（1）文字不要过多，不要超过一个手机屏幕的长度。

（2）文字高度概括和精练，能够准确定位公众号的主题及内容、公众号的特点、公众号提供的内容或服务等。

（3）格式整洁，符合排版要求，该换行换行，该分段分段。

（4）适当使用表情，会让整篇文章生动很多。

（5）适当穿插一些特效，比如"miss you"会掉小花、"生日快乐"会掉蛋糕。

（6）如果内容太多，可以配合"关键词自动回复"，让用户输入相关的关键词来获取内容。比如"回复1了解产品背景，回复2获取品牌故事"。

2. 消息自动回复

在微信公众平台设置用户消息回复后，当粉丝给你发送微信消息时，会自动将你设置的信息回复给用户。这个与QQ离线时的自动回复信息的表现形式一样。

这个功能，通常在以下几种情况下使用。

（1）原公众号废弃，建立了新公众号，那么可以设置一个自动回复功能，无论用户回复什么，都提醒用户关注新公众号。

（2）公众号主人或管理员休假或者长时间无法处理账号消息，此时可以设置一个自动回复功能，让用户通过其他方式联系主人或管理员。

（3）如果公众号是当成客服平台来使用的，那么在非上班时间，或者客服不在线的情况下，通过自动回复功能告之用户。

3. 关键词自动回复

关键词自动回复是指当用户输入特定的关键词时，将指定内容推送给用户。这个功能的应用最广泛，可以实现的效果也最多，具体如下。

（1）智能应答机。如果公众号是以服务或者给用户解答问题为主的，那么可以将一些常见问题设置成关键词自动回复，这样就能够像智能机器人一样，与用户之间实现自动应答的效果。

（2）代替导航条。对于非认证的公众号，是无法使用导航栏功能的。此时，可以将栏目以关键词自动回复的形式呈现给用户，比如"回复1查看关于我们，回复2查看产品目录，回复3查看产品介绍等"，如图12-25所示。

（3）补充菜单栏。即使认证账号可以使用公众号自带的栏目导航功能，但是微信公众号自带的导航功能也只有3个一级栏目，在每个一级栏目下也只有5个二级栏目。而如果将关键词自动回复与栏目导航配合使用的话，则可以实现无限分级。

（4）历史索引库。公众号运营久了，沉淀下来的历史内容会非常多。在正常情况下，如果用户想查看历史内容，只能通过点击公众号的"查看历史消息"来实现。这在内容很多的情况下，并不方便。而我们可以通过关键词自动回复内容，对历史内容做一个梳理和分类，做一个关键词索引，并将它们编成图文消息，便于用户查找和阅读这些历史内容。

图 12-25

关于具体的设置方法，这里就不介绍了，微信公众平台官方有详细说明。下面重点讲一下具体操作时的几个注意事项。

- 尽量用简单的数字或者词汇作为关键词，不要搞一些难分辨的多字母或者多汉字。
- 如果需要展示的内容太多，则可以像导航那样分级展示。比如产品功效有 12345，回复关键词"功效"可以列出 12345，这样用户对应输入 12345 时，就再回复对应的图文给用户。
- 用数字触发回复，最好有一些规律，比如 101 之后依次是 102、103。
- 如果需要呈现给用户的内容太多，则可以将内容设计成图文或者一组图文（一般 5 个为宜）推送给用户。

12.5.6 公众号的认证

公众号能认证的，请尽可能认证。认证后的公众号，会显示认证图标，更加权威，更加可信。同时认证后的公众号，可以使用菜单功能；可以在用户搜索公众号时，排名更靠前；如果是用户号，则可以获得更多的功能接口，如图 12-26 所示。

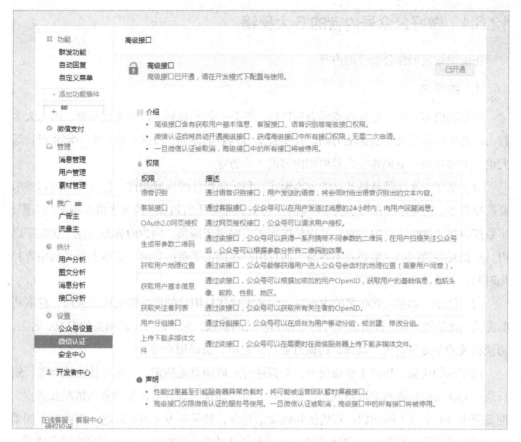

图 12-26

目前，公众号支持以下几种认证主体：企业（企业法人、非企业法人、个体工商、外资企业驻华代表处）、网店商家（支持天猫、QQ 网购商家）、媒体（事业单位媒体、其他媒体）、政府及事业单位、其他组织。

如果公众号符合条件，那么再支付 300 元的服务费，就可以申请认证了。

12.6 公众号的运营

公众号设置完成，只是迈出了万里长征的第一步，要想成功，还要走完后面的两万五千里。而后面的工作，就是日常的运营和维护。公众号的运营，核心是内容，重点是互动。本节就重点说一下运营方面的经验。在这里要和大家说明一下，关于公众号的基本操作层面的内容，比如如何增加图片、编辑图文等，这些在微信公众号的管理后台都有详细说明，本节就不介绍了。本节重点说思路和方法。

12.6.1 做好公众号内容的6大秘籍

先说说如何创作公众号的内容。

1. 纯原创

原创的内容，肯定更具备竞争力和优势，但是一提到原创，许多人便头疼，因为大多数人都是比较缺乏文字表达能力的。其实公众号内容的原创，没那么难，不一定非得长篇大论。下面介绍一下创作公众号原创内容的6个方法。

（1）文字。文字类是最基本的内容形式，和传统媒体的内容相比，公众号的内容要求要简单得多，主要体现在两个核心层面上：首先是字数不宜过多，因为手机屏幕面积有限，字数控制在1 000字以内为宜；其次是内容不需要过于深奥，因为内容控制在1 000字以内，想把复杂的问题说清楚并不容易。而且用户在阅读手机内容时，基本上都是利用碎片化时间，不能让用户太烧脑。

（2）访谈。如果1 000字的内容对于你来说也比较困难的话，那么可以采用一种取巧的方式，就是做访谈。针对公众号的定位和涉及的领域，你可以去访谈相关的专家、名人，访谈相关的企业负责人、高管，访谈行业从业人员，访谈用户等。

这里说的访谈，形式上也很简单，全程通过互联网就能搞定。首先寻找访谈对象，然后通过QQ或微信等与之取得联系；如果对方接受访谈，则针对访谈对象的情况和特点，准备至少10个以上的问题；将访谈问题发给对方，如果对方觉得有问题，则修改，如果对方觉得没问题，则让对方围绕这些问题写出自己的观点或想法等；对方将内容完成后，我们对内容进行加工，主要就是改错、排版等，最后将内容发布。

怎么样，简单吧！在这里你要做的事情就是找人，然后针对这个人准备10个问题。

（3）图片。除了文字，我们还可以制作图片类的内容。比如制作一些有意思的图片去传播，像幽默搞笑类的图片，这个图片可以是静态的，也可以是动态的。现在手机上就有很多制作动态图的App，非常简单和方便。

制作图片的关键是创意要好。创意来源有两个：一是自己的创意，当然，这个比较难；二是来自网络的创意，中国有几亿的网民，网上每天都会出现许多有意思的人和事，可以多关注互联网上相关的站点来找灵感。比如找幽默搞笑类的素材，就可以关注糗事百科。尤其是全民热点，一定要抓住。比如像红极一时的"航母Style（走你Style）"，这类热点一定要及时抓住和借鉴，如图12-27所示。

除了这种大众化的图片外，如果是专业性的公众号，还可以针对本领域制作一些专业化的图片。从以往的经验来看，思维导图或流程图就比较受欢迎。图12-28所示的是推一把网络营销学院的体系图。

标准航母Style姿势

图 12-27

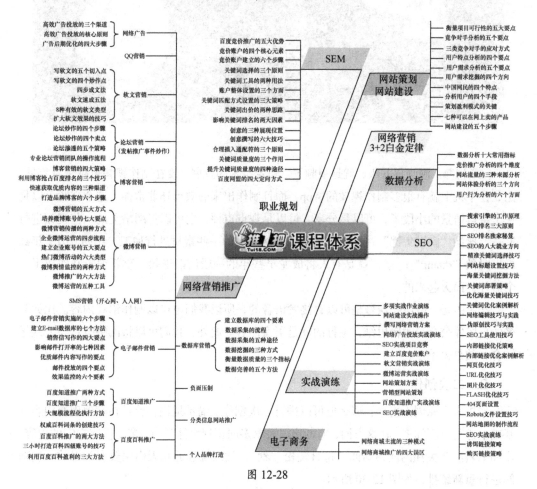

图 12-28

（4）漫画。如果将图片进行升级，我们还可以将生活、公司、身边的一些人和事，做成漫画来传播。在传递企业文化和品牌理念时，这个方法非常有效。可能有人一听到漫画就感觉需要由专业的人来制作，其实不然。像网络上著名的暴走漫画，从专业绘画的角度来说，非常简单、粗糙。这个不是门槛，内容有趣是关键。比如笔者公司的伙伴，时不时地也会将公司里一些有意思的事制作成漫画，如图 12-29 所示。

图 12-29

（5）视频。漫画再升级，就是视频了。随着技术的发展，现在制作视频也越来越容易，比如在手机上就有很多制作视频的 App，而且制作出来的效果还非常棒。这个视频可以是一个带点情景的小段子，可以是分享，可以是观点点评，也可以将网络上的一些视频进行汇总，比如"幽默集锦"一类的，还可以对网络上的一些素材进行加工，比如 2015 年红极一时的"duang"一字，就是有人将成龙早些年的一段访谈视频，重新编辑制作成了一个短片，而火起来的。

（6）语音。微信公众号是可以直接发语音的，所以我们也可以制作语音内容。比如著名的自媒体公众号逻辑思维，主打的就是语音内容。此外，我们可以将网络电台与公众号结合，效果也不错。

2. 二次创作

如果实在原创不出来，那么也可以进行二次创作。简单地说，就是在其他现有内容的基础上进行重新加工。在这方面，笔者建议大家多向正规媒体学习，多去借鉴它们的内容。比如笔者经常关注的网易新闻"每日轻松一刻"，就是挑选近几天内比较有意思的一些新闻进行重新编排，如图 12-30 所示。

在进行内容二次创作时，可以从以下 4 个方向入手。

（1）盘点。对某一类相关的内容进行重新加工。比如刚刚提到的网易新闻"每日轻松一刻"，即是一例。再比如专业一些的《年终盘点：2014 年 10 大互联网行业热词》《2014年最新网络热词排行榜（年终大盘点）》《2014 年我国最佳家电产品数据大盘点》《盘点十大教育事件——2014 年教育大事记年终盘点》等，还有比较偏大众和娱乐类的《明星撞脸大盘点：史上最全撞脸明星对比照》《明星的身份证照片大集合》等，均属此列。

（2）案例。无论是哪个行业还是领域中的人，对案例都是非常感兴趣的。比如女孩都对化妆、减肥类的案例感兴趣，行业人员都对本行业的成功案例感兴趣，所以我们可以搜集某一类案例进行二次创作。比如《史上最经典的 7 大营销案例！》《教你玩转双 11！》等。

（3）数据。数据类的内容，也是大众非常喜欢的。无论是大众化的数据，如全国人民的平均工资、消费水平等，还是专业一些的数据，如全国各行业、各部门每年公布的数据，以及一些单位或个人做的调查数据，我们都可以将这些数据重新加工整理，然后做成图表等形式来发布，效果非常好。如图 12-31 所示，这篇名为《2015 品牌社交媒体营销五大趋势》的文章，便是完全用图表的方式呈现的。

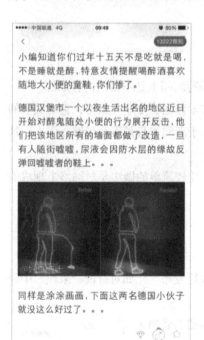

图 12-30

图 12-31

（4）PPT。我们还可以将一些优秀的文章或内容重新用 PPT 的形式呈现。如图 12-32 所示，这篇名为《36 页 PPT 带你看遍互联网！什么是粉丝？什么是互联网思维？》的内容，便是用 PPT 的形式向大家解读了什么是互联网思维。严格地讲，从效果的层面来说，36

页 PPT 并不能让大家真正地深入理解互联网思维的核心，但是它胜在直观、简单、容易阅读，对于懒人和生活在现代都市快节奏的人来说，更容易被接受和传播。

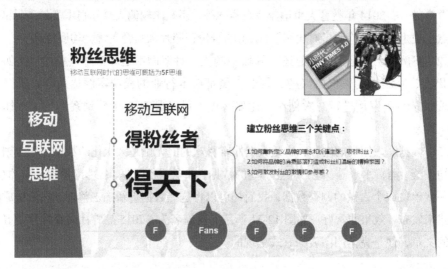

图 12-32

3. 采写新闻

如果公众号的定位涉及一些时效性的内容，那么采写新闻也是不错的内容来源。

新闻类的内容，是比较好组织和创作的。相对于文学作品、专业文献等，它对文字的要求没那么高，首先，只要把事情讲清楚就行，关键在于新闻本身是不是足够吸引人；其次，需要把事件的新闻点给挖掘和描述出来。

当然，我们不需要像专业的新闻记者那样去采写，比较简单的做法是对网络上现成的新闻进行重新编排，用自己的话或角度重新描述一下。

4. 伪原创

伪原创，是指将别人的文章，用自己的逻辑重新写一遍。具体的表现方式有以下 3 种。

（1）修改式。直接对一篇现成的文章重新编排修改后发布。比如对首段、末段、中间部分的内容进行修改，将逻辑顺序重新编排等。

（2）再造式。将别人的文章，完全用自己的文字风格和逻辑重新写一遍。

（3）汇总式。结合若干相关文章，整理成一篇全新的文章。比如说我们要写一篇关于开车的 5 个技巧，先上网找至少 5 篇开车技巧方面的文章，然后从 5 篇文章中提炼出来 5 个最好的技巧，整理成文章，最后发布。

5. 转载

原创或伪原创类的内容，比较有特色和竞争力，但是却要花费一番工夫。如果条件不允许，直接转载也没关系。实际上，现在微信公众号中，大部分内容都是以转载为主的。转载看起来很容易，只需复制、粘贴即可，但是想用转载的内容获得粉丝的认可，却又不是那么容易。

转载的核心要点在于以下 3 个方面。

（1）对用户需求的把握。其实对于用户来说，是原创还是转载，并不是最重要的，最重要的是内容能不能吸引他们。所以，这就需要我们对用户的需求和心理有深刻的了解和认识。想做到这一点，就需要我们能够经常与用户接触和互动，站在用户的角度去思考问题。甚至天天和用户泡在一起，做一个真正的用户。

（2）对内容有甄别能力。掌握了用户的需求后，接下来就是围绕用户的需求去选择内容。在选择内容时，就要求对内容具备一定的甄别判断能力，能够判断出内容是不是用户喜欢的。

在这个问题上，建议大家多去看其他公众号以及朋友圈里的内容，多去总结阅读量高、转载量高的内容有什么特点和规律。

（3）对互联网上的流行元素和内容有敏感度。能够甄别出足够优质的内容的前提是，有足够量的内容可供选择。所以，我们平时要多去关注互联网上出现的各种新内容、新元素，保持足够的敏感度。

6. 用户投稿

鼓励用户投稿，也是一种非常不错的内容产生方式。不过，此方法的前提是账户具有一定的权威性或影响力，比如粉丝数足够多，这样用户才有投稿的动力。

如果用户无法撰写优质的文章进行投稿，那么让用户提供素材，然后我们来重新加工也可以。

12.6.2 最受欢迎的 15 种公众号内容类型

内容来源问题解决后，我们再来研究一下在公众号中哪类内容比较受用户欢迎。

（1）新闻型。在任何时候，当下热点的时效新闻都能够吸引足够多的眼球。所以，不管哪类公众号，都应该将新闻型内容作为常规内容之一。作为公众号运营者，要重点关注两方面新闻：一是和公众号定位相关的新闻；二是人人都关心的大众化新闻。

（2）知识类。知识类内容可以是大众知识，也可以是行业知识或专业知识，比如常见的各种健康知识，像《千金不换的 99 个民间秘方》等。

（3）经验类。经验类内容主要是指人们在生产生活当中总结出的一些心得、技巧、方法。它可以是大众的，如《防止被宰：丽江旅游攻略》《15 个生活中不知道的小窍门》《淘宝购物，如何防止上当受骗》《写给那些战"痘"的青春》，也可以是专业的，如《一个小公司老板的日常管理，竟被亿万创业者疯转》。

（4）行业类。行业类内容是指聚集于某几个用户或大众比较关心的行业，比如各种互联网行业的内容等。

（5）搞笑类。搞笑类内容永远都不过时，无论是图片、文字还是视频，任何时候都会勾起用户的兴趣，但前提是真的搞笑。

（6）情感类。情感类内容的核心是以情感人，具体的操作手法有打故事牌的，如《半个西瓜的故事！已婚，未婚必看！》；有打怀旧牌的，如《绝对看到你飙泪！超多80后童年记忆大收集》；有打感情牌的，如《一个女人写的婚后感言，看完直接失眠了！》《写给天下那些傻女人，句句戳心！》《那些年我们读过最动人的情书》。

（7）鸡汤类。朋友圈中最多的内容之一就是鸡汤文了，这也变相证明"鸡汤"是大众喜欢的"美食"之一。相信各位的朋友圈都不缺鸡汤文，所以这里就不举例子了。

（8）爆料类。爆料类内容往往都是大多数人接触不到的，其结果又出人意料，所以效果非常好。比较受欢迎的爆料内容有揭露行业黑幕的、各种潜规则的、各种丑恶行径的。

（9）故事类。应该说我们从小到大就是看着、听着各种故事长大的。小的时候家长会讲各种童话故事、民间故事，电视上还有各种动画故事，书上有漫画故事，长大了会看小说、电影等。所以，故事类内容是非常受公众欢迎的内容之一。

（10）励志类。越是压力大的人、越是浮躁迷茫的人、越是缺钱的人、越是总失败的人，越是需要励志。而目前中国还是发展中国家，不像发达国家物质基础那么牢固，所以大部分人还是需要适当激励一下的。

（11）八卦型。各种娱乐八卦、名人八卦是媒体和朋友圈里的常客，虽然这类内容很俗，但是用户喜欢。

（12）观点型。观点型内容，顾名思义，就是以思想观点取胜。这类内容想吸引用户关注，观点就一定要与众不同，要么极具争议性，要么非常独到，要么异常犀利，要么很有深度，实在不行，走傻瓜路线，也没问题。

（13）排行类。根据笔者媒体从业经验来看，排行类内容都比较受欢迎。而且从朋友圈的文章点击排行来看，也确实如此，比如《中国美女城市排行榜新出炉：哈尔滨第一，重庆第二》。

（14）案例类。案例类内容往往都是真人现身说法，一是真实可信；二是内容来源于实践，可操作性强；三是更贴近用户的生活和实际，所以此类内容也都非常受欢迎。

（15）研究类。研究类内容往往都会让受众学到或了解到许多非常有用的知识，所以往往这类内容都非常受欢迎。其中最具代表性的，应该就是柴静的《穹顶之下》了。

12.6.3 能引起公众号粉丝用户转发的 8 大要点

公众号的内容，仅仅是让用户有阅读的欲望，不是我们最终想要的结果。我们最希望看到的是用户在看完内容后，还会转发到自己的朋友圈。这样才能真正提升文章的阅读量，扩大公众号的影响力，以及带来新的粉丝。

那么文章如何写，或者如何加工，才能让人转发呢？核心关键点是文章中一定要至少有一个能够打动用户内心、触动用户心灵的亮点。

（1）共鸣。能够引发用户内心强烈共鸣的内容，是非常容易被转发的。比如《献给90 后：大学生一毕业就失业》《中国夫妻最缺什么？说得太好了，解开万千夫妻离婚之谜》等。

（2）争议。能够引发用户争议的内容，也很容易成为热点。比如《人人车 CEO 给赶集 CEO 的一封公开信》等。

（3）好奇。好奇是人类的天性，比如《1 个小时后禁播，速看》，虽然标题根本没定是个什么东西，但是很多人看到了，会情不自禁地去点。如果内容真的好，便会吸引用户转发。

（4）开心。从心理学的角度来说，每个人都愿意把好东西分享给亲朋好友，而分享快乐，是最不需要成本的。朋友圈经常被转载的各种幽默视频、段子，就是最好的佐证。

（5）新知。好的知识，用户也愿意在朋友圈分享，因为同分享快乐一样，在朋友圈转发这种分享知识的方式，也是不需要成本的。

（6）解惑。如果公众号中的内容能够解决用户心中的问题或困惑，也会引发转发。比如《为什么有的人工作 5 年月薪还是少得可怜？》等。

（7）帮助。如果公众号中的内容能够帮助用户解决生活或工作当中的问题，也会引发转发。比如《2015，绝对不要在公司混日子！激励了无数人》等。

（8）引导转发。除了要在内容上下工夫外，还要在文章中引导用户去转发。比如放上这样的话："如果您感觉本文还不错或对您有帮助，那请分享给您的朋友！"

12.6.4 给公众号内容取个好标题的 16 个妙招

标题的作用非常重要，能够直接影响内容的点击量。因为在正常情况下，用户是先看标题，后看内容的，看了标题后，才去考虑要不要看内容。即使是非常优质的内容，如果标题激发不起人的点击欲望，那么阅读量也不会太大；反之，即使内容很烂，但是标题很诱人，阅读量也会非常喜人。

比如，笔者曾经看过一个视频，标题叫《韩国当红明星×××的最新 MTV》，点击量很惨淡，结果几天后，有人将这个视频改了个标题后重新发布，结果被疯转，而这个新标题是《韩国巨星×××全球禁播视频》。

仅仅是十几个字的变化，差异就这么大，所以从某种程度上说，我们要学会做一名"标题党"。下面就和大家分享一下"标题党"流传在江湖中的16个妙招。

（1）描述型。直接将内容的核心告诉用户，一般直入型的标题要想奏效，就需要内容本身必须吸引人才行。比如《2016流行色，美翻了》《世界最全的咖啡知识》等。

（2）告诫型。这类标题的特点是在字面上告诫用户不能干某某事，撰写这类标题时，最好是在标题前面直接加上"警告"二字来增强效果。比如《警告：海鲜千万不能和啤酒一起吃》等。

（3）疑问型。标题本身就是一个疑问，但是却不给答案，引导用户点击文章来找答案。比如《这家伙是人是妖？》等。

（4）夸张型。标题中有一些夸张的词汇来描述内容的效果，常用的词有："笑死我了""笑死你""笑尿了""震惊""震撼""不可思议""出大事了""太火了""火遍""火爆"等。比如《一个小视频，笑我三天》《让1亿人流泪的视频》等。

（5）玄虚型。这类标题说白了就是卖关子、故弄玄虚，让人看了标题知其然，却不知其所以然。比如《今天全国都在下雨，原来是因为他!》《原来这才是×××的真相》等。

（6）数字型。标题中加数字，往往都会收到不错的效果。比如像本节中的标题，全部都有数字，大家可以试着把数字去掉，对比一下哪种效果更好。

（7）恐吓型。标题抛出一个令人恐惧的结论或结果，以此来吸引用户点击。比如《三天不大便，等于抽包烟》《洗血洗出一桶油》等。

（8）反问型。通过对用户提出反问的形式，激发用户的兴趣。比如《2万元一包的烟，58万元一瓶酒，您见过吗？》《微信赚钱，是真的吗？》等。

（9）肯定型。标题直接要求用户必须看，或者必须转。一般这类标题都会出现"××必看""必转""必须分享""不看不行"等字眼。比如《朋友圈已经被这只东北猴子刷爆了，必须分享》《关于柴静，此帖最经典，其他都扯淡》等。

（10）最×型。标题里直接出现"史上最×""中国最×"这样的字眼。比如《史上最美清洁工》《中国最牛的卡车司机》等。

（11）紧迫型。标题直接给人时间上的紧迫感，一般这样的标题都会出现"速看""马上被禁"等字眼。比如《赶紧收藏，据说明天就要被禁》等。

（12）揭秘型。这类标题一般都会出现"曝光""爆料""绝密""禁播"这样的字眼来吸引人。像本节开头举的那个韩国MTV的例子，即属此列。

（13）结论型。标题给出一个结论，这个结论可能出人意料，也可能让人不认可，但是没关系，只要吸引用户眼球的目的达到了就行。比如《中国人90%不会喝茶》等。

（14）意外型。标题给出的内容出乎意料，很让人意外。比如《一场演唱会，唱死好多人》《大叔第一次上医院，竟然查出怀孕了》《最彪悍：女乘客打完司机后掏出卫生巾甩其脸上泄愤》等。

（15）对比型。对比名人或者知名品牌、产品。比如《东北夫妻隔空吵架，这个小品没上春晚可惜了》等。

（16）创新型。进行一些形式上的创新。比如《南方暴雨：雨雨雨南雨雨雨方雨雨雨》等。

12.6.5　设计公众号互动内容的 10 大方法

本节开头说过，公众号的运营，核心是内容，重点是互动。内容是为了吸引用户、留住用户，互动是为了增加与用户的感情，让用户变成粉丝。那么公众号如何才能增加互动性，与用户互动起来呢？这里教大家几招。

（1）互动栏目。在策划公众号时，直接策划一些带有互动性质的栏目。比如在笔者的公众号中，就有"企业招聘""人才求职"这样的栏目，这些栏目都是与用户互动的栏目，用户如果有招聘或求职需求，发给笔者，笔者即会在公众号中免费帮他们发布。

（2）内容互动。可以在公众号的内容中与用户互动。比如在文章中引用用户的评论、来信，或者调侃用户等。网易新闻的"新闻 7 点整"等栏目，就经常这么做，如图 12-33 所示。

图 12-33

（3）互动调查。调查也是一种非常传统但却非常有效的方式，这种方式不但能与用户经常互动交流，还能搜集各种数据，了解用户习惯等，可谓一箭双雕。

（4）有奖竞猜。兑猜类的方式也很传统，但是却经久不衰，如猜歌名、猜谜语等，任何时候都能让用户参与其中。当然，如果有些小奖品来调动用户的积极性，效果会更好。这个奖品不一定非得是企业自己花钱采购的，也可以与其他厂商通过合作的方式互换。如果公众号的粉丝多，甚至可以直接寻求赞助。

（5）有奖征文。如果公众号的影响力还可以，用户群够大，征文也是一种非常不错的方式。如果征文有难度的话，也可以简单一点，比如看图编故事等。

（6）有奖征集。设计征集类活动，最好门槛低一些，越简单越好。规则越简单，越容易吸引用户参加。比如征名、征宣传语类的活动就比较简单。

（7）答疑解惑。如果条件允许，可以设置一个答疑类的栏目或环节，每天在固定时间帮助用户解答问题。

（8）用户评比。可以周期性地推出一些用户评比活动，比如最活跃用户、转载量最高用户等，这么做的好处一是能够与用户产生互动；二是树立典型，培养核心粉丝；三是让用户之间产生竞争感。

（9）游戏抽奖。抽奖类的活动或游戏，应该是用户最喜欢参与的了，比如常见的刮刮卡、大转盘等。

（10）群辅助。除了公众号本身的互动外，我们应该学会借助一些其他的工具进行辅助。比如建立 QQ 群、微信群，引导用户加入群，通过群的方式辅助互动，培养用户。

12.6.6　在公众号中植入广告的 7 个技巧

企业建立公众号，最终的目的肯定是为了宣传企业，这点无可厚非。但是如果宣传得过火，则可能适得其反，使用户取消对它的关注。正确的做法是，应该像影视剧那样，学会巧妙地植入广告，广告的痕迹越轻越好。

（1）人文关怀。在过年过节，或者是用户生日的时候，可以以企业的名字送上祝福。这个祝福最好也具备创新性和趣味性，比如做成电子贺卡、视频等。

（2）人物访谈。可以通过人物访谈的形式，来传递一些企业的信息。比如可以访谈客户，向用户传递我们的产品效果等信息；访谈合作伙伴，让用户了解我们的实力；访谈内部员工、高管，让用户了解我们的企业文化。

（3）媒体报道。一些比较直接的宣传资料，可以以媒体报道的形式呈现。比如让第三方权威媒体报道我们，我们进行转载；或者是我们自己将新闻稿撰写完成后，先投放到第三方权威媒体，然后我们再进行转载。

（4）有奖活动。对于商业类的有奖活动，用户是不反感的，毕竟有奖品嘛！

（5）互动游戏。可以设置一些简单的游戏，让用户参与，在游戏中植入广告。比如笔者的一个学员，是生产精油的，他在情人节时，设计了一个"测试桃花运"的游戏；测试完成后，系统会根据测试结果向用户推荐相关的精油。

（6）客户案例。直接将优质的客户案例，以文字或视频的内容形式呈现给用户。注意，这个内容不是让用户赤裸裸地帮我们做广告，而是以分享心得的形式来呈现。

（7）介绍经验。可以以分享经验的方式，将企业的信息传递给用户。比如分享我们的企业是如何做出好成绩的，在这个过程中肯定要说我们的产品理念、企业文化、服务流程等。

12.6.7　公众号内容推送时间的 4 个要点

在正常情况下，早上 8 点左右和晚上 7 点后，是用户阅读微信的高峰时段。但是具体操作时，要具体情况具体对待。

（1）人群特点。上班族，早上 8 点推送没问题，但是如果目标用户群是老板，则可能 9~10 点更适宜些。

（2）地域特点。中国幅员辽阔，还要考虑地域问题。像新疆和北京，相差两个时区呢。

（3）内容特点。如果是像新闻一类的时效性内容，早晨推送比较适宜；但是一些需要静下心来阅读的文章，可能下班后更适合些；而一些八卦类的内容更适合中午推送。

（4）实践总结。最重要的是，要在公众号运营的过程中，通过观察、分析数据等来总结，什么时间段是最适合本账号的。

12.7　公众号的推广

如何加粉丝，是所有人都头疼的事儿。接下来，就说说这个大家最头疼、最关心的问题。

12.7.1　现有资源导入

其实每个企业都有很多现成的资源，如果对这些资源加以有效利用，就能给公众号带来不少粉丝。比如企业员工的名片、企业的各种宣传资料、花钱打广告的广告牌、官方网站、企业员工的邮箱、产品的包装袋、包装盒、产品的说明书、门店资源等。

当然，也有不少企业用这些资源宣传过公众号，但是效果却不好。在这里笔者提醒大家的是，宣传公众号，并不是将公众号的二维码或企业微信号印到这些资源、素材上，就会有人关注的。很多企业之所以宣传了之后效果，问题就出在这儿。如图 12-34、图 12-35 所示。

图 12-34   图 12-35

在宣传资料上印个二维码并不难，但是如果想让用户关注就难了。如果想让用户关注，关键要和用户讲明白，关注你有什么好处。就像前面的章节中所说的，人性的特点是先利己，后利他，只有对自己有好处的事情，用户才会关心。

12.7.2 内容推广

对于公众号来说，通过内容本身传播是最好的推广方式。如果内容好，用户就会转载，其他人看了内容，就有可能关注。

当然，内容好用户不一定会关注，还要适当引导。比如在每篇文章的顶部和底部提示用户关注账号，在文章末尾介绍公众号的定位和特色等，如图 12-36、图 12-37 所示。

图 12-36

图 12-37

除了图 12-36、图 12-37 所示的这种常规引导外，还可以再配合一些脑筋急转弯、智力测试等内容进行引导，如图 12-38 所示。不过，这里提醒大家的是，这种方式，微信已经明确规定是不允许的，但是这种思维是值得借鉴的。

图 12-38

12.7.3　排名优化

一些用户会通过微信的搜索功能，主动查找感兴趣的公众号进行关注。当用户搜索相关的关键词时，如果我们的公众号能在结果页中排在前面，则会每天自动增加粉丝。如果想达到这种效果，那么需要做以下几项工作。

（1）在公众号名称中，应该包含用户经常搜索的词。

（2）对公众号进行认证，因为认证过的公众号，会排在未认证公众号的前面。

（3）要快速积累粉丝，因为公众号的排名，主要是以粉丝量为基础的。

下面来说一个案例。

应用案例：新手快速实现日纯利润 1 万元

2012 年，笔者曾在东北开设过一个分公司，那年夏天，微信公众号正式上线。由于笔者的公司是做网络营销的，所以分公司的小伙伴第一时间对此进行了尝试和研究。

所有做公众号的朋友，最终面对的都是同一个问题，那就是如何推广加粉丝。当时我们主要尝试了两个方法：第一个是通过个人号带动；第二个就是上面说的排名优化。

先说一下成绩。通过排名优化的方式，试验账号每天能增加 500 多个粉丝，两个月之后，使用该账号尝试销售女性产品，第一天纯利润便破万。

下面说说具体操作的思路。

当时是为了试水，所以账号的定位偏大众化，主要定位在女性上。因为女性群体的消费能力强。

在给账号取名时，我们确定了用排名优化的方式，基于上面所说的，名字中要包含用户常搜索的词。当时我们就思考：什么样的词，是女性用户常搜索的呢？最终我们确定的方案是借力于明星。哪个明星的关注度最高，我们就借谁的力。

我们通过百度指数工具，查询了当时的明星排名榜，最终选定了某女明星。

账号主体名字确定了之后，公众号的内容应该如何定位呢？女性关注度比较高的内容基本上就是化妆、美容等。于是账号最终的名字为"×××美容护肤"（注：这个×××是明星的名字）。

当时微信公众号比较好认证，只要粉丝过 500 人就可以申请。所以在公众号上线之后，很快粉丝量就冲破了 500 人，于是便进行了认证。

之后，在微信中搜索该明星的名字，或者美容护肤这两个关键词时，我们都名列前茅，每天带来几百个粉丝，最终实现了盈利。

其实排名优化这个方法，严格地说，并不新鲜。在 PC 互联网时代，搜索引擎排名优化，就非常流行。只不过是很多人缺少举一反三的能力，比如有的人懂得搜索引擎优化，但是换一个平台，却想不到这个方法，或者不知道该如何操作了。

如果想提高学习的效果，真正将学习到的知识运用到实战中，一定要学会举一反三，因为知识是死的，只有活学活用，才能奏效。

例如优化这个方法，其实所有有排名的地方，都可以优化。而且优化的核心原理也都一样：找到其排名原理，针对其原理进行优化。

12.7.4　个人号辅助

由于个人号与公众号的差异，导致个人号与公众号的推广方式也有不小的差异。从方法数量上来说，个人号的推广方式更多、更灵活。所以，我们也可以将个人号与公众号配合使用，先通过个人号吸引粉丝，然后再引导这些粉丝关注公众号。

关于个人号加粉丝的方式，请参见本章最后一节的内容。

12.7.5　活动推广

如果预算允许，通过活动推广，是非常简单、快捷、有效的一种方式。如果预算充足，则可以送一些实物的礼品，比如面包厂可以送面包，饮料厂可以送饮料，或者采购一些小礼品，甚至直接赠送手机话费。如果条件不允许，则可以送一些虚拟的物品，比如积分、电子书、教程等。

12.7.6　公众号互推

互推也是一种比较有效的方式，我们可以通过加入同行交流群、同行交流活动等方式，多认识一些同行或其他公众号的运营者，然后相互在公众号里推广对方的账号。

不过要注意，推广时不要太过分，因为微信官方是不鼓励这种行为的，如果推广的力度过大，则有被封号的风险。

12.7.7　公众号导航

互联网上有许多公众号导航网站，其定位与形式和 hao123 这样的网址导航站一样。我们可以把公众号提交到这些导航站上面。具体的导航站地址，大家可以在百度搜索。

12.7.8　推广返利

最后一种方式是引导用户帮助我们去推广，拉动粉丝。这种方式有点门槛，需要技术支持，开发相关的移动端返利系统。虽然门槛有点高，但是效果却非常好，尤其是配合微店或微商城的话，效果更佳。

不过，在开发程序和设置规则时要注意，不要宣传得过于夸张，目前微信官方正在打击那些过火的商家。

下面来看一个小小的案例。

应用案例：土特产公众号2个月吸粉60万

其实这个案例真的很小，几句话就能说清楚，但效果却是惊人的。这个案例运用了推广返利的方法，在不到2个月的时间内，吸引了60万粉丝。而这个公众号，是以微商为主的，这60万粉丝，是真真正正能产生订单的。

这个公众号，是一家枣业公司的公众号，目的是为了销售大枣。其具体的操作流程很简单，关注其公众号，就能成为他们的会员。成为会员后，他们会给你一个会员编号及专属的推广二维码，然后你在朋友圈或者向朋友一对一分享这个二维码，那么别人扫描它成为会员后，你就是他的介绍人。之后，如果该会员消费了，你就会获得返利佣金，如图12-39、图12-40所示。

图 12-39

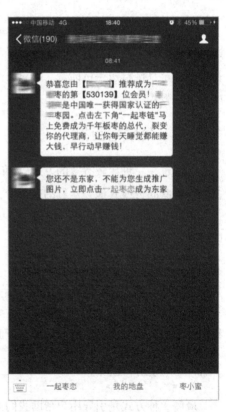

图 12-40

有的时候，小方法真的能解决大问题。不过，在用这个方法时一定要注意，千万不要太过火，不要把规则设计得像传销一样，微信官方已经在打击这种行为了。

严格地说，本案例中这家企业设计的规则以及方案中的一些字眼，就有点过火，正处于微信官方的打击之列。但是笔者之所以在这里将其呈现给大家，是因为它的这种思路是非常值得借鉴的。

12.8　47种微信个人号加好友的方法

公众号的部分分享完了，接下来再说说微信个人号。在营销层面，微信个人号有两大作用：一是辅助推广，通过个人号带来用户；二是促进销售。在本节，重点和大家分享47种加好友，带来精准用户的方法。这些方法有难的，也有简单的；有中规中矩的，也有取巧的，但绝对都是前人验证过可行的。大家在具体操作时，可以根据自身情况进行选择。

12.8.1　微信类方法

先说说基于微信自身的推广方法。

1．摇一摇

这是最基本的一种加好友的方法，算是一个小方法，可以在空闲时间穿插使用。这种方法胜在简单，缺点就是效率低，而且胳膊还累。

2．附近的人

这也是微信的基本功能之一，操作时，可以从两方面入手：一是我们主动加别人，不过这个比较费时；还有一种是想办法让附近的人主动加我们，这就需要使我们的头像、名字、简介非常吸引人才可以。

3．手机号导入

这也是微信自带的功能，可以将通讯录中的手机好友导入微信。

这种方法想产生更好的效果，重点是如何搞到大量手机号，主要有以下几个办法。

（1）手动找。网络上有很多公开的电话信息，可以根据自己的需求，到目标用户集中的地方手动搜集。比如你想找房产中介，那就可以到分类信息网站、房产交易网站，如58同城等。

（2）软件搜索。互联网上也有一些软件，可以自动搜索。

（3）手动生成。还有一些软件，可以自动生成手机号码，不过自动生成的不精准，而且生成出来的手机号可能是空号。

（4）资源互换。也可以与其他人互换数据库。

有了手机号码后，将这些号码导入手机通讯录（这个工作可以通过相关工具来完成，比如像 QQ 手机助手等类似工具，能把成千上万的电话号码导入到手机上），然后再利用微信的号码导入功能导入微信。

4. QQ 号导入

这也是微信自带的功能，与手机号导入类似，是将 QQ 号码里的好友导入到微信中。这种方法的关键是，如何先通过 QQ 加到足够多的好友。具体的大量加 QQ 好友的方法如下。

（1）QQ 好友基本查找。通过 QQ 自带的加好友功能加人，要比微信加人效率高。不过使用这个办法加的人，不是特别精准。因为 QQ 好友搜索，只能根据性别、地区等进行检索。

（2）绑定别人的 QQ 号码。如果你的朋友够多，可以将他们的 QQ 号码借来，绑定到你的微信上。一个 QQ 号码的好友导完后，再解绑，然后再找另一个 QQ 号码绑定，依此类推。

（3）通过 QQ 群。先加精准的目标用户群，然后将 QQ 群里的人加为好友，之后再导入微信。

（4）QQ 空间推广。去踩其他人的 QQ 空间或者给他们的空间留言，邀请他们互加好友。

5. 微信换群

这是目前比较常用的一种方式，具体的操作步骤是，先建立若干微信群，然后与其他有微信群的人相互换群，再添加群里的人为好友。

6. 账号互推

与其他人在朋友圈里相互推荐。如果你身边没有足够的人去进行互推的话，那么可以考虑进入一些微信联盟的 QQ 群（互联网上有不少这样的合作群）。

7. 公众号推广

公众号推广，并不比个人号容易，不过我们是为了配合个人号，所以不需要像前面章节说得那样专业和系统。具体操作是这样的，针对用户非常喜欢的内容或方向，建立公众号，然后将公众号提交到各大公众号导航网站。当然，如果你有时间和精力，再好好做一下公众号的内容，就更好了。

8. 有偿转发

如果可以出一部分钱或奖品，也可以考虑付费推广。当然，我们可以用一些成本比较低的方式，比如在猪八戒等威客类网站发布任务。

9. 大号推荐

如果能找一些知名度高、粉丝多的公众号推荐，或者找知名人士在他的个人微信号上推荐，效果是非常好的。当然，除非你们是朋友，否则往往是需要付费的。

10. 微信红包

这种方法用好了，非常恐怖。一个典型的操作思路是这样的，在朋友圈发个消息：凡是在他们的朋友圈推荐你指定信息的，你就送他们红包。而给他们的信息很简单：某某土豪发红包啦，想抢红包的，加他微信：×××××，如此循环。当然，具体的规则、流程也可以根据自己的实际情况来改。

11. 软件推广

通过加人软件、定位修改软件等工具推广，也是比较流行的方法。这类方法没什么难度，就是通过一些自动添加好友的软件进行操作。这类软件目前有很多，用起来也都比较简单，按照软件说明书使用就可以了。不过这类软件笔者推荐使用，因为它们不是很正规，容易被封号。

12.8.2 互联网类方法

下面再介绍一下基于互联网和移动互联网的方法。

1. 软文推广

软文是一种非常不错的方式，但是这种方法有一定的门槛，需要具备一定的文字功底。内容可以是以下几个方向。

（1）经验类。如果目标用户有学经验的需求，则可以写一些分享类的文章。如果目标用户是网店店主，他们肯定对网店的推广感兴趣；如果目标用户是女性，那么她们基本上就是对化妆品等感兴趣。

（2）故事类。可以写一些故事，故事可以是真实的，比如自己的创业故事；也可以是虚构的，比如一些情感故事。

（3）评论类。评论以思想和观点取胜，不过前提是够犀利。

（4）知识类。各种生活常识、知识等。

（5）情感类。例如心灵鸡汤、励志等。

这些文章可以自己写，如果不会写，也可以伪原创，或是二次创作。具体的关于伪原创或二次创作的内容，请参看 12.6.1 节的内容。

软文写好后，可以发到相关的网站、论坛、贴吧，以及像百度文库之类的网站。

2. 视频推广

这个视频可以自己拍，也可以是上网找一些非常受用户欢迎且容易被传播和转载的视频，然后在视频里打上自己的微信号水印，或者直接在视频的结尾插入一个图片广告。

3. 电子书推广

针对目标用户的喜好，做一些电子书传播，然后在电子书里植入微信号。比如针对肥胖人群，可以做一本减肥宝典；针对做电商的人群，可以做一本电商宝典等。这个电子书的内容可以是原创，也可以是上网找一些相关的文章资料，然后重新梳理编辑成电子书。

电子书做好后，可以上传到各大电子书或下载类的网站、论坛。

至于制作电子书的软件，互联网上有很多免费的，大家可以直接搜索电子书制作进行查找。

4. 邮件群发

邮件群发，是互联网上一种比较古老的方法，虽然效果不是特别好，但是胜在省心、省时、省力、省钱。因为群发软件运行时，都是全自动的，不需要人去干预。而且现在很多群发软件都是免费的，如果没有邮件地址，网上也有一些免费的邮件地址搜集软件，甚至在网上还能找到一些免费的邮件地址数据库。

所以，只要我们写一个好一点的文案，然后下载一个软件，再找到一些邮件地址，24小时挂机运行就可以了。

不过注意，使用这种方法时，标题要注明是广告，内容不要让用户反感。

5. QQ 群推广

QQ 群的普及度非常高，每个 QQ 用户都会加若干 QQ 群，所以这也是一个非常好的推广渠道。QQ 群本身的推广方式，也非常多。

（1）直接在群聊天框里发推广信息。注意，不要直接发广告，一定要有策略、有选择地发。比如先聊会儿天，再发，或是与 12.8.4 节中的免费策略、资源推广、口碑推广等方法配合使用。

（2）在群共享里上传图片。在图片里可以放微信号。

（3）在群共享里上传软文、视频或电子书。在软文、视频或电子书里植入微信号。

6. 论坛贴吧

进入目标用户集中的论坛、贴吧进行推广。推广的方式有以下几种：

（1）配合软文，把软文发到论坛。

（2）配合免费策略，送东西。

（3）配合资源推广。

（4）直接发微信号。不过，这个需要有足够的技巧和创意才行。具体可以参看本节最后的应用案例。

7. 信息推广

在目标用户集中的信息网站推广，如分类信息类网站、B2B 类网站等。

8. 知道推广

在百度知道、搜狗问问等问答类网站推广，回答相关的问题，在问题里留下微信号。

9. 社交软件

微信、QQ 都属于社交网站，推广的效果都非常好。而实际上，社交软件不止这些，比如陌陌、唱吧、YY、淘宝旺旺等，也都是社交软件，虽然它们的用户基数没有微信、QQ 大，但是效果也还不错。在微信、QQ 上推广的理念和方法，完全可以复制到其他社交软件上。

10. 陌陌吧推广

这里说的不是百度贴吧里的陌陌吧，而是社交软件陌陌推出的类似于贴吧的产品。

11. 豆瓣推广

利用豆瓣小组进行推广，豆瓣小组的人气非常火爆，与百度贴吧、陌陌吧有些类似。

12. 社交网站推广

这里说的社交网站，是指交友类网站，比如征婚类网站、聚会活动类网站等。如果你是一个 MM，那在里面会非常受欢迎的。

13. 所有带社交功能的手机 App

现在很多手机 App 都带有社交功能，这些软件都可以加以利用。比如经纬名片通，这是一个名片管理软件，但是也可以搜索添加附近的人。这类软件有很多，大多是未经开发的处女地。

14. 聊天室推广法

虽然聊天室没有互联网刚兴起时那么火了，用的人也越来越少，但是现在还存活着的聊天室，用户黏性都比较强，而且现在很多聊天室都是主题聊天室，人群也更精准。

15. 微博推广

作为最火的互联网平台之一，微博不容错过。微博本身的推广方式非常多，但是我们是为了带动微信，所以要选相对比较简单、省时、省力的方式。在这里推荐几种方式如下。

（1）互粉。关注别人，再让别人关注我们。

（2）微博活动。比如最常见的有奖转发，或者转发@三个人即抽奖。

（3）大号转发。通过付费的形式，找微博大号帮忙转发。可以到微博易这样的平台找大号，其成本也较低。

（4）粉丝通。粉丝通是新浪微博官方产品，是利用微博"粉丝通"基于微博海量的用户，把企业信息广泛传递给粉丝和潜在粉丝的营销产品。它会根据用户属性和社交关系将信息精准地投放给目标人群，同时微博"粉丝通"也具有普通微博的全部功能，如转发、评论、收藏、赞等。

（5）评论。评论别人的微博内容，在评论里宣传。互联网上有这方面的工具软件。

其他更多的方法，请参看第 11 章的内容。

16. SEO

SEO 的中文名叫搜索引擎优化，是指通过技术手段，使用户搜索某方面关键词时出现我们的内容。我们可以根据目标用户的搜索引擎，选择用户经常搜索的关键词进行优化。具体的优化方法如下。

第一步：将用户常搜索的关键词汇总，越多越好。另外，字数越多的关键词，越容易优化。（注：SEO 的具体技术原理解释起来很长，想学习的可以买本 SEO 方面的书。大家只要记住关键词越长，越容易优化就好。）

第二步：围绕关键词组织文章，或论坛帖子，或电子书，或视频，或百度知道问答帖子，组织内容时注意，在内容的标题和正文中一定包含要优化的关键词。

第三步：将内容大量发布到知名度高的网站。

17. 博客推广

博客的推广方式也有很多，比如我们可以做名博，但是这个比较难。这里说一个比较简单的方法。用博客做 SEO，具体流程如下。

第一步：选择要优化的关键词。

第二步：在各大知名博客网站申请开通博客，比如新浪、网易、天涯等。

第三步：要优化的关键词，应出现在博客名字中。

第四步：定期更新博客内容，频率越高越好；更新的数量越多越好，但是每次更新的数量要差不多，不能相差太大。

第五步：更新的博客内容，一定是和优化的关键词相关，而且内容中要包含关键词。

18. 腾讯游戏

腾讯旗下有许多游戏，我们可以用手机游戏来寻找附近的人，丢纸条加好友。适合的游戏包括"天天酷跑""天天爱消除""节奏大师"等，其余游戏大家可以自行测试。加好友的方法很简单，下载以上游戏到手机里安装好，先用自己的个人微信号登录，然后点附近的人，就可以看到附近的其他玩家了。这时你可以给他们丢纸条，附上一句话，比如加个微信号××××吧，一起玩天天酷跑，发送过去对方就可以收到了。虽然纸条的发送数量是不限制的，但是一般最多能收到别人发给你的 50 个纸条。

12.8.3　线下类方法

除了互联网类方法，一些基于线下的方法也是非常有效的。

1．名片推广

名片虽简单，也是个小方法，其胜在不复杂，随时随地可以推广。

2．门店导入

如果你有自己的门店，或者朋友有开门店的，则可以通过门店导入。比如与进店的顾客相互添加好友、在店内贴海报等。

3．产品导入

如果你有自己的产品，或者代理销售其他产品，则可以在产品包装盒、说明书、购物袋等上面贴上自己的微信号和二维码。

4．宣传单

发传单也是一种常见的方法，但是这种方法要奏效有几个注意事项。

（1）传单一定要发给精准有需求的人群。

（2）传单的内容要醒目，要有吸引人眼球的地方。要让用户第一眼看到时，就想看全部。

（3）单子里一定要有能够诱惑用户加你的内容。比如，免费送用户一本价值 100 元的独家资料，获取方式就是加微信。

5．贴广告

很多社区都有免费贴广告的公告栏，可以在这样的地方贴广告。

6．参加活动

很多城市都有各种线下活动，有网友间纯吃喝玩乐的，也有一些行业交流会。可以多参加一些目标用户群集中的活动，通过这种活动认识的用户，黏性都比较高。

活动信息可以在百度上搜索，也可以到一些专门的活动网站获取，像新浪微博就有专门的活动板块。

7. 事件营销

可以策划一些能够引导公众关注的事件去吸引人关注，比如最简单的，在身上印一个大大的二维码，去人多的地方引人瞩目；再复杂一点的，扮成蜘蛛侠、超人、葫芦娃等。

最好是在记者出没的地方，容易产生新闻效应。没有记者报道也没关系，我们可以自己拍些照片，写成新闻稿，发在相关的网站、论坛上。

12.8.4 其他方法

接下来要说的方法，都是既可以在互联网上使用，也可以在线下使用的，而且基本上都需要和其他方法、工具或渠道配合使用。

1. 签名推广

在各种有签名的地方，留下微信号，比如 QQ 签名、电子邮件签名、论坛签名、微博签名等；也包括线下的各种可以留签名的地方，比如一些咖啡厅里的交友墙、意见簿等。作为营销人，一定要养成随时随地营销的习惯。

2. 免费策略

准备一些用户喜欢的，且不容易获取到的内容，比如电子书、视频等；然后将这些内容的介绍发布在各种用户集中的地方，比如论坛、贴吧、QQ 群、微信群、YY、唱吧等，介绍写得越有诱惑力越好；内容最后注明，想免费获取这些内容，添加微信号获取。

3. 资源推广

将一些好的资源打包成压缩包，在网络上传播。但是压缩包要设置密码，如果用户下载后想获取解压密码，则要通过添加微信号获取。

4. 口碑推广

这种方法是在前两种方法的基础上升级的，引导用户帮你进行口碑传播。具体的操作方法很简单，当用户想获取免费资料或解压密码时，必须在其朋友圈转发某篇指定的文章（比如资源介绍的文章），或者推荐你的微信号。

5. 图片推广法

通过传播图片的方式进行推广，图片中要包括微信号。这个图片可以是表情图（如果你自己具备设计能力的话）、从网络上搜集的各种有意思的图片（如果有能力，进行二次加工更好）、自己制作的各种有意思的图，或者干脆将自己的二维码做成创意图片传播。

6. 种子推广法

BT 下载，是现在很多人下载资料的首选，尤其是下载一些电影、电视剧。而 BT 下载首先要获取到相关的种子。我们可以搜集一些网络上需求量大的资源，然后在资源里加上我们的微信号（也可以与免费策略配合使用），然后将这个资源的种子在互联网、移动互联网上传播。

7. 病毒推广

这种方法需要技术支持，方法的核心是制作一些祝福、搞笑或者整蛊类的页面或程序。例如，一个非常经典的小程序是这样的：在页面里输入朋友的名字，然后这个页面里出现的内容，全是关于这个朋友的新闻，比如张三获世界十大青年了、张三当选联合国秘书长了。

制作好程序或页面后，在页面最后放上微信号，引导用户添加。之后在网络上传播这个页面或程序。

8. 唱歌推广

如果歌唱得好，则可以录一些唱歌的视频在网络上传播，或者在 YY、唱吧等平台唱歌，吸引用户添加。

9. 免费分享

如果语言表达能力还行，那么可以通过在 YY 等平台以免费讲课或分享的形式来吸引用户添加，也可以把分享的内容制作成视频或语音文件传播。

10. 免费服务

如果你有其他可以免费为用户服务且不耗费太多时间和精力的技能，那么可以通过免费服务来聚集人气。比如免费帮助给头像加 V 什么的（其实这个非常简单，用 PS 工具一分钟搞定，只是很多人不会用制图软件）。

11. 活动推广

策划一些创意小活动，比如一个非常简单又非常经典的猜拳游戏，其形式其实是通过微信猜拳。活动游戏是这样的：首先准备一些小礼品，然后预热宣传，规则很简单，添加你的微信，和你猜拳，你输了，就给对方礼品。

12.9　应用案例

一个小方法月入近百万元

这是几年前的案例了，有点老，但是很有代表性，在此分享给大家。

那时，微信个人号还没有限制好友数量，可以无限添加好友。当时有一位美女，用一个小方法，真的只是一个很小的方法，在两个月的时间内，加到了几十万好友，最终月收入达到了近百万元。

这是一个什么样的小方法呢？它居然有这么神奇的效果？下面笔者就来给大家揭晓答案，事情的经过是这样的——

某年某月某日，互联网上出现了一个帖子，而且这个帖子同时出现在了好几个地方，帖子内容是这样的——一位美女说她两个月后即将出国，且很长时间不回来。本来出国是件开心的事，但是现在她却遇到了烦恼：她有一只心爱且比较名贵的狗狗，由于不能将狗狗带出国，而家里又没人可以照顾它，所以准备找个靠谱的、有缘的好心人收留它。

帖子写得很有特点，而且帖子里又附上了狗狗的照片和她的照片，狗美，人更美。而且她还在帖子里不断与大家互动。

帖子发出后，不断有人加她，据说在两个月内，有几十万人加了她的微信。

两个月后，美女出国了，据说狗狗也送出去了。接下来的日子，美女不断地在朋友圈晒她在国外的生活，也经常晒国外的一些好产品，尤其是重点晒了那些比国内便宜的产品，比如一些名牌鞋之类的，还加了很多感慨和评论。

这么晒的结果可想而知，一些微信里的好友希望她能代购。接下来，顺理成章的，这位美女开始做起了代购。据说高的时候，月收入近百万元。

有段时间，这个案例在网络上广为流传，后来有人在网络上揭露，说这是某代购平台做的营销活动，至于爆料说的是真是假就不清楚了。

如果爆料人说的是真的，那笔者不太认同这种带有欺骗性质的营销手段，而且现在"送狗法"也被用烂了。

但是这种创新的精度，绝对是值得大家学习的。

实战训练：策划一个微信公众号

【实训目的】

1. 体验微信营销的过程。
2. 具备初级的微信公众号策划能力。

【实训内容】

未来我们想在女性领域创业，但是具体做什么待定。按照互联网的思维，是"先圈用户后圈钱"，所以我们先针对女性建立一个公众号，然后把人圈进来。当公众号有了足够的人之后，再根据实际情况来确定做什么项目或是产品。而且公众号的粉丝多了后，本身就可以盈利。

针对以上需求，我们需要建立一个公众号，再制订一个公众号的运营推广方案，然后实施。这个方案要包括公众号具体的定位、公众号的名字、公众号的栏目规划、内容定位、运营计划和推广计划等。

【实训提醒】

1. 公众号的类型、主题名字自由发挥，只要和女性相关就行。但是要考虑什么样的定位更容易吸引粉丝，且竞争不是特别激烈。

2. 同时还要考虑内容来源问题。只有内容好、有特色，才容易留住人。否则即使有人关注，但是发现内容不好后也会取消关注。

3. 如果不知道方案的格式或形式，可以到相关网站（比如百度文库）借鉴其他成熟的方案。

4. 方案要有一定的可行性。如果条件允许，建议真实操作一下。一旦真的做成功了，盈利也是颇丰的。

5. 可以以小组的形式完成该实训项目，也可以以个人为主体，具体视实际情况而定。

思考练习

1. 以上面的实训项目为基础，画出微信公众号策划、运营及推广的流程图，包括实施过程中一些具体的注意事项和技巧等。

2. 找到至少三个做的比较成功的女性相关的公众号，并分析其成功的原因。

第 13 章
数据库营销

13.1 什么是数据库营销

所谓数据库营销，就是企业通过收集和积累会员（用户或消费者）信息，经过分析筛选后有针对性地使用电子邮件、短信、电话、信件等方式进行客户深度挖掘与关系维护的营销方式。或者说，数据库营销就是以与顾客建立一对一的互动沟通关系为目标，并依赖庞大的顾客信息库进行长期促销活动的一种全新的销售手段。它是一套内容涵盖现有顾客和潜在顾客，可以随时更新的动态数据库管理系统。（摘自百度百科）

13.2 数据库营销的特点

1. 精准

通过数据库营销，我们可以快速、精确地找到最终目标用户，同时还可以做到非常有针对性地与用户一对一沟通。

2. 性价比高

通过数据库营销，我们可以最大化地将新用户转化成老用户，同时深入开发和挖掘老用户的价值。不管是前者还是后者，都将极大地压缩成本，提高收益。

3. 竞争隐蔽化

其他的网络营销方法，都是对外可见的。比如网络广告、软文营销、新闻营销等，竞争对手只要稍微花些心思，就能够知道我们是如何实施的，甚至可以完全还原我们的营销过程。但是数据库营销的操作过程，完全是隐藏而不透明的。除了内部相关人员，谁也不可能知道我们具体是如何实施的。

4. 个性化

世界上没有任何两个人的性格、喜好、想法等是完全相同的。所以在做营销时，最理想的状态是针对每个人的不同情况与特点，进行有针对性的营销。但是其他营销手段很难做到这一点，不管是网络广告、软文营销还是 EDM 等，都不可能做到个性化。而通过数据库营销，却可以实现这样的效果。

5. 反馈率

用户反馈是我们掌握用户心理及需求的一个重要手段，所以在营销过程中，提升用户反馈率，搜集用户反馈信息，也是一项非常重要的工作。而数据库营销的用户反馈率是极高的，通过数据库营销，能够让我们很容易地把握到用户心理及需求。

13.3 数据库营销的作用

1. 维护客户关系

做过销售的朋友都知道，想让用户持续消费，首先要维护好客户关系。但是面对庞大的客户群，该如何有效维护呢？通过数据库可以轻松地解决这个问题，且会大大降低维护成本，特别是对于大型企业，效果尤其明显。

举个例子：我们要给老用户赠送一批优惠券来维护一下彼此的关系，那么该如何做呢？按照以往的做法是统一制作一批优惠券，统一发放。但是这样却不够人性化。而通过数据库，我们就可以根据用户以往的消费记录和消费习惯，赠送不同的优惠券。比如根据累计消费额，赠送不同面值的优惠券；根据用户不同的消费习惯和喜好，赠送不同项目的消费券等。

2. 开发老客户

衡量一名销售人员是不是优质，不是看他能开发多少新用户，而是看他能维护多少老用户，能让多少老用户不停地重复购买。而这也是许多电子商务企业追求的目标。如何让老客户重复购买呢？建立用户数据库是第一步要做的，而这也是很多公司容易忽略的。特别是网店，能够做到这一点的极少。像笔者，是一名忠实的网络消费者，家里的大部分东西，都是通过网店购买的。但是在笔者消费过的网店中，没有任何一家店铺采集过笔者的信息和数据，往往都是在交易完成后，就再不相往来了。

比如说衬衫，大家都知道，选衬衫是个很痛苦的过程。有时候在网上逛一天，也找不到一款合意的产品，而笔者也不可能为这种事耗费太多的时间和精力。如果有一家网店，能够记录下笔者的喜好和消费习惯，并经常推荐一些符合笔者喜好的产品的话，笔者肯定会毫不犹豫地下单的。

3. 实施精准营销

现在很多企业都在追求营销的精准性，因为只有这样转换率才能上升，营销成本才能降下来。但是如何实施精准营销呢？数据库就是精准营销中很重要的一个环节。没有数据库做支持，营销就很难做到真正的精准。比如说我们正在经营一个网络商城，商城里什么产品都有，包括服装鞋帽、数码家电、儿童玩具等。然后有一天，商城新进了一款皮鞋，我们想针对老用户促销一下这款皮鞋，这时候该如何做呢？我想大部分人会选择给老客户群发邮件或短信，这也是目前大多数人的主流做法。可问题是，我们经营的是一家综合商城，来我们这儿购物的人并不是都对皮鞋感兴趣。而且在对皮鞋感兴趣的人中，对于款式、颜色、价位等需求又不尽相同。如果经常给用户群发这种邮件，势必会引起用户的反感。

而引入数据库营销后，这个问题就可以迎刃而解了。首先我们对所有的用户进行建档并归类，哪些用户是对服装感兴趣的、哪些用户是对手机感兴趣的、哪些用户是对皮鞋感兴趣的，都要记录在案。同时还要记录下用户的自然特征及消费习惯。比如对于喜欢皮鞋的人，要记录下他们喜欢的颜色、喜欢的款式、喜欢的价位、喜欢的品牌等。这时再有新品促销时，我们就可以从数据库中调出最可能对这款皮鞋感兴趣的人进行群发，对于这群人来说，这样的信息正是他们想知道的。而对于其他不感兴趣的用户，又避免了不必要的骚扰。

4. 提升数据的价值

在互联网上，有很多人靠出售用户数据为生，成千上百万的用户数据，一般只需几千元就能搞到手。当然，这是不道德的事情，对于此类事件，媒体也时有报道。但是某杂志社，仅靠20余万条用户数据（还是经过多年不断积累出来的），就能够达到一年上千万的收入，其中的秘诀就是数据库营销。这20余万条用户数据，基本上都是企业老板及高管的数据，该公司将这20余万条数据进行了详细的分类，比如按照地区、企业规模、企业性质、企业收入、企业人数、企业消费习惯等进行分类，然后再拿这些数据，帮助其他企业进行精准营销。最高时，其一条数据就能带来上万元的收益。

13.4 数据库营销的实施步骤

说了这么多概念上的东西，下面开始一步一步来和大家分享一下如何实施数据库营销。

13.4.1　第一步：建立数据库

对于一些要求不高的中小企业，这一步非常简单。比如对于开网店的朋友来说，只要建立一个 Excel 表格，然后设置好要记录的项目即可，如性别、年龄、职业、地址、工作、喜好、历次消费情况、消费习惯等。这个数据库涵盖的对象可以是现有顾客，也可以是还未消费的潜在顾客。

对于大型公司，这一步要复杂一些，数据库营销需要选用专业的 CRM 系统。

13.4.2　第二步：采集数据

数据库建立起来后，便开始采集数据，完善数据库。采集数据的方法主要有以下几种。

（1）自有用户。比如对于网络商城、淘宝店等，以往服务过的顾客，就是最好的原始数据。再比如对于网络论坛、社区等，其已有的注册用户，即为第一批用户数据。

（2）网络调查。这是一种性价比非常高的搜集数据的方法。比如 2008 年某网络游戏公司曾与笔者当时服务的网站合作搞过一次有奖调查，该公司一共才出了 200 元左右的小礼品，但是却获得了将近一万份详细且有效的用户调查数据。平均每条数据 2 分钱左右。

（3）活动。通过各种活动获取用户数据也是一个非常不错的选择，像笔者每年都会搞一次大型的行业年会，而每次活动都能得到五六百条非常优质的行业用户数据。在线上活动方面，像有奖问答、有奖征文、有奖投票、评选等也都是不错的形式。注意，策划活动时，门槛越低越好，这样参与的人才会多。

（4）网络搜集。除了以上方法外，网络上也有很多公开的用户数据，比如很多论坛、QQ 群、网络团体等都会提供会员通讯录下载。

（5）交换。这是许多商业公司的惯用手法，是一种非常省时、省力和省钱的方法。

（6）购买。这是最直接的方法了。实际上，我们的数据可能已经被倒卖 N 回了，相信很多初为人父母的都有这样的经历：刚生完孩子，家里的亲戚都还不知道是男是女呢，结果推销奶粉的电话就打来了。

13.4.3　第三步：数据管理与数据挖掘

数据管理主要是指运用先进的统计技术，利用计算机的强大计算能力，把不同的数据综合成有条理的数据库。特别是大型公司，需要用专门的软件统一管理用户的数据库，要做到所有部门的数据都是统一和同步的。数据管理最重要的一条是数据挖掘，特别是对于网店与电子商务公司尤其重要。数据挖掘主要是挖三方面的内容。

一是挖掘用户。简单地说，就是用不同的属性，不停地对用户进行深入细分。根据使用最多类消费者的共同特点，用电脑勾画出某产品的消费者模型。以推一把网站为例，推一把的用户粗略来分有三种：个人站长、中小企业人员以及行业从业人员。而中小企业人员，如果按行业来分，又可以细分出医疗行业、美容行业、教育行业、农产品等；如果按公司规模来分，又可以分为 10 人以下、50 人以下等；如果按资金规模来分，又可以分为 10 万元、50 万元、100 万元等；如果按地区来分，又可以分为北京、上海、广州等。

将用户充分细分的好处是：当我们需要推广某个产品时，可以马上从数据库中提取出最精准的那部分用户。比如我们要卖一款白色、售价为 500 元的耐克运动鞋，那么通过数据库，就可以马上找到那些喜欢白色运动鞋、消费能力在 500 元左右，且对耐克比较偏爱的用户群。

二是挖掘需求。挖掘需求是指根据用户的年龄、职业、收入、文化层次、喜好、消费习惯等数据，运用先进的数据分析技术，找出他们的潜在需求。这其中最经典的一个案例就是尿布与啤酒的故事：沃尔玛通过建立的数据仓库，按周期统计产品的销售信息，经过科学建模后提炼决策层数据。结果发现，每逢周末，位于某地区的沃尔玛连锁超市啤酒和尿布的销量很大。进一步调查表明，在美国有孩子的家庭中，太太们经常嘱咐丈夫下班后要为孩子买尿布，而丈夫们在买完尿布以后又顺手带回了自己爱喝的啤酒，因此啤酒和尿布一起购买的机会是最多的。之后该店打破常规，将啤酒和尿布的货架放在了一起，使得啤酒和尿布的销量进一步增长。

三是挖掘产品。开发什么样的产品会有市场？用户喜欢什么样的产品？用户会为哪些产品买单？这是很多企业困惑的问题。而这些问题的答案，都可以通过分析数据库中的数据找到。比如说我们是一家制药企业，主打产品是胃药，通过几年的销售，我们拥有了 30 万的用户数据库，而且其中大部分人是我们的忠实用户。这时候我们开始对数据库进行分析与挖掘，最后发现在这些用户中，有 60%的人患有肠道疾病，那么公司下一步就可以考虑开发这方面的产品。

13.4.4 第四步：完善用户数据库

仅仅建立了数据库，得到了初步的数据还不够。如果想从数据中得到更多的信息，想更好地利用信息库进行营销，还需要不停地扩充及丰富数据库，不断地搜集和完善用户的详细信息才行，比如用户的喜好、行为和习惯等。这其中主要用到的方法有以下几种。

（1）引导。这是最直接，也最重要的一个方法。在这方面，一些交友网站及 SNS 网站做得比较到位，这些网站都会有一个完善的积分系统，如果会员想获取到更多的网站积分，就需要不停地完善自己的资料，每完善一项，就可以得到相应的积分奖励。这是一种非常典型和有效的引导方式。

（2）反馈。用户的反馈，是最直接和真实的数据，特别是对于销售型的企业，一定要注意搜集用户的反馈意见。以网店为例，当我们向用户推荐产品时，不同的用户会有不同的反应。比如有的用户会说，她不喜欢这件衣服，因为它是红色的。这个时候，我们的数据库中就增加了一条非常重要的信息：这个用户不喜欢红色的衣服。

（3）调查。调查最重要的技巧之一就是尽量搞有奖调查，有物质奖励，用户的积极性才会提高。另外，调查的选项尽量不要设置得太多和太复杂，这样容易降低用户的积极性。

（4）行为。通过观察和记录用户的行为，也是一种非常好的获取方式。还是以网店为例，假如说某个用户在我们这儿买过三次衣服，每次的牌子都一样，价位区间与颜色也都非常一致，那么我们就可以得到这样几条信息：这个用户对某品牌很偏爱，消费能力在××元左右，喜欢×颜色的衣服。

（5）活动。在有条件的情况下，多组织互动性比较强的活动，通过活动去搜集用户数据，引导用户留下他们的信息。

（6）沟通。如果你的用户群比较少，或者时间及精力比较多，那么也可以通过与用户直接交流的方式获取用户数据。实际上，通过这种方式获取到的信息，也是最详细的，特别是许多比较隐私的信息，只有通过交流才能获取到。

13.5　应用案例

在 2004 年，笔者曾做过游戏币生意，就是传说中的网游商人，当时笔者的角色属于中间商，左手从游戏币工作室收货，右手再销售给玩家。当时笔者是圈中最知名的商人之一，也是同行中赚钱最多的人之一，高峰期一天的纯利润就能达到几千元。而这成绩的背后，数据库营销发挥了非常大的作用。

很多人上网销售产品，卖完就结束，之后再也不与客户主动联系，顶多是来新品后发发小广告。而笔者做网销时有一个习惯，特别喜欢与用户聊天（前面说过，与用户交流是获取信息最直接的方法）。比如当时销售游戏币时，每个来咨询的人，笔者都会通过交流摸清对方的详细信息，比如居住地、年龄、工作、收入水平、网游年龄、游戏中的等级、消费水平、消费习惯等，然后在笔者的用户数据库中记录下这些信息，并进行分类，最后进行有针对性的维护。比如对于那些购买力强的用户、资深的玩家，无论第一次会不会消费，都要当成重点客户进行维护。网络上的骗子太多，初次接触不放心，观望一下很正常。所谓买卖不成情义在，多与这些潜在顾客聊聊天，在成为朋友之后，他们下次说不定会消费，或许还会经常消费。

通过这些方法，仅半年左右，笔者就赚了小几十万元，而实际上当时在笔者这儿消费过的客户一共才 80 多个。

案例：理发店的例子

理发是一个拥有上千年历史的老行当，现在的理发店竞争也很激烈。对于理发店来说，最优质的客户是女性顾客，女同志做一次头发，至少上百元。若哪家理发店能拥有一群忠实的女性顾客，那么生意一定会非常火爆。

有这么一家理发店，就通过数据库营销，牢牢抓住了600个白领回头客。我们一起来看一下他们是怎么做到的。

首先，这家理发店为每一位顾客都建立了客户档案，其中包括年龄、职业、单位等基本信息，同时还包括顾客目前头发的状况、历次烫发染发时间、用的什么烫发水等个性信息，最重要的是，留下客户的联系方式，特别是线上联系方式。

在获取到用户的这些信息后，他们便开始通过MSN等即时通信工具与客户进行交流，比如针对顾客的发质，提一些保养建议；聊聊用户的美发需求；或者干脆闲聊促进感情等。为什么要与顾客在网上闲聊呢？大家都知道，想长期留住顾客，最好的方法是与顾客成为朋友，而在理发的过程中，与顾客交流的时间和精力肯定有限，若通过电话等方式交流，又不是很现实。所以MSN等即时通讯工具就成了最佳选择。与顾客聊成了朋友，自然就会成为回头客了。

而且当客户要理发时，还可以提前在MSN上沟通好需求，再结合顾客的数据档案，基本上就能准确把握用户的要求和心理预期了。同时，这样还能最大限度地节省双方的时间，避免客人多时撞车排队。

案例：内联升的数据库营销

清朝末年的老北京流传着一句谚语："头戴马聚源，身披瑞蚨祥，脚踏内联升，腰缠'四大恒'。"意思是戴马聚源的帽子最尊贵，用瑞蚨祥的绸缎做衣服穿在身上最光彩，脚蹬一双内联升鞋店的靴鞋最荣耀，腰中缠着"四大恒"钱庄的银票最富有，有腰缠万贯之意。而这个内联升，就是我们接下来要讲的故事主角。

内联升的创始人叫赵廷，最早在一家鞋作坊学得一手制鞋手艺，又积累了一定的经验。后来，由一位丁大将军出资入股，资助赵廷开办了鞋店。由于当时京城的制鞋行业竞争也挺激烈，于是他决定走专业路线，专门为皇亲国戚、朝廷文武百官制作朝靴。内联升早期的经营并不是一帆风顺的，因为这些达官贵人做鞋，经常只是差下人送个鞋样过来，但这样就保证不了鞋的舒适度。特别是遇到一些脚形比较特殊的人，就容易出问题。在经历过几次交易纠纷后，赵廷打起了数据库营销的主意（当然，那时候还没有这个说法，也没这个名词，但意思是一样的），搞了一本后来闻名于世的《履中备载》。这个备载实际上就是内联升的用户档案，里面详细记载了京城内所有达官贵人脚上的秘密，比如鞋的尺寸、样式和特殊脚形等。有了这个数据后，为客人做鞋就不怕不合脚了，而且还省去了很多麻烦，比如某个客人要做鞋，直接来知会一声就行，不需要费劲地去沟通需求了。

《履中备载》推出之后，赵廷的生意果然是越来越火爆。而火爆的原因，除了顾客对他的鞋越来越满意外，还有个意外收获，原来很多人听说内联升掌握了京城达官贵人的足下之秘后，都纷纷来订鞋送礼。因为在当时，上好的朝靴经常作为一种礼品，馈赠亲友或者下级送给上级。而内联升的数据在当时是不可多得的精准信息，大大方便了送礼者。

实战训练：策划一份数据库营销方案

根据自己企业的实际情况，建立用户数据库，记录用户的基本信息、消费习惯等，并尝试通过不同的特征对用户进行挖掘和分类。

【实训目的】

1. 体验数据库营销的过程。

2. 具备初级的数据库营销能力。

【实训内容】

某网络商城，已经运营一年多。由于公司运营和推广得力，商城的注册会员已经有 50 余万人，消费过的客户有 20 余万人。

但是之前公司并不是很懂数据库营销，在这块也不够重视，所以除了基本上的注册数据等，公司并没有更详尽的用户数据。公司现在想补上这一课，所以需要我们做一个方案，方案主要包含以下内容：

1. 我们需要搜集用户的哪些具体数据，请将这些需要搜集的数据项列出来。

2. 我们通过哪些方法来完善这些数据，比如是用户调查、记录用户的购买行为，或是引导用户自行提交等。

3. 如果这几十万的用户数据全部搜集完成后，我们可以通过哪些策略和方法来配合产品的销售，比如如何让未成交过的会员产生购买行为、如何增加用户的复购率、增加用户的复购频次等。

【实训提醒】

1. 在设计要搜集的用户数据选项时，要充分考虑这些数据获取的难度以及这些数据的重要性。假设某项数据获取难度很大，或是成本太高，而实际上这个数据的价值不大，可有可无，那可以考虑不要。

2. 建议以小组为单位来完成本次实训任务。

3. 如果不知道方案的格式或形式，可以到相关网站（比如百度文库）借鉴其他成熟的方案。

【实训思考】

1. 数据库营销和近几年流行的大数据营销，是不是一回事？

2. 在实施过程中，如何用更便捷的方式获取用户数据？

3. 如果用户的数据有变化时，如何能够及时更新这些数据？

思考练习

以上面的实训项目为基础，画出数据库营销的流程图，包括实施过程中一些具体的注意事项和技巧等。

第 14 章
事件营销

14.1　什么是事件营销

事件营销的英文里是 Event Marketing，也被译为"事件营销"或者"活动营销"。事件营销（Event Marketing）是指企业通过策划、组织和利用具有名人效应、新闻价值以及社会影响的人物或事件，吸引媒体、社会团体和消费者的兴趣与关注，以求提高企业或产品的知名度、美誉度，树立良好品牌形象，并最终促成产品或服务的销售的手段和方式。由于这种营销方式具有受众面广、突发性强，在短时间内能使信息达到最大、最优传播的效果，为企业节约大量的宣传成本等特点，近年来越来越成为国内外流行的一种公关传播与市场推广手段。

简单地说，事件营销就是通过把握新闻的规律，制造具有新闻价值的事件，并通过具体的操作，让这一新闻事件得以传播，从而达到广告的效果。

事件营销是近年来国内外十分流行的一种公关传播与市场推广手段，它集新闻效应、广告效应、公共关系、形象传播、客户关系于一体，并为新产品推介、品牌展示创造机会，建立品牌识别和品牌定位，形成一种快速提升品牌知名度与美誉度的营销手段，如图 4-1 所示。20 世纪 90 年代后期，互联网的飞速发展给事件营销带来了巨大契机。通过网络，一个事件或者一个话题可以更轻松地进行传播和引起关注，成功的事件营销案例开始大量出现。

中国最早的事件营销可以追溯到 1915 年。那年，中国政府倾力参加在美国旧金山举办的世博会，这也是旧中国时期，中国商品在世博会上出展最多的一次，共有 1 800 箱 10

万件展品，重达两千多吨漂洋过海地去参展，中国国酒茅台也名列其中。可由于各国送展的产品也很多，琳琅满目，美不胜收。所以中国的茅台，被挤在一个角落，久久无人问津。大老远跑一趟，不能白来呀！中国的工作人员眉头一皱，计上心来，提着一瓶茅台酒，走到展览大厅最热闹的地方，故作不慎地把这瓶茅台酒摔在地上。酒瓶落地，浓香四溢，人们被这茅台酒的奇香吸引住了，也因此知道了中国茅台酒的魅力。这一摔，茅台酒出了名，被评为世界名酒之一，并得了奖。

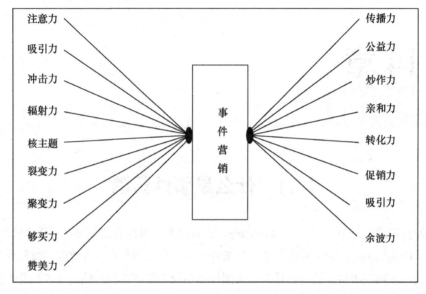

图 14-1

而互联网的出现，为事件营销带来了新的契机，有了 EDM、视频、博客、论坛、SNS、IM、微博等平台的辅助后，事件营销如虎添翼，成为了当今企业最喜爱的营销工具之一。

14.2　事件营销的作用

事件营销的作用有很多，下面介绍几个比较重要和有特色的点：

1. 新闻效应

最好最给力的传播工具和平台，是新闻媒体。而事件营销的第一个作用，或者说它最大的特点，就是可以引发新闻效应。而一旦引发媒体的介入，有了媒体的帮助及大力传播，那效果及相应的回报必定是巨大的。最重要的是，由事件营销引发出来的新闻传播，完全是免费的，不用额外花一分钱。

2. 广告效应

不管使用什么营销手段，其实最终的目的都一样，都是为了达到广告效应。而事件营销的广告效应，要高于任何其他手段，效果可以说是最好的。这是因为一个热门事件，往往都是社会的焦点，是人们茶余饭后的热点话题，而由于人们对事件保持了高度的关注，自然就会记住事件背后的产品和品牌。其广告效果无法估量。

3. 公共关系/客户关系

通过事件营销，可以极大地改善公关关系。比如说封杀王老吉的营销事件中，王老吉的正面公共形象一下就树立起来了，用户对于王老吉的认可程度，达到了史无前例的高度。在用户追捧的过程中，王老吉的知名度和销售量，也被拉向了一个新的高潮。

4. 形象传播

对于那些默默无闻的企业，如何快速建立知名度，迅速传播品牌形象是个不小的难题。而通过事件营销，就可以攻克这个难题。由于事件营销的裂变效应，可以在最短时间内帮助企业建立形象，增强其知名度和影响力。比如著名涂料品牌富亚涂料，之前只是个不见经传的小企业，但是因其老板当众喝自家生产的涂料而一夜成名，其产品安全环保的形象跃然纸上，刻入人心，富亚涂料也因此迅速成为国内知名品牌。

14.3 事件营销的内容策略

事件营销的具体实施，往往都是需要其他营销手段和平台辅助，如 EDM、论坛、SNS、IM 等，决定事件营销的关键是创意，下面和大家说说各种事件营销的内容策略。

14.3.1 美女牌

美女是永恒的话题和热点，也是最容易策划和实施的营销元素。所以在策划事件营销时，若实在找不到好的创意点，不妨考虑打美女牌，虽然招数有点老，但却非常有效。

这方面的案例数不胜数。比如淘宝第一美女——"水煮鱼皇后"，就是一个比较典型的案例。水煮鱼皇后原名李叶，生于 1988 年。高三时，李叶用平时积蓄的零花钱，开始拿货，在淘宝上做起了掌柜，主营服饰。

2007 年年底淘宝网举办了一次创意大赛，李叶自创短剧《水煮鱼的淘气生活——带你走进一个淘宝女生的真实生活！》参加了活动，由于其外形清纯可爱，故事风趣幽默，且其网店已经达到月入 2 万元的水平，所以她一夜之间迅速在各大网络上蹿红，被网友标榜为淘宝第一美女店主。目前李叶的店铺已经是双皇冠，有着火爆的销售额并保持 100%的好评率。

民间有句谚语，叫"胸大无脑"，很多网络红人不是靠出位赚眼球，就是靠长相拼美貌。而李叶人不仅年青、漂亮，还靠自己的才智达到了月入万元。自古以来，又漂亮、又聪明的女人，都是男人梦寐以求的追逐对象。"第一美女"的定位是侧翼，"月入两万"才是真正的冲锋队，水煮鱼皇后这样才美有所得、美有所属。

再说一个国外的案例，2008 年时，苹果公司推出的全新手机产品 iPhone 开始火遍全球，而随着 iPhone 的火爆，一名被称之为 iPhone girl 的女孩横空出世，赚足了世人的眼球。

2008 年 8 月 20 日，英国一网友刚买了新 iPhone 电话，发现其中有 3 张亚洲女孩的照片，长得非常纯真可爱，于是便将其传到了国外一家苹果产品爱好者论坛（www.MacRumors.com）上，并披露了整个事件的过程，由此引起强烈反响。这名深圳女工的灿烂笑脸 6 天之内风靡全球论坛，在 Google 排名中，iPhone girl 已高居第 7 位，成为上升最快的热词。从国外到国内，从网络到纸媒，"最美 iPhone 中国女孩"迅速蹿红！

不过可惜，最后经过热心网友的人肉搜索及细心论证后发现，iPhone girl 就是一个炒作，始作俑者是帖子首发论坛——苹果论坛的站长。

14.3.2　情感牌

俗话说，"人心都是肉长的"，只要我们心里想着消费者，能够为消费者做一些实事，消费者一定不会无动于衷的，尤其是中国的消费者，特别容易被感动。只要我们把分内事做足，他们就会感激不尽。此方面最经典的案例就是海尔厂长张瑞敏砸冰箱的故事。

1984 年，34 岁的张瑞敏入主青岛市电冰箱厂。他是短短一年中被派来的第四位厂长，前三位都已负气离开。

1985 年的一天，一位朋友要买一台冰箱，结果挑了很多台都有毛病，最后勉强拉走一台。朋友走后，张瑞敏派人把库房里的 400 多台冰箱全部检查了一遍，发现共有 76 台存在各种各样的缺陷。张瑞敏把职工们叫到车间，问大家怎么办？多数人提出，也不影响使用，便宜点儿处理给职工算了。当时一台冰箱的价格 800 多元，相当于一名职工两年的收入。张瑞敏说："我要是允许把这 76 台冰箱卖了，就等于允许你们明天再生产 760 台这样的冰箱。"最后他宣布，这些冰箱要全部砸掉，谁干的谁来砸，并抡起大锤亲手砸了第一锤！很多职工在砸冰箱时都流下了眼泪。

在那个为消费者服务意识淡薄的年代，张瑞敏一锤子砸热了消费者的心，一场砸冰箱的事件，使海尔成为了当时注重质量的代名词。海尔砸冰箱由此成为中国企业注重质量的一个最典型的事件，并因此成为无数大大小小的媒体、书刊、高等院校的"经典案例"，最重要的是，通过这一事件的传播，海尔注重企业管理、注重产品质量的形象被极大地树立起来。

14.3.3 热点牌

每每出现社会热点话题时，媒体都会闻风而动，四处搜集相关新闻素材。而且这些社会热点，更是老百姓关注的焦点。所以如果巧妙围绕这些社会热点来策划营销事件，则会收到事半功倍的效果。甚至就算策划的不够完美，也一样会被关注。

比如2010年，低碳成为网络热词和社会焦点，而借着低碳的东风，低碳哥横空出世。此事件最早源于一篇名为《偷拍我的室友"低碳哥"的一天》的网帖，发帖人用照片和文字的形式详细地记录了其室友一天的低碳生活：

清晨，"低碳哥"为省水，用一个二两酒盅接一盅水完成刷牙，如图14-2所示；接半盆水洗脸，洗脸水还要留着晚上洗脚。出门前，他将房间里所有的电源拔掉；出门后骑自行车直奔单位。在单位，他将同事喝完的饮料瓶做成简易笔筒；下班回家后自己洗菜做饭，再用洗菜水刷碗。晚上看电视，他不开灯，还要将屏幕亮度调到最低……

虽然该事件和内容看起来有点"假"，炒作嫌疑比较大，但是因为紧扣当时的主流"低碳"，且健康向上，和谐美好，所以受到了媒体的追捧，红极一时。

图 14-2

14.3.4 争议牌

前面的章节中反复提过，争议是永恒的热点，争议是最容易引发大众关注和传播的手段。在策划事件营销时同样如此，争议越大，事件就越成功。说一个经典的案例："富亚涂料通过经理喝涂料而成名"的事件。

2000年10月8日，一家名为富亚的涂料公司在《北京晚报》上打出一则通栏广告：10月10日上午，在北京市建筑展览馆门前开展"真猫真狗喝涂料"活动，以证明该公司生产的涂料无毒无害。

由于这一活动的新奇性，加上近年来"动物保护"意识已深入人心，因此广告一刊出，即在社会上引起轩然大波，争议声四起。

10月10日上午，北京建筑展览馆门前挂起了"真猫真狗喝涂料富亚涂料安全大检验"的横幅，一猫三狗准备就绪，富亚公司请来的崇文区公证处公证员也已到位。而展台前则拥满了观众，其中几位愤怒的动物保护协会成员发誓要阻挠此事，此外还有不少跑来"抢新闻"的媒体记者。

上午9时，富亚公司总经理蒋和平开始向围观者宣传：1998年，中国预防医学科学院就用小白鼠为富亚牌涂料做过无毒实验，结论是："实际无毒级"。开展这次活动，是请大家亲眼见识一下，毕竟"耳听为虚，眼见为实"嘛。

他的解释没能说服特意赶到现场来制止这一事件的动物保护主义者。北京市海淀区环保协会动物救助分会会长吴天玉向在场的观众和媒体发表了自己的看法："我认为这种做法是错误的，伤害了人类的朋友——动物。"她认为，涂料一定会损伤动物的肠胃功能。

北京市保护小动物协会副秘书长赵羽和国际爱护动物基金会的吴晓京也是反应激烈，他们与同伴一起在现场举起标语"请不要虐待动物，孩子们看了怎样想？"要求立即停止动物喝涂料的实验，并几次强行要把正准备喝涂料的小动物带走。

现场秩序很乱，围观者越聚越多，眼见"真猫真狗喝涂料"活动就要泡汤，这时蒋和平摆出一副豁出去的架势，大义凛然地宣布：考虑到群众情绪，决定不让猫狗喝涂料，改为人喝涂料，他亲自喝。

话音落下，场内顿时鸦雀无声。在两名公证员的监督下，蒋和平打开一桶涂料，倒了半杯，又兑了点矿泉水，举在眼前顿了顿，在四周观众直勾勾的注视下，蒋和平咕咚咕咚喝下手中的一大杯涂料。喝完后一擦嘴，还面带笑容。

蒋和平这一"悲壮"的行为赢得了极大的新闻效应。当时，新华社播发了一篇700字的通稿《为做无毒广告，经理竟喝涂料》，此后媒体纷纷跟风，"经理喝涂料"的离奇新闻开始像野火一样蔓延，不仅北京市的各大媒体竞相报道，全国各地的媒体也纷纷转载。

当时有个细节可说明这一事件的影响力：北京电视台评选的10月十大经济新闻中，"老板喝涂料"赫然跻身其中，与"悉尼奥运会"等同列。

事后有人做过一个统计，全国至少有200多家媒体报道或转载了这则消息。就在这样高密度的报道过程中，富亚的知名度也越来越高。

事后，蒋和平在接受媒体采访时坦然承认，在激烈的涂料市场上要想与国外大品牌抗衡，就必须要打响自己的品牌，但他们根本没有打广告的钱，于是在北京一个著名策划人的帮助下，想出了"老板喝涂料"这一怪招。

如今，富亚涂料已经成为了国内知名品牌，蒋和平也不用再为没广告费而喝涂料了。

14.3.5　公益牌

企业发展离不开社会发展，没有社会的发展也就没有企业的发展。而作为有良知的企业，有责任和义务回报社会。有一个名词，叫"企业社会责任"，就是指企业对投资者以外的利益相关者群体所承担的法律责任和道义责任。而企业在做公益活动回报社会的时候，再顺便宣传一下自己的产品，实在是一个一举两得的美事。

英特尔全球副总裁简睿杰认为："企业开展的公益活动与促销活动一般都会给社会带来利益。企业将自己一部分利益回馈社会开展各种公益活动，不仅满足了社会公益活动中对资金的需求，同时企业又将良好的企业道德、伦理思想与观念带给社会，提高了社会道德水准"。

在公益这块，最经典的案例莫过于前面提过的王老吉啦。

2008 年 5 月 18 日晚，中央电视台一号演播大厅举办的 "爱的奉献——2008 抗震救灾募捐晚会"总共筹资逾 15 亿元，其中，捐款一亿元，成为国内单笔最高捐款者。

第二天，一篇"封杀王老吉"的帖子开始在互联网上疯狂流传，在这篇名为《让王老吉从中国的货架上消失！封杀它！》的帖子中写道："王老吉，你够狠！捐 1 个亿，胆敢是王石的 200 倍！为了整治这个嚣张的企业，买光超市的王老吉！上一罐买一罐！不买的就不要顶这个帖子啦！"这个热帖被各大论坛纷纷转载。从百度趋势上不难看出，"王老吉"的搜索量在 5 月 18 日之后直线上升，而《封杀王老吉》的流量曲线与"王老吉"几乎相当。

3 个小时内百度贴吧关于王老吉的发帖超过 14 万个。天涯虚拟社区、奇虎、百度贴吧等论坛的发帖都集中在 5 月 23 日 18 点之前开始。

接下来不断出现王老吉在一些地方断销的新闻。南方凉茶"王老吉"几乎一夜间红遍大江南北，一些人在 MSN 的签名档上开始号召喝罐装王老吉。

而在这事件的背后，王老吉也获得了巨大的回报：原本一直在北方市场徘徊不前的状态一朝之间风云变幻，开始为北方所尝试接受。还有那些原本王老吉进入不了的渠道也成功地借助这次公益营销得以入驻，所有这些都是王老吉此番义捐的现实收益。

其实此次汶川地震中，捐赠超过 1 个亿，或者和王老吉一样捐赠 1 个亿的企业为数不少，譬如央视赈灾晚会当天，王老吉旁边的"日照钢铁"也捐了 1 个亿，但是很明显，几天之后几乎没几个人记住这家日照钢铁公司，但王老吉却成了中国人民特别是中国网民心目中的"品牌英雄"。之所以出现如此之大的差别，背后的故事发人深思——"封杀王老吉"的背后，其实是一场网络营销行动，王老吉是请了一大批网络推手在推波助澜。

14.3.6 名人牌

名人效应的威力不可小觑，名人摔一跟头都会登上媒体头条，只要是被名人光环笼罩到，都会成为被关注的焦点。网络上相关案例非常多，此处不再详述。

14.3.7 新奇牌

对于新鲜的人和事，公众总是充满兴趣，保持着高度的关注，这是因为人类骨子当中的"好奇心"在作怪。而如果我们在策划事件营销时，能够满足人们的好奇心理，自然会成为大众的焦点。说一个国外的经典案例——别针换别墅。

在美国，有一名叫凯尔·麦克唐纳（Kyle MacDonald）的青年，艰难的在城市里蜗居着。他同女友和两个室友租房子住，每月得交 300 美元租金，26 岁的他同中国的同龄人一样，最大的梦想是拥有自己的房子。有一天，他突然灵机一动，想到了通过上网与人换东西的形式来实现自己的梦想。

在 2005 年 7 月，这个神奇的故事开始了。麦克唐纳有一枚特大号的红色曲别针，是一件难得的艺术品，他在当地的物品交换网站 Craigslist.org 上贴出了广告，希望通过这枚曲别针交换些更大更好的东西，很快来自英属哥伦比亚的两名妇女用一支鱼形钢笔换走了他的红色曲别针。而当他更新了网页后不到 10 分钟，西雅图的安妮女士就在网上联络他，用一个画着笑脸的陶瓷门把换了他的鱼形笔。

7 月 25 日，正准备从麻省搬家的肖恩·斯帕克斯（Shawn Sparks）表示，自己愿以一个野营炉换门把手。他一共有两个野营炉，不想都带走；而他的咖啡机又恰恰需要一个新把手。接下来，9 月 24 日，加州的大卫军士长发现自己需要这个炉子，便拿一个旧的 1 000 瓦的发电机和麦克唐纳交换。11 月 16 日，纽约皇后区的一个年轻小伙子用一个啤酒广告霓虹灯、一个啤酒桶和满桶啤酒的"派对方便三件套"换了他的旧发电机。

此时麦克唐纳已经小有名气。他在自己的博客上描述了以红色曲别针开始换取物品的曲折过程，引来了巨大反响。

12 月 1 日，麦克唐纳的好运气来了。"派对方便三件套"被加拿大蒙特利尔的一名电台主持人看中，他想用一辆 1991 年的雪地车来作为交换。麦克唐纳前去易物，顺便也在电视上露了一下脸。很快，一家雪地车杂志用前往加拿大亚克村庄的免费行程交换了那辆雪地车；这趟免费行程又为他换来一辆 1995 年的货车，接着是一份录音合约。

麦克唐纳把录音合约交给了菲尼克斯的一个歌星，她让麦克唐纳免费租用一年自己在菲尼克斯的双层公寓作为交换。

这就是麦克唐纳用一枚红色曲别针换来一年免费住房的故事，如图 14-3 所示。

图 14-3

14.3.8 反常派牌

随着互联网的发展和普及，各种信息化的差异越来越小，一些传统的创业手法已经不能满足网民的需要。于是一些人为了出名，开始不择手段，只要能出名，什么都敢干。

纵观近两年的网络红人，基本上都是靠做一些异于常人的举动而出名。当然，我们鼓励健康的创新，但是我们拒绝庸俗。

比如说犀利哥这种网络红人，我们是欢迎的。但是兰董、虐猫女等这些炒作手法，我们坚决抵制。

关于反常派方面的例子就不一一列举了，有兴趣的朋友可以上网搜索一下这些网络红人的名字，个个都有一段惊心动魄的血泪史。

14.4 事件营销的操作要点

1. 不能盲目跟风

成功的事件营销有赖于深厚的企业文化底蕴，不是盲目跟风学来的。再延伸一点说，做网络营销推广也是如此，不能看到某个方法火，就盲目去用，关键要看与自己是不是适合，针对自己的情况，如何有效结合才能实施。比如前两年事件营销正火，各种网络红人当道时，一个名叫"红本女"的人横空出世。事件起因是这样的：

2008 年 4 月 24 日，在 SOHU 数码公社出现了一个帖子《7 天 7 夜不吃不喝网络追踪红本女事件》。内容是一男子宣称在跟踪一个漂亮 MM，用七天时间持续报道他的跟踪过程。这个姑娘有一个明显的特征，就是无论到哪里，手里都抱着一台红色的联想 ideaPad U110 笔记本电脑，所以被网友称之为"红本女"如图 14-8 所示。

但是很快，就有网友看出了破绽：这些照片专业的光圈、角度，以及这个女孩不专业和做作神态都证明这是一个人为炒作的事件。原来这是联想公司开展的一个事件营销。

其实"红本女"本来是个非常好的创意，但因其做得太急切太功利，只是模仿了事件营销的形，却没有掌握精髓，所以一早就暴露了。

2. 符合新闻法规

事件营销不论如何策划，一定要符合相关新闻法规，不能越位。曾经有这样一个案例：某地有家公司刚开业便想营销一把，于是想出了一个营销方案：先在当地广场放置 1 000 把公益伞，然后安排人领头进行哄抢。之后再以一则市民素质不高的新闻来对自己进行一番炒作。这一事件的新闻价值确实很大，也颇有争议。但在发稿时，这个市级报纸的社长却认为，这种反映当地民风落后，甚至还有治安不利的内容不太合适发表，最终这一策划以失败告终。

3. 事件与品牌关联

事件营销无论如何策划，一定要与品牌有关联，最后一定是能对品牌起到宣传作用。比如说前面提到的海尔砸冰箱、老板喝涂料的案例，都是与品牌诉求紧紧联系在一起的：砸冰箱是为了突出企业重视产品质量，喝涂料是为了表明产品安全环保。这里举一个算是失败的案例："兰董"。

2008 年 4 月 9 日，兰董在网上注册了个人空间，并写下了两篇博客。一篇《80 后、90 后的儿子们，都歇菜吧！》和《80 后 90 后：你们都是废物 一群社会的垃圾》把 80 后、90 后挨个炮轰，引起了网友热议。

兰董同时上传了一段 5 分 35 秒的视频。视频里，她穿着一身黑衣、戴着副墨镜，坐在办公桌前，对着镜头"猛轰"80 后、90 后。兰董的帖子一出，立刻被各大网站转载。

她那口无遮拦甚至带有侮辱性的批评语言，炫富的内容，再加上夸张的举止动作，不止被 80 后、90 后狂轰滥炸，其他年龄层包括 70 后在内的网友也感到无法接受。

兰董姐姐在网络上的视频、图片总是戴着墨镜，她喜好翘着兰花指，用她自己的语气对 80 后、90 后的网友进行辱骂；另外还显摆自己的名车、名包，并且常有诸如"你们一辈子都买不起，可我买了几天就不喜欢了"之类的话语。兰董姐姐初一露面就遭到网友反感，不少人自发建立 QQ 群、贴吧专门用来攻击兰董姐姐。

其实兰董不过是某网站为了营销自己而策划的一次事件营销，应该说策划得很成功，兰董火了，火得一塌糊涂。可问题是兰董和该网站根本联系不上，甚至到现在都没多少人知道兰董是该网站炒作出来的。而且兰董是一负面典型，招来的也净是骂名。

4. 控制好风险

在策划一次营销方案之前，一定要充分考虑到风险因素，不要忽视风险，要控制好风险，千万不能使其对企业造成影响。所有的推广，都应该是为品牌做加法。一个典型的失败案例是 2010 年红极一时的 KFC 秒杀门事件。本来挺好的一个网络营销活动，结果由于当初策划时的风险意识不够，考虑得不够周全，结果给企业带来了一场严重的公关危机。

5. 曲折的故事情节

好的事件营销，应该像讲故事一样，一波三折，让人看了大呼过瘾，看了还想看。这样新闻效应才能持久。比如在著名事件营销案例"某动物园砸大奔"：从 2001 年 12 月中旬到 2002 年 3 月下旬，在整整三个多月的时间里，中国的媒体几乎都被"砸奔驰"事件所深深吸引，并为之进行了连篇累牍的报道。之所以媒体和公众对该事件如此关注，就是因为该事件如电视连续剧一样，一波三折、高潮迭起，让人们反复回味。

这种带故事、带情节的"砸奔三步曲"，在传播效果上要比直奔主题砸车有效得多，此案例以其过程之曲折、角度之多、篇幅之大、持续时间之长、传播范围之广和宣传效果之好，当之无愧地成为中国新闻策划案中的一个经典。

6. 吸引媒体关注

事件营销，最早也叫新闻营销，可见事件营销与媒体是密不可分的。而且综观各类事件营销，都能找到媒体的影子，往往都是因为媒体的介入而火起来。所以在策划事件营销的过程中，一定要注意引入媒体的力量，在执行过程中，要吸引媒体的关注与介入。具体关于新闻媒体的把握，可以参考前面的相关章节。

7. 认为事件营销只是临时性的战术

不要把事件营销当成临时性的战术，随性而为之，要将它当成一项长期战略工程来实施，并要注意事件短期效应与品牌长期战略的关系。比如第 9 章，曾经提到过芙蓉姐姐长盛不衰的重要原因之一，就是其深谙媒体之道，经常制造新的事件及话题，因此一直保持着足够曝光率和媒体关注度。而反观其他网络红人，往往都是在因一件事火了之后，就再无下文。

8. 不断尝试

在事件营销实施的过程中，不一定都是顺风顺水，大众对事件的关注程度，不一定会像策划时想得那么高。所以想成功，很重要的一条还是要戒骄戒躁，坚持实施，不断尝试。

14.5 简单的事件营销方案

下面和大家介绍一下简单一点的事件营销方案是如何操作的。

第一步：准备账号。前面说过，事件营销，不是独立存在的，需要一些其他平台的辅助，而最常用的辅助手段，就是论坛。所以通常在策划实施一个事件营销前，先要准备大量的论坛账号。一般都是找一个影响力大的内容源论坛，然后提前注册马甲。

第二步：策划事件。在准备账号的过程中，开始策划事件，并组织成论坛帖子的形式。具体的内容策略请参考本节内容。

第三步：用图文的形式发到天涯。事件策划好后，选取合适的时机，将内容帖发布到论坛。具体的实施步骤，可参考前面章节中的"论坛营销"和"论坛推广"的相关内容。

第四步：马甲炒热。用事先准备好的马甲将帖子炒热。

第五步：转载。将内容转载到其他论坛。

第六步：引入媒体。如果前面几步实施的比较顺利的话，这个时候媒体就会主动关注我们，并和我们取得联系进行采访报道。而通过媒体，事件将会被推向一个新的高潮。当然，前提是事件本身具有新闻性，而且要符合法律法规。

实战训练：策划一次简单的事件营销

【实训目的】

1. 体验事件营销的过程。

2. 具备初级的事件营销策划和实施能力。

【实训内容】

在班级里选择一个人，然后针对他（她）策划一次事件营销，此次事件营销的范围是本校，目的是通过该次事件营销提升他（她）在学校内的知名度。

【实训提醒】

1. 先策划方案，然后再实施。方案要包括创意及具体的实施步骤。

2. 如果不知道方案的格式或形式，可以到相关网站（比如百度文库）借鉴其他成熟的方案。

3. 建议全班共同来完成此实训项目。但是在策划帖子的主题创意阶段，可以以小组的形式来 PK。然后选出最好的创意主题，全班一起来炒作。

4. 内容形式要避免低俗，要有道德底线。

【实训思考】

1. 事件如何策划，才能吸引眼球，形成轰动效应，引发大家的主动讨论和传播？

2. 如何放大事件的效应？

3. 如果想让事件长时间持续产生影响，应该如何做？

思考练习

1. 以上面的实训项目为基础，画出事件营销的流程图，包括实施过程中一些具体的注意事项和技巧等。

2. 结合本次实训，说说事件营销要成功的关键点有哪些？

第 15 章
口碑营销

15.1 什么是口碑营销

口碑营销，就是口口相传。比如当我们买了一件新衣服，感觉这件衣服很漂亮、很值时，就会那情不自禁地向周围的朋友推荐，告诉他们这是在某某专卖店买的，原价 1 000 多元，而我们才花了 400 元就到手了，质量超级好云云。再比如我们想买一台笔记本电脑或是手机时，通常也会到处咨询朋友的意见，听听他们有什么好建议。而被问到的朋友，往往都会非常兴奋，并且不厌其烦地帮我们分析和总结。

口碑它源于人们的显摆与分享心理，而口碑营销利用的也是人的显摆与分享心理，从而引发人主动传播的欲望与积极性。由于口碑营销是通过朋友、亲戚的相互交流将产品信息或者品牌传播开来，所以具有极高的可信性。

同事件营销一样，口碑营销也不是独立存在的，具体操作时，也是需要论坛、微博、软文、新闻、事件等的辅助和配合。

15.2 口碑营销的步骤

15.2.1 第一步：策划好一个眼球引爆点

想有效的在用户中间形成口碑效应，第一个步骤是要策划好一个眼球引爆点，只有让更多的人去关注，并使关注者对此事产生浓厚的兴趣，且很有欲望把这个事情告诉身边的人，才有可能引发口碑传播。

这个引爆点，往往是围绕用户需求来策划的。用户最关注什么、最想要什么、最想看什么、最想听什么，我们就给他们什么。比如前面提到的在 2010 年光棍节期间，淘宝商城策划的全场 5 折促销活动，由于消费者最喜欢的事就是打折省钱，所以该活动引起了人们极大的关注，很多人相约守在电脑前，坐等午夜抢拍。凌晨 12 点刚过，很多热门产品就被一扫而空。

15.2.2 第二步：通过引爆点策划可谈论的话题

光有引爆点还不成，口碑营销的核心是用户之间在相互交流中进行传播，所以还要有足够的具有可谈论性的话题，这样才能通过意见领袖的嘴把它口口相传出去。

比如前面说过的富亚老板喝涂料的例子，此案例之所以如此成功，主要就是因为喝涂料这件事非常新鲜有趣，所以自然就成为了人们茶余饭后的谈资。

再比如海尔厂长砸冰箱事件之所以轰动，同样是因为在那个年代，这是件非常不可思议的事，所以人们聊天时，不禁要评论一番。

15.2.3 第三步：选择传播渠道

传播渠道很重要，如果传播渠道不畅，则传播效果就会大打折扣。口碑的传播渠道需要根据产品的属性进行选择，但万变不离其宗，选择目标用户群相互之间的联系纽带作为传播渠道是最佳选择。在以往，选择有效的渠道并不是件容易的事情，但是自从有了互联网之后，它为渠道的选择带来了许多新的契机。比如论坛、博客、微博、IM、SNS 等人群集中的网络平台，都是非常好的传播渠道。只要我们的引爆点够劲爆，话题足够好，能够让大家参与互动起来，口碑效应自然就会形成。

15.2.4 第四步：口碑传播的监控

同任何一种营销措施一样，我们也要衡量口碑营销的效果。因为口碑营销往往都是需要与其他营销手段配合使用，所以监测的数据，是要根据所选的渠道来制订。如果是通过论坛来操作，那监测的数据主要就是发帖量、点击数、回帖数、转载量等；如果是通过博客来进行，那监制的数据就是博文数量、点击数量、转载数量、人们在博客中的评论及主要关注点等因素。

除了基本数据的监测外，还需要对传播的过程进行有效管理和控制，有效引导舆论的走向。因为口碑既可以是正面的，也可以是负面的，所以在操作过程中，要防止因为一些意外因素而产生负面信息传播。

15.3 如何引发口碑效应

刚刚说的是口碑营销的基本操作步骤，在其中我们也提到，关键是通过引爆受众的眼球和生动可谈论的话题来引发口碑效应。那怎么做才能更容易引发口碑效应呢？前面提过，口碑营销利用的是人的显摆与分享心理，所以从用户的心理需求入手，是最佳选择。

1. 新奇

当人们遇到新奇而有趣的事时，总会情不自禁的关注并分享，因为谁都想表现得知识渊博一些。所以当我们策划口碑营销时，不妨打一下新奇牌。像富亚涂料，就是靠新奇取胜，其老板仅仅是当众喝了一杯涂料，便喝出了一个知名品牌，真可谓是四两拨千斤。

2. 快乐

没有人，会拒绝传播快乐，当我们给用户带去快乐时，想让用户不传播都难。典型的案例如网络红人"百变小胖"，仅靠一张图片就火遍大江南北，且一直红到现在。之所以一张照片能够产生如此神奇的效果，就是因为这张照片，给无数人带去了快乐。

3. 故事

好的故事，人人爱听，听完后，自然也会传播。在口碑营销中，制造有趣和易于传播的故事，是个非常好的策略。因为想引起口碑，必须要有话题才行，而故事本身就是非常好，也非常持久的话题。

比如一提到火机，人们马上会想到"Zippo"，Zippo 之所以在火机市场中一枝独秀，成为火机中的"战斗机"，原因就是这个品牌的背后有许多故事。比如 Zippo 挡子弹的故事、Zippo 做饭的故事、Zippo 当信号灯的故事等。这些广泛流传的故事，将 Zippo 化身为"救命恩人""信号灯"等英雄角色，无不是对 Zippo 品质最好的称颂。

而对于其他火机品牌，人们即使想帮他们传播，却都不知道应该对朋友说些什么。

4. 关怀

其实中国的消费者，很容易被感动，只要对他们好一些，或者说只要把你该做的功课做足，用户就会非常满意，并会用口碑回报你。比如海尔厂长砸冰箱，用的是事件营销的手段，骨子里却是在关怀用户，在那个用户还不是"上帝"的年代，此举深深地感动了消费者。而且海尔将这种用户关怀的理念，一直传承到了现在──每每有人提起海尔，人们首先会竖起大拇指说，"海尔的售后服务真的非常好"。

5. 互惠

感恩是人类的优秀品质之一，我们如果能够有效帮助用户解决他们的问题，用户自然会投桃报李，用口碑回报我们。比如一些工具类的网站，如 IP 查询、手机归属地查询、友情链接查询等，这些网站之所以备受用户追捧，流量普遍很高，就是因为它能够帮助人们解决日常生活和工作中的问题，可以帮助用户节省大量的时间和精力。

6. 利诱

消费者最关心的就是自己的利益，是自己能否得到实惠。所以，如果我们能够直接让用户受益，帮用户的荷包省钱，自然会受到用户的拥戴。比如京东网之所以能够成为 B2C 领域的巨头，成为中国最大的网络商城之一，就是因为其产品真的是特别便宜，特别是 3C 产品，比中关村经销商的进货价都要便宜。

还有著名团购网站糯米网，它之所以一炮而响，上线第一天就获得了十几万元的订单，也是因为便宜。原价 200 多元的电影套餐，在糯米网上仅需 40 元就可以买到，真的是太便宜了。

7. 共鸣

心理学中有一种策略和方法叫"情感共鸣"，通过此方法，可以快速缩短与陌生人之间的距离，从而影响别人。而在实施口碑营销的过程中，如果我们能够引起用户的内心共鸣，自然就会形成口碑效应。比如韩寒的博客之所以被广为传颂，就是因为他的文字反映了当下国人的心声，说出了别人不敢说的话。

以上几点只是一些常见的方法和技巧，只是给大家起到一个开拓思路的作用，大家具体操作时，不要拘于一格，应该多寻求新的方法和创意。

15.4 策划口碑营销的关键

1. 品质或服务要有保证

口碑营销不是靠创意取胜，也不是靠炒作来一鸣惊人。用户的口碑可以是正面的，也可以是负面的，如果仅仅靠炒作，最后很可能都会变成负面的传播。一个良性的口碑营销，应该是建立在产品品质和服务有保障的前提下，这样才能形成持久而正面的口碑效应。比如前面反复提到的海尔，它之所以能够得到消费者的认可，成为名牌，并不是因为当初厂长砸冰箱砸得好。砸冰箱一事确实帮助海尔快速提高了知名度，赢得了消费者的心，但是如果其产品品质和服务跟不上的话，一样还会被消费者所唾弃。

纵观那些口口相传下来的老字号，比如茅台等，无一不是因为产品品质出众而流传千百年。

2. 品牌结合

策划口碑营销时，不管是引爆点，还是策动的话题，一定要与品牌有机结合，不能是生拉硬拽，与品牌毫无联系。前面说的例子中，不管是 Zippo 突出的故事，还是海尔提倡的售后服务，都是品牌与产品特点紧紧联系在一起的。

3. 正面口碑

口碑营销最后引发的一定是正面口碑，不能适得其反带来负面影响。这就需要我们在策划阶段，注意对风险的把控，多准备几套应急预案。

4. 口碑要经得起推敲

不管方案如何策划，一定要经得起各种推敲，不能最后遭人诟病。这里举个例子：

2008 年年初，国内数十家主流汽车网络社区内都出现名为"××××发动机国外获奖"的帖子，称"该发动机被英国汽车网站 Carnews 评选为英国 2008 年某级别最佳发动机"，并附有网站截屏图，按照该帖提供的网址，确实可访问到相关内容。由于该奖项有"发动机奥斯卡"之称，一时间，广大国内网友纷纷表示祝贺。

然而很快就有记者曝光：这不过是场精心策划的骗局：原来是某营销公司人员（该发动机品牌代理商）私自注册了以"Carnews"为名的冒牌网站，制作假新闻，然后以网友身份在各汽车论坛狂发。

据说，这场闹剧由引起媒体怀疑到被查得水落石出，只用了半天的时间。

实战训练：策划一次口碑营销方案

【实训目的】
1. 体验口碑营销的过程。
2. 具备初级的口碑营销策划能力。

【实训内容】
针对本学校的实际情况，策划一个口碑营销方案，目的是提升学校在网络上的口碑。

【实训提醒】
1. 建议以小组的形式完成本次实训项目。
2. 要充分利用好在校生及以往毕业生这些素材和资源。
3. 要充分利用好学校的各种社会资源和关系。

【实训思考】
1. 外界人士以及未来学校潜在学生和家长，关注学校哪方面的口碑？
2. 这些人士会通过哪些方式来了解学校的这些口碑？
3. 此次口碑营销应该以具体什么形式来进行，是软文、论坛帖子、百度知道问答，还是应往届生访谈、教职人员采访？

4. 如何引导用户来形成口碑传播?

思考练习

1. 以上面的实训项目为基础，画出口碑营销的流程图，包括实施过程中一些具体的注意事项和技巧等。

2. 结合本次实训，说说口碑营销要成功的关键点有哪些?